誤りと偽りの考古学・纒向

これは、第二の旧石器捏造事件だ！

勉誠出版

はじめに

邪馬台国問題が、旧石器捏造事件に、よく似てきている。このことについては、すでに、何人かの考古学者が警告を発している。

東海大学教授の考古学者、北条芳隆《ほうじょうよしたか》氏はのべている（傍線を引き、その部分をゴシックにしたのは、安本。以下同じ）。

「いわゆる邪馬台国がらみでも、（旧石器捏造事件と）同じようなことが起こっている。」

「**証明を抜きにして、仮説だけがどんどん上積みされており、マスコミもそれをそのまま報じている。**」

「近畿地方では、古い時期の古墳の発掘も多いが、**邪馬台国畿内説が調査の大前提になっている**ために、**遺物の解釈が非常に短絡的になってきている。**考古学の学問性は今や、がけっ縁《ぷち》まで追いつめられている。」（『朝日新聞』二〇〇一年、十一月一日、夕刊）

明治大学の名誉教授で、日本考古学協会の会長などもされた考古学者の大塚初重《おおつかはつしげ》氏も、やはり『朝日新聞』紙上で、旧石器捏造事件にふれ、つぎのようにのべている。

「60年代以降、開発が進み、事業者の負担で何万平方メートルも一気に掘るようになる。そして、**成果が出れば、日本最古だ、最大だと、マスコミがはやし立てるわけです。あげくに担当者も「時の人」として祭り上げられる。**

ぼくは、あの事件（安本注・旧石器捏造事件）は、成果を求めすぎ、結論を急ぎすぎたゆえに起きたと思っています。学問にはきちんとした方法論とそれにのっとった論証、さらには議論が必要なのに、捏造事件では関係者と周囲がそれをおざなりにした。

学問は一朝一夕にはならない。結論を急いではいけないのです。**かまびすしい邪馬台国の所在地論争にも今、同じことを感じています。**」（『朝日新聞』二〇一八年、七月四日、朝刊）

この、大塚初重氏の発言は、奈良県桜井市の纒向学研究センターが、二〇一八年の五月十四日に、纒向遺跡出土の桃の核（殻。種の固い部分）の、炭素14年代測定法による測定結果が、邪馬台国や卑弥呼と関係をもつかのようにマスコミ発表してから、二カ月たらずあとの時期の新聞にのっている。微妙で意味深長である。

この、纒向出土の桃の核の炭素14年代測定法による測定の話については、この本のなかの、あとで、ややくわしく検討する。

そもそも、桃の核の話などは、『魏志倭人伝』に、まったく記されていない。桃の話がでてくるのは、『古事記』の出雲関係の神話のほうである。また、岡山県倉敷市の上東《じょうとう》遺跡からは、纒向遺跡よりもはるかに多い九六〇八個の桃の核が出土している。纒向学研究センターの発表のような議論が成立するなら、邪馬台国や卑弥呼の居処を、岡山県にもって行くことも、容易である。

読売新聞の記者であったジャーナリストの矢沢高太郎氏は、つぎのようにのべる。

「新聞やテレビで大きく報道されることによって社会的な関心が高まり、遺跡の生命が守られたケースは多い。しかし、同時に弊害もまたさまざまな形で発生した。学者にとっては、地味な論文を発表する以前にマスコミで大々的に取り上げられるほうが知名度も高まり、学界内部での地位も保証される傾向が強まった。**一部の学者や行政の発掘担当者はそれに気づき、狡知にたけたマスコミ誘導を行なってくるケースが多々見られるようになってきた。**その傾向は、**（旧石器捏造事件の）藤村（新一）氏以外には、考古学の〝本場〟である奈良県を中心とする関西地方に極端に多い。**そして、発表という形をとられると、新聞各社の内部にも何をおいても書かざるをえないような自縄自縛《じじょうじばく》の状況が、いつの間にか出来上がってしまった。そんな**マスコミの泣き所を突く誇大、過大な発表は、関西一帯では日常化してしまっている。**藤村（新一）氏は『事実の捏造』だったが、私はそれを

『解釈の捏造』と呼びたい。」（「旧石器発掘捏造〝共犯者〟の責任を問う」［『中央公論』二〇〇二年十二月号］）

「解釈の捏造」とは、言い得て妙である。

「桃」→「不老不死の神仙思想」「魔よけの呪力」→「卑弥呼は祭祀をつかさどった」などの「連想ゲーム」「拡大解釈」によって、桃が、卑弥呼に結びつけられる。邪馬台国が纒向に結びつけられて行く。基本的には、ほとんど馬鹿馬鹿しい内容なのであるが、話としては面白いのであろう。結構マスコミを賑わしている。

朝日新聞社の記者、宮代栄一《みやしろえいいち》氏も、旧石器捏造事件に関連してのべている。

「わたしは、今回の事件（旧石器捏造事件）は、慣習と前例に頼り、職人芸的な調査や**推論に次ぐ推論に頼ってきた、日本考古学界**が陥った大きな落し穴であると考える。考古学は歴史を語る学問だと言いながら、わたしたちは**『解釈』**の方法を、理論としてシステムとして確立する作業を怠ってきた。そのつけが回ってきたのである。」

「このようなケースは旧石器時代に限らない。**邪馬台国畿内説や、狗奴国の所在地論争をめぐって、恣意的な解釈や強引な主張、仮説に仮説を継ぐ議論がいかに平然と行なわれていることか。**考古学の学問性は、じつは今や風前のともし火なのである。」（以上、「脆弱さを露呈した考古学——捏造発覚から1年に思う」『前期旧石器問題とその背景』［段木一《だんきかず》行監修《ゆき》、株式会社ミュゼ、二〇〇二年刊」)

この宮代栄一氏の「推論に次ぐ推論」ということばは、さきの北条芳隆氏の「仮説だけがどんどん上積みされており」ということばと共通している。

このように、すでに、数多くの警報が発せられている。それにもかかわらず、「解釈の捏造」の方法が、あいかわらずくりかえされている。マスコミを多く賑わしているのは、現在も、むしろ、「解釈の捏造」の立場をとっている考古学者たちの言説である。

それは、旧石器捏造事件のばあいと、同じような「構造」が、現在も、存在しているからである。

旧石器の捏造を行なった藤村新一氏は、非営利法人「東北旧石器文化研究所」の副理事長であった。公的な資金が、東北旧石器文化研究所を通じて、藤村新一氏に流れるようになっていた。

藤村新一氏は、いわば旧石器の捏造を続けることによって、生計をたてていたのである。捏造を続けなければ、生活がなりたたない。そのような構造があったのである。

「解釈の捏造」の立場をとる人たちにもまた、「解釈の捏造」をつづけなければ、十分な調査費、研究費がでない、という構造がある。

『立花隆、「旧石器発掘ねつ造」事件を追う』(朝日新聞社、二〇〇一年刊)のなかで、東京大学の考古学者、安斎正人《あんざいまさひと》氏は、つぎのようにのべている。

「(旧石器を捏造した)藤村さんだけじゃなくて彼ら全体がジャーナリズムのほうに向いていましたよ。(藤村新一氏をサポートした)鎌田さん自身言っているとおり、**取り上げてくれないと調査費が出ない。**どれだけ広報活動するかっていうことが大事。ですから発掘したとき、学術誌に載せるよりも、メディアにいち早く出す。しかもそのメディアが、一面で書いてくれるように。」

この基本構造じたいは、邪馬台国問題のばあいも、まったく同じである。

そしてまた、異論や批判がでるごとに、新しい捏造石器や、あらたな解釈の捏造をもちだす。できるだけのマスコミ大発表を行なう。あるいは、くりかえす。これによって、異論や批判を封じこめようとする。この構造も同じである。

捏造物をもちだすことや、『魏志倭人伝』などに書かれていないものを連想や恣意的な解釈によって卑弥呼や邪馬台国に結びつけることは、簡単に、いくらでもできる。したがって、「解釈の捏造」などの種はつきない。

さきに紹介した『前期旧石器問題とその背景』の本のなかで、国士館大学の大沼克彦氏は、つぎのようにのべている。

「今日まで、旧石器研究者が**相互批判を通した歴史研究という学問追求の態度を捨て、自**

説を溺愛し、自説を世間に説得させるためには手段を選ばずという態度に陥ってきた側面がある。

この点に関連して、私はマスコミのあり方にも異議を唱えたい。**今日のマスコミ報道には、研究者の意図的な報告を十分な吟味もせずに無批判的にセンセーショナルに取り上げる傾向がある。**視聴率主義に起因するのだろうが、きわめて危険な傾向である。」

これらは朝日新聞から出ている出版物にのっている見解であることが、興味をひく。

官と学による発表の形をとりながら、発表者たちの生活のため、地域おこしのための、ためにする情報もはいっていることに留意せよ。

以下では、邪馬台国問題に関係し、公的機関によって、いかに多くの「解釈の捏造」の方法がとられているかを、具体的にややくわしく検討して行くことにしよう。

文化庁文化財主任調査官であった岡村道雄氏はのべている。

「開発に伴って最低限遺跡の発掘記録をとるために使われている予算は平成一一年度で約一二〇〇億円です。」（岡村道雄、山田晃弘、赤坂憲雄（司会）「事件が問いかけるもの――前・中期旧石器考古学の現在」［『東北学』Ｖｏｌ・４、二〇〇一年刊］）

このほかに、博物館などの建設や維持費、大学に籍をおく研究者の助成金や人件費、その他などを加えれば、独立した個人の行なう研究などでは想像もつかない厖大な公的資金が、考古学の分野に流れこんでいる。

マスコミや国会は、森友学園問題で、ほぼこの一年半のあいださわいでいる。十億円ていどの森友学園問題とは、考古学の分野で動いている金額のケタが違う。

国会を一日開けば、かかる費用は、およそ三億円といわれている。国の借金はたまる一方といわれている。日本国は、なにをしているのか。

国会は、なにをやっているのか。マスコミは、なにをやっているのか。目先のことや、部分ばかりを見て全体を見ていない。

落した千円札をさがすために、十人の人をやとうようなことをやっている。人件費のことを考えたならば、話にならないではないか。

かくて、日本国の借金はふえて行く。そのツケは、後の世代の人々にまわされて行く。

人々は、百円、千円、一万円ていどまでのことは、具体的な感覚としてよくわかる。節約意識が働く。しかし、十億、百億、一千億の額になると、具体的な感覚が働かなくなる。なにがなんだかわからなくなる。節約意識が働かなくなる。なくなった考古学者の森浩一ものべている。

「ぼくはこれからも本当の学問は町人学者が生みだすだろうとみてる。**官僚学者からは本当の学問は生まれそうもない。**」

「今日の政府がかかえる借金は、**国立の研究所などに所属するすごい数の官僚学者の経費も原因となっているだろう。**」（以上、『季刊邪馬台国』102号、梓書院、二〇〇九年刊）

「僕の理想では、学問研究は民間（町）人にまかせておけばよい。国家が各種の研究所などを作って、**税金で雇った大勢の人を集めておくことは無駄である。**そういう所に勤めていると、つい権威におぼれ、研究がおろそかになる。」（『森浩一の考古交友録』〔朝日新聞出版、二〇一三年刊〕157ページ）

これは率直にして、かつ、きわめて深刻な意見である。森浩一は、見聞きした経験にもとづく本音をのべている。

このように、厖大な「税金」が「無駄」に費消されている。

心ある考古学者たちは、すでに、発言しているのである。このように、同業の考古学者たちがみても、ひどすぎるのではないかと、眉をひそめる状況が存在している。

考古学に関連する人類学その他の分野の学者も、考古学の世界のあり方について、警報を発している。

旧石器捏造事件がおきたとき、人類学者で、国立科学博物館人類研究部長（東京大学大学院理学系研究科生物科学専攻教授併任）の馬場悠男《ばばひさお》氏がのべている。

「今回の旧石器遺跡捏造事件に関しては、日本の考古学者たちの特殊な状況が遠因であると推察している。すなわち、高齢あるいは著名な権威者に対する過度の追従、科学的批判精神の不足、下部現場担当者と上部機関研究者との二重構造性、確率統計的な蓋然性と再現性に対する認識不足、などである。」

「考古学界全体として、『年功序列と慎み深い意見発表』ということで、先輩の業績にたいしては批判しないわけです。批判すると、『お前は生意気だ』なんてことになって、先輩から恨まれてしまう。うっかり若いうちに批判すると、永久にまともな職に就けない可能性が大いにあったわけです。」

「批判をするかしないかは自由なのですが、今回みたいに、今までの常識とは整合しない『大発見』によって、列車『前・中期旧石器号』が断崖絶壁に向かっている場合には、手をこまねいていてよいのでしょうか。少なくとも列車から降りて、大声で叫ぶ必要があるでしょうし、できればポイントを切り替えるなり、前に出て止める工夫をすべきだろう、と思います。しかし、そういうことをした考古学者はほとんどいませんでした。」(以上、春成秀爾編『検証・日本の前期旧石器』学生社、二〇〇一年刊)

「ストップ詐欺被害!」という警告は詐欺師たちだけのためにあるのではない。一群の考古学者たちは、みずから意識せずに、社会に被害を与える存在となりつつある。

この本では、考古学の、このような構造じたいも、ややくわしく見て行きたい。

大きな金額が動けば、それを動かすための組織ができる。それを差配する人たちが生まれる。そしてまた、それを少しでも獲得しようとする人たちがあらわれる。石や土の巨塔が生ずる。マグマはたまっている。

考古学は、いつ爆発してもおかしくない爆弾をかかえている。

この本は、暴走列車のポイントを、できれば切り替えるべく、手をこまねかずに止めるべく、書かれたものである。

私は、このような本を、この一冊にとどまらず、書き続けようと思う。そのための材料は、あまりにも多い。

国全体のことを考える人は、声をあげて欲しい。

奈良県桜井市の「考古学」は、ほとんど、組織的な「研究不正」に近づいている。

では、まずわかりやすい事例として、「ベニバナ論争」をとりあげることからはじめよう。

目次

掲載図版一覧

地図

図

表

写真

コラム

第1章　ベニバナ論争

ベニバナ（キク科）
（大貫茂著『萬葉植物事典』［クレオ、2005年刊］による。）

奈良県桜井市の教育委員会は、『魏志倭人伝』にみえる「絳」を、ベニバナと結びつける。しかし、「絳」は、ベニバナで染めたものではない。「茜《あかね》」で染めたものである。誤ったなんの根拠もない議論が、マスコミを賑わしている。桜井市の官僚学者たちによる「解釈の捏造」の典型的な事例。「解釈の捏造」の基本構造を、この事例によって考える。

新聞の記事

この本の「第1章」として、「ベニバナ論争」をとりあげる。「ベニバナ問題」は、「解釈の捏造」の簡単な、かつ典型的な事例である。話としてわかりやすい。

他のもっと複雑な「解釈の捏造」の事例も、基本的な構造じたいは、この「ベニバナ論争」と同じである。「ベニバナ論争」を最初にとりあげることは、ほかの、やや複雑な事例を理解するための助けとなるであろう。

二〇〇七年十月三日（水）のことである。朝刊各紙は、**奈良県桜井市教育委員会**の、纒向《まきむく》遺跡から出土したベニバナ花粉についての発表を報道した。

つぎに、『読売新聞』にのったものを紹介する。『朝日新聞』『毎日新聞』『日本経済新聞』などの各紙も、大略『読売新聞』の記事に近い内容を報道した。

☆『読売新聞』二〇〇七年十月三日（水）朝刊の記事

邪馬台国時代にもベニバナ　奈良・纒向遺跡から大量の花粉

邪馬台国の有力候補地とされる奈良県桜井市の纒向《まきむく》遺跡で、弥生時代後期〜古墳時代初め（3世紀ごろ）の溝跡から採取した土に、ベニバナの花粉が大量に含まれているのが分かったと、市教委が2日発表した。これまで最古だった藤ノ木古墳（同県斑鳩町、6世紀後半）の例を300年以上さかのぼる発見。

卑弥呼の織物と関係か

ベニバナはシルクロードを通じ、中国から伝わったとされる。このため、市教委は「当時、加工技術を携えて来た渡来人が、この地域で染め物や化粧品などの生産をしていた」とみている。中国の歴史書「魏志倭人伝《ぎしわじんでん》」には、倭国の女王・卑弥呼が魏に赤と青の織物を献上したとの記述があり、邪馬台国との関係性をうかがわせる貴重な資料として注目される。

分析された土は、東西2キロ、南北1・5キロの同遺跡の中心部にある溝から1991

年に採取したもの。金原正明《かねはらまさあき》・奈良教育大准教授（環境考古学）が分析したところ、一立方センチ・メートル当たり270～560個の花粉が確認された。通常では考えられないほどの量で、遺跡の周辺にあったベニバナ染織の工房から流された廃液が溝に残っていたと判断された。

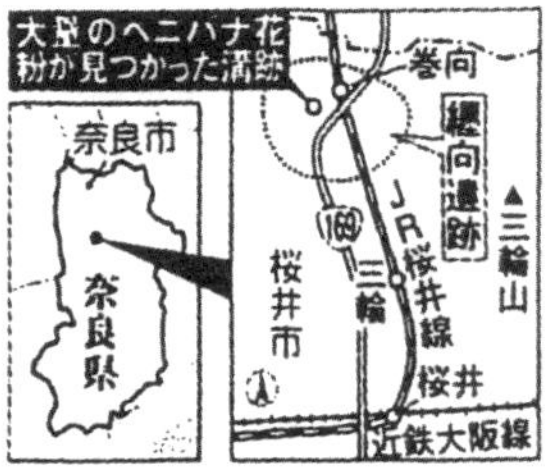

纒向遺跡は、後に初期大和王権の拠点に発展すると考えられている集落跡。溝の上流には、中枢部とみられる祭殿状の建物跡や運河跡などが出土しているほか、全国各地の土器も見つかっており、高度な交易機能を備えた最初の都市とされる。一方、「魏志倭人伝」には、ほぼ同時期の243年に卑弥呼が魏の皇帝に赤と青の織物「絳青縑《こうせいけん》」を献じた記述がある。「絳」は「あか」とも読み、市教委によると、ベニバナを指す可能性があるという。

ベニバナはキク科の黄色い花で、原産地は西南アジアからエジプト。花を乾かし、水で洗い流して残る赤い色素が染料となる。「末摘花《すえつむはな》」とも呼ばれている。

石野博信・兵庫県立考古博物館長（考古学）の話「明らかな国際交流の証しを見つけたことになり、纒向遺跡が邪馬台国の一角であることを補強する有力な材料だ」

「絳」は「ベニバナ」ではなく「茜《あかね》（蒨《あかね》）」である

さきの記事のなかで、「『絳』は『あか』とも読み、（桜井）市教委によると、ベニバナを指す可能性があるという。」と記されている。そして、ベニバナであることが前提となって話が進む。しかし、「ベニバナを指す可能性がある」とする根拠は示されていない。これは、「仮説」であって、「仮説だけが上積みされている」例である。

この「絳」は、「ベニバナ」ではない。「茜《あかね》」である。

以下に、「絳」は「茜」である根拠を記す。桜井市の教育委員会は、せめて、以下にのべるていどの、「絳」を「ベニバナ」とする根拠を示してほしい。

(1)『魏志倭人伝』では、「絳青縑」という語のでてくるすぐ前のところの景初二年（じっさいは、景初三年［二三九］とみられる）の条のところに、「蒨絳《せんこう》五十匹」という語がでてくる。「蒨《せん》」は、「茜《せん》」と同音である。呉音、漢音ともに、「セン」で、中国音は、「qiàn」（qの音は、tsに近い）である。「茜」と「蒨」とは、音も意味も同じで、「あかね」のことである。

「蒨絳」とは、「あかね草で染めたあか」のことである。

このことは、『魏志倭人伝』の諸注釈書が、こぞって、そう記していることである。

水野祐著『評釈 魏志倭人伝』（雄山閣出版、一九八七年刊）においては、「蒨絳」を説明し、『蒨』はアカネ（茜）。これからとった赤色の染料で染めた鮮かな大赤色の布地」とする（同書495ページ）。

井上秀雄他訳注の『東アジア民族史1 正史東夷伝』（東洋文庫、平凡社、一九七四年刊）も、「蒨絳」を、「茜染《あかねぞめ》の赤色の織物」とする。

藤堂明保監修の『倭国伝』（学習研究社、一九八五年刊）も、「蒨（茜《あかね》）絳（のきぬ）」と記す。

和田清他編訳『魏志倭人伝・後漢書倭伝・宋書倭国伝・隋書倭国伝』（岩波文庫）や、石原道博著『訳注中国正史日本伝』（国書刊行会刊）なども、「蒨絳」の「蒨」について、「あかね」という説明をつけている。また、紀元前二世紀ごろに、中国で成立した辞書『爾雅《じが》』の「釈草」に、「**蒨は、もって絳に染めるべし。**」とある。

中国で出されている世界最大級の漢字の辞書『漢語大詞典』（漢語大詞典出版社刊）の「蒨」の説明には、「茜草。根は、絳色の染料とすべし。」とある。現在、世界最大の漢字の辞書『漢韓大辞典』（韓国・檀国大学校出版部刊）も、「茜草」の項で、『集解』という文献を引いて、「今、絳を染める。」と記す。

そして、『漢語大詞典』は、西暦五〇〇年ごろに成立した中国最初の体系的な文学評論書の『文心雕竜《ぶんしんちょうりゅう》』の、つぎの文を引く。

「**絳は、蒨《あかね》において生ず**（絳生於蒨）。」

『魏志倭人伝』にみえる「蒨絳《せんこう》」は、「茜絳《せんこう》」と同じである。このことばの存在じたいが、「あかね」と「絳」との結びつきを語っている。

『魏志倭人伝』じたいに、「蒨絳《せんこう》（茜染《あかねぞ》めの絳《こう》［あか色］）」という語がでてくるのに、それを「紅花《べにばな》で染めた絳」とするのは、とても自然な理解ではない。ここには、小さな「解釈捏造」の虚《うそ》色の赤い花が咲いている。いや、新聞にのっているのであるから、大きな花かな。いや、もしかしたら、……。桜井市の教育委員会の諸先生は、『魏志倭人伝』の注釈書を読んだり、「蒨」の字を、漢和辞書で引いて調べることなど、しなかっただけなのかもしれない。

とすれば、……。ごく基礎的な勉強を、なにもしない人たちが、みずからの不勉強に気がつかないまま、「短絡的な解釈」を行ない、マスコミでの発表を行なっているのかもしれない。そのような人たちに、マスコミ発表の権限が与えられているのかもしれない。とすれば、……。あとは、「沐猴《もっこう》にして冠《かん》す。」ということばを辞書で引いて、辞書を引く練習をしてみてほしい。

茜草は、アカネ科の植物である。ベニバナは、キク科の植物である。この二つの花は、別物である。

(2)『漢語大詞典』で、「絳」の字を引くと、「草名。紅に染めるのによい。」として、『文選《もんぜん》』の左思の「呉都《ごと》の賦《ふ》」での使用例を示す。さらに、劉逵《りゅうき》の注の「絳は、絳草である。臨賀郡に出《いだ》す。染めるのによい。」という文を記す（引用文の原文は、中国文）。『文選』は、梁の昭明《しょうめい》太子の編集した詩文の選集である。

「呉都の賦」の作者は、左思《さし》（二五〇？～三〇〇？）である。卑弥呼の時代に近いころに活躍した人である。「呉都の賦」は、『三都の賦』の一つで、三国時代の呉の建業のことを詠んだ賦（韻をふんだ美文）である。

『三都の賦』を書き写すために、多くの貴人たちが紙を買いあさった。それによって、「洛陽の紙価を高めることになった」ことで知られる。現在でも、「洛陽の紙価を高める」という表現は、ベストセラーを意味するために用いられる。

『三都の賦』を書いたころ、左思は無名であった。そのため、評判にならなかった。そこで、当時の名士たちに働きかけ、劉逵《りゅうき》に注をつけてもらうなどした。そのために、世に知られるようになった。

「呉都の賦」のなかには、「紫絳」という形で、「絳」の字がでてくる。劉逵はこの「絳」にさきほどの、「絳は、絳草である。臨賀郡に出す。染めるのによい。」という注をつけている。

そして、わが国の明治書院刊の「新釈漢文大系79」の『文選（賦篇）上』は、語句にくわしい説明をほどこしているが、その中の中島千秋氏の注では、「絳」を「**紅色の染色として用いる茜草《あかね》**」としている（同書、265ページ）。茜草は、「紅色」を出すのである。

「纁《くん》」という字がある。『説文《せつもん》』に、「浅絳なり。」とある。そして、諸橋轍次著の『大漢和辞典』や、台湾で出されている『中文大辞典』に、『説文通訓定声』という文献を引いて、つぎのような説明がある。

(3)「韋《い》（なめし皮）を、**茜草《あかね》で染めるのに**、一度染めるのを韎《ばつ》という。これは、みながいうところの**紅**である。二度染めるのを、赬《てい》という。赤黄色である。三度染めると赤になる。ただ、四度染める絑《しゅ》にくらべると、やや浅い。それで浅絳という。」

ここでも、**浅絳色を「茜草」で染める**、とある。

そして、わが国の養老令《りょう》（令は、行政法など）の注釈書『令義解《りょうのぎげ》』の「衣服令《えぶくりょう》」には、「纁《くん（そび）》」を説明して、「三度染めるのが絳である（三染絳也）」と記されている。『漢韓大辞典』で、「纁」を引くと、「李巡いう。三染してその色すでに絳となる。纁と絳とは同じである。」とある。

私は、諸種の文献にあたってしらべたが、「絳」を「ベニバナ」とする文献に、ゆきあたらなかった。

桜井市の教育委員会においては、「絳」を「ベニバナ」とするような文献資料があるのであれば、それを提示してほしい。

(4)　佐賀県の吉野ケ里遺跡から出土した絹織物は、一部の素絹《しろぎぬ》を除いては、すべて、日本茜《あかね》で染色されたものであった（『吉野ケ里遺跡』［佐賀県教育委員会編集・発行、吉川弘文館、一九九四年刊］522ページ）。

(5)　『延喜式《えんぎしき》』は、律令《りつりよう》の施行細則《しこう》である。九二七年に成立した。この『延喜式』の「民部省」のところをみると、九州の大宰府からは、「絹七千疋」「茜《あかね》二千斤」（民部省 下、55・63）が、中央政府に毎年貢納されることになっている。この貢納量は、各国、各地域の「絹」「茜」の貢納量の中では、とびぬけて多い。

そのため、虎尾俊哉《とらおとしや》編の『延喜式 中』（集英社、二〇〇七年刊）では、「補注」において、わざわざ、「梅村喬《うめむらたかし》（日本史学者、大阪大学名誉教授）は、中央財政において大宰府から貢進される絹へ依存する割合が高かったことを指摘している。」と記しているほどである。ここでは、「絹」と「茜」とが結びついているようにみえる。「絹」を染めるのに、「茜」が用いられたとみられる。

インターネットで「茜《あかね》」を引くと、『コトバンク』に、「主として絹を染めるのに用いる。」とある。

また、正倉院の古裂《こぎれ》の中に、茜《あかね》で染めた緋《ひ》（目のさめるようなあざやかな赤）の綾《あや》（模様を織り出している絹織物）があるという（虎尾俊哉編『延喜式 中』［集英社刊］257ページ頭注）。

虎尾俊哉氏は、この正倉院の古裂の緋について、「染め色としては堅牢で、旧色をよく保っている。」と記している。茜で染めると、長く色があせないようである。

『延喜式』の記載は、九州の大宰府から、中央政府への貢納品を記しているのである。

『魏志倭人伝』の「絳青縑」は、倭王から魏への上献品を記しているのである。

とすれば、『魏志倭人伝』の「倭」は、九州方面を指しているようにもみえる。

『延喜式』の「民部省」の大宰府のところでは「紫草《むらさき》五千六百斤」も記されている。これも各国、各地域のなかで、最大の量である。しかし、「紅花《ベニバナ》」のことは記されていない。

「紅花」の貢納は、伊賀の国のみ七斤八両とされ、その他、尾張、甲斐、信濃、紀伊、越前、越中、加賀、伯耆などの二十三国については、貢納国名のみが記されている。貢納量がすくなかったことを思わせる。なお「民部省」は、律令時代において、戸籍・租税・賦役など、全国の民政・財政を担当した省である。

『延喜式』は、のちの時代の資料ではあるが、邪馬台国が九州であるとすると、「絹（縑《けん》など）」の生産も、「絳（茜）」の生産も、昔からそろっていた可能性が大きいことをうかがわせる。

これに対し、邪馬台国を畿内とすると、「絹（縑など）」がとぼしい上に、「絳（茜）」についても、のちの時代においてさえ、大宰府から貢進される茜に依存する割合が高かったのであるから、昔から生産量がそれほどでもなかったことをうかがわせる。

このようにみてくると、桜井市の教育委員会は、ほとんど何の根拠ももたないようなことを、「思いこみ」、または、「コジツケ」によって結びつけて、マスコミ発表をしているようにみえる。桜井市の教育委員会の方々は、絹を、ベニバナで染めたという文献的事例、考古学的遺物としての事例などを、具体的にあげてみて欲しい。すくなくとも、すでに示した茜《あかね》で絹を染めたという事例と同じていどにあげてみて欲しい。

ベニバナは、何に用いられたのか

「ベニバナ」は、かならず衣類を染めるために用いられたとはかぎらない。むしろ、はじめは、おもに、女性の化粧用のものなどであったのではないか。

「ベニバナ」は、女性の化粧用のベニや顔料として用いられた。また、絵具《えのぐ》や薬としても用いられた。つぎのページの「**コラム1**」の『源氏物語』にみえるベニバナの話は、化粧用のベニ、または、絵具のベニ色として用いられている例のようにみえる。

コラム1 『源氏物語』にでてくる「末摘花《すえつむはな》」——紅花《べにばな》と紅鼻《べにばな》——

ベニバナのことを、古語では、「末摘花」ともいった。

紫式部の書いた『源氏名物語』のはじめのほうの巻六に、「末摘花」の巻がある。

この「末摘花」は、女性の名である。

主人公の光源氏は、さる女性の手引きで、「末摘花」という名の女性とあう。一夜をともにすごす。昔のことで、明りがない。末摘花が、どのような顔をしているのかわからない。

あくる朝、末摘花を見る。鼻が驚くほど高く長い。鼻の先が垂れていて、赤い。紫式部の筆によれば、その鼻は、「普賢菩薩《ふげんぼさつ》の乗り物」のようであったという。

「普賢菩薩の乗り物」といえば、白い象である。

『観普賢経』という文献によれば、その白象の鼻は、「紅蓮華《べにれんげ》（赤いハスの花）の色のごとし」という。

平安時代の紫式部は、動物の象の実物を見たことは、ないはずである。

おそらくは、絵か、彫り物などを見たのであろう。

光源氏は、自分の御殿《ごてん》に帰る。

御殿には、将来、自分の正妻にする予定の紫《むらさき》の君《きみ》がいる。紫の君は、まだ、十歳ほどの少女である。

光源氏は、紫の君と、絵をかいて遊ぶ。

そのとき、光源氏は、自分の鼻に、紅《べに》をぬり、紫の君にみせる。

「私の顔が、こんなになったら、どうでしょう。」

紫の君は、「いみじく笑ひ給《たま》ふ。」

「うたてこそあらめ（いやだなあ）。」

「紅花《べにばな》」と「紅鼻《べにばな》」とをかけた紫式部のユーモアである。

「末摘花」という女性の名も、「最後にえらばれる女性」「先《さき》っちょが赤い鼻」などの意味をもたせているようにみえる。

図1　普賢菩薩
（『広辞苑』［岩波書店刊］による。）

また、さきの新聞記事のなかで、公立の兵庫県立博物館館長の考古学者の石野博信《ひろのぶ》氏が「纒向遺跡が邪馬台国の一角であることを補強する有力な材料だ」と述べておられることを、記憶にとどめておいていただきたい。石野博信氏は、邪馬台国問題について、新聞などで、この種の発言をくりかえしておられる。

もう一つの大きな問題

さて、さきの新聞記事には、さらに、もう一つの大きな問題がある。読者は、そのことに、お気づきになられたであろうか。

この記事のなかの奈良県桜井市の纒向《まきむく》遺跡の溝跡から採取した土に、ベニバナの花粉が、大量に含まれていたことは事実とみられる。（ベニバナ出土の溝跡の年代については、議論の余地があるようにみえるが。）

しかし、この記事の、「中国の歴史書『魏志倭人伝《ぎしわじんでん》』には、倭国の女王・卑弥呼が魏に赤と青の織物を献上したとの記述があり、邪馬台国との関係性をうかがわせる貴重な資料として注目される。」あたりから話がおかしくなる。

というのは、この記事の、「赤と青の織物」とあるところは、『魏志倭人伝』では、「倭錦《わきん》・絳青縑《こうせいけん》（赤青色の、織りをつめて細かく織った絹の布）・緜衣《めんい》（まわた。絹のわたを用いた衣服）・帛衣《はくい》（白い絹の布）」とあるのである。ここに記されているのは、いずれも、絹製品である。

ところが、三世紀以前の弥生時代において、肝心の絹が出土するのは、もっぱら、北九州である。奈良県ではないのである。奈良県と『魏志倭人伝』の記事とは、簡単には、結びつかない。

考古学者の森浩一は、その著『古代史の窓』（新潮文庫、一九九八年刊）のなかでのべている。

「ヤマタイ国奈良説をとなえる人が知らぬ顔をしている問題がある。（中略）

布目氏（布目《ぬのめ》順郎《じゅんろう》、京都工芸繊維大学名誉教授）の名著に『絹の東伝』（小学館、一九八八年刊）がある。目次をみると、『絹を出した遺跡の分布から邪馬台国の所在等を探る』の項目がある。簡単に言えば、弥生時代にかぎると、絹の出土しているのは、福岡、佐賀、長崎の三県に集中し、前方後円墳の時代、つまり四世紀とそれ以降になると奈良や京都にも出土しはじめる事実を東伝と表現された。布目氏の結論はいうまでもなかろう。倭人伝の絹の記事に対応できるのは、北部九州であり、ヤマタイ国もそのなかに求めるべきだということである。この事実は論破しにくいので、つい知らぬ顔になるのだろう。」

『朝日新聞』の記者、柏原精一《かしわばらせいいち》氏は、その著『図説・邪馬台国物産帳』（河出書房新社、一九九三年刊）のなかで、布目順郎の研究などを紹介したうえで、つぎのようにのべている。

「ここで、弥生時代から古墳時代前期までの絹を出土した遺跡の分布図を見てみよう。邪馬台国があった弥生時代後期までの絹は、すべて九州の遺跡からの出土である。近畿地方をはじめとした本州で絹が認められるのは、古墳時代に入ってからのことだ。ほぼ同じ時代に日本に入ったとみられる稲作文化が、あっという間に東北地方の最北端まで広がったのとは、あまりの違いである。ヤマグワ（山桑）の分布は別に九州に限らないから、気候的な制約は考えにくい。

布目さんは次のような見解をもっている。

『中国がそうしたように、養蚕は九州の門外不出の技術だった。少なくともカイコが導入されてから数百年間は九州が日本の絹文化を独占していたのではないか』

倭人伝のいうとおりなら、邪馬台国はまさしく絹の国。出土品から見ても、少なくとも当時の九州にはかなり高度化した養蚕文化が存在したことには疑いがない。

『発掘調査の進んでいる本州、とくに近畿地方で今後、質的にも量的にも九州を上回るほどの弥生時代の絹が出土することは考えにくい』

そうした立場に立つなら、『絹からみた邪馬台国の所在地推定』の結論は自明ということになるだろう。」

京都大学の出身者は、伝統的に「邪馬台国＝畿内説」をとる人が多いといわれる。しかし、ここに名のみえる柏原精一氏も、布目順郎も、京都大学の出身者である。ただ、柏原精一氏も、布目順郎も、理科系の学部の出身者である。ものごとを、データに即してリアルにみる理科系の方々の判断は、京都大学出身の考古学者とは、また別ということであろうか。

布目順郎は、『絹の東伝』のなかで、「絹を出した遺跡の分布から邪馬台国の所在を探る」という見出しのもとに、邪馬台国の時代と、その前後の時代を通じての、絹製品出土地を、くわしく列記したうえでのべる。

「これらを通観すると、弥生後期の絹製品を出した遺跡もしくは古墳は、すべて北九州にある。したがって、弥生後期に比定される邪馬台国の所在地としては、絹を出した遺跡の現時点での分布からみるかぎり、北九州にあった公算が大きいといえるであろう。

わが国へ伝来した絹文化は、はじめの数百年間、北九州の地で醸成された後、古墳時代前期には本州の近畿地方と日本海沿岸地方にも出現するが、それらは北九州地方から伝播したものと考えられる。（中略）

ここで考えられるのは、邪馬台国の東遷のことである。私は、邪馬台国の東遷はあったと思っている。（後略）」

つまり、桜井市教育委員会の発表にもとづく記事は、「邪馬台国は奈良県にあったはずだ」という前提に立った「解釈記事」なのである。

「ベニバナ↓染める↓『魏志倭人伝』の赤と青の絹織物記事」という「連想ゲーム」による記事なのである。しかし、この「連想ゲーム」は、事実にもとづいていない。

ベニバナの花粉が出土したとしても、ベニバナが、かならず絹製品を染めたことにはならない。奈良県のばあい、絹がほとんど出土しないのである。絹以外の繊維製品を染めた可能性が大きい。当時の人々も、衣服をきていたのである。その衣服を染めただけの話であるとみられる。

ベニバナは古語では、「くれなゐ」とも、「末摘花《すえつむはな》」ともいわれた。

『万葉集』の八六一番の歌に、つぎのようなものがある。

「松浦川《まつらがは》　川の瀬速《はや》み　くれなゐの　裳《も》の裾《すそ》濡れて　鮎《あゆ》か釣るらむ」（松浦川の、川の瀬が速いので、くれないの裳《も》［一種の長いスカート］の裾《すそ》を濡らして、娘たちは鮎を釣っていることだろうか。）

この歌に、「くれないの裳《も》」ということばがみえる。ベニバナで染めた裳かともみられる。（茜草も、「紅色」を出す。茜《あかね》で染めた裳である可能性もある。ベニバナは、高価である。）

娘たちが鮎を釣るのに赤い「絹」のスカートをつけているとは思えない。これは、「からむし（苧）」か「麻《あさ》」などの繊維を用いた裳《も》であろう。

ベニバナが出土したからといって、それが、『魏志倭人伝』と結びつくということにも、「絹」と結びつくということにもならない。

また、『万葉集』の四〇二一番に、大伴家持《おおとものやかもち》のつぎの歌がある。

「雄神川《をかみがは》　紅《くれなゐ》にほふ　娘子《をとめ》らし　葦付《あしつき》取ると　瀬に立たすらし」（雄神川で乙女《おとめ》たちの赤い裳が陽《ひ》に映えている。その乙女らが、葦付《あしつき》［葦付ノリ。食べる川ノリの一種］を採《と》りに、瀬に立っているらしい。）

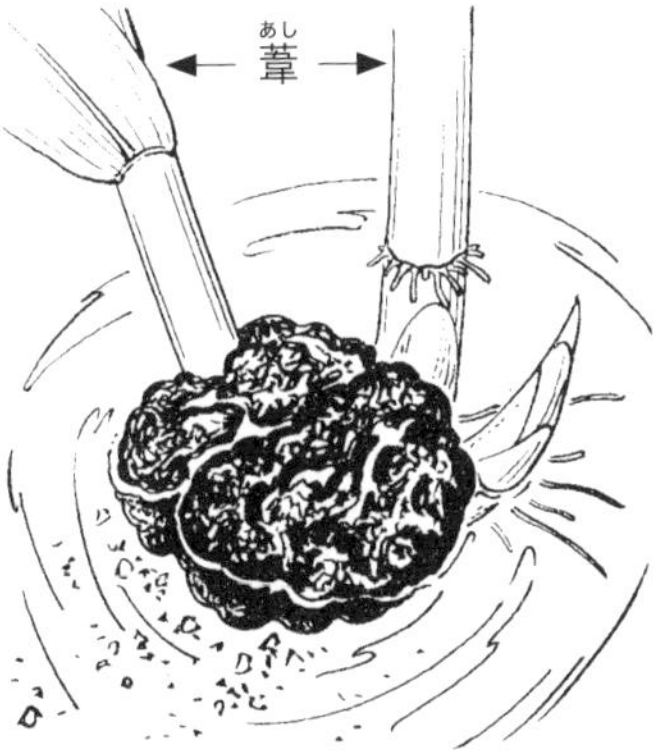

図2　葦付《あしつき》
（『万葉集4』［『日本古典文学全集』小学館、1996年刊］による。）

雄神川は、富山県を流れる川である。大伴家持は、越中国守であった。「葦付《あしつき》」は、早春に清流ぎわに生《は》える葦の根に発生するので、「葦《あし》付《つき》」の名がある。大豆ぐらいの大きさに成長する。生《なま》のまま、三杯酢で食べる。

養蚕は手数のかかるものである。絹はあたたかく値段も高い。だからこそ、倭から魏への献上品ともなりえたのである。

鮎を釣ったり、葦付ノリをとる娘が、絹の裳をはいているほど、絹がありふれたものであるのなら、ナイロンなどの合成繊維が発明される必要もなかったであろう。

桜井市教育委員会は、ベニバナが出土したこと以外、たしかなことをなにも言っていない。それで、「纒向遺跡が邪馬台国の一角であることを補強する有力な材料」が、出現したことになってしまう。まったく事実無根の空想というべきである。

ほとんど「非常識」といってよい「解釈」を、しかるべき公的機関が発表し、公的機関に属する考古学者が支持し、また、新聞も、それをのせる。

ベニバナ論争のような例は、あげて行けばきりがない。この種の連想ゲーム、解釈、確実な事実にもとづくとはいえない大本営発表、みずからのお国ファースト主義のフェイク（偽《にせ》の）ニュースのつみかさねによって、「畿内説」は成立している。トランプのような政治家の行なうようなことを、奈良県桜井市の教育委員会が、くりかえし行なっている。

捏造をひきおこす個人、組織、文化は捏造をくりかえす傾向があるといわれている。なぜ、そのような傾向が生ずるのか。

確実な根拠をもつとはいえない「連想ゲーム」を行なっているだけなのであるが、それを発表し、宣伝するだけで、発表者や発表機関の名があがる。それで助成金がえられたり。社会的ポストが与えられたりする。その世界に住むと、それが、正しい方法にしたがっているようにみえてきてしまう。専門家ではない、不勉強なマスコミ人に、いかに、フェイク（偽の）ニュースをとりあげさせるか、に腐心する。そして、マスコミがとりあげたならば、新聞でさえみとめてくれたのであるから、正しい「証明」になっていると、思いこんでしまう。森浩一のいう「そういう所に勤めていると、つい権威におぼれ、研究がおろそかになる。」という事態が生ずる。

森浩一があえてこのように述べるのは、あまりにもいいかげんな「研究」を見すぎたためであろう。

「連想ゲーム」は簡単にできることであるから、我も我もと、同じような方法で、「連想ゲーム」を行なう。

かくて、「宣伝」と「証明」との区別のつかない世界が成立してしまっているのである。公務員研究者は、組織を背景にもつがゆえに、簡単にマスコミに登場、発表の機会が与えられる。個人の発表であればとりあげなくても、それなりの機関の発表ということになるととりあげられる。比較的容易に発表の機会が与えられるために、挙証判断が、きわめて甘くなってしまう。

かくて、森浩一の「税金で雇った大勢の人を集めておくことは無駄である。」という事態が生ずる。森浩一は実情にもとづき、直截《ちょくせつ》な意見をのべているとみられる。

桜井市の教育委員会や、纒向学研究センターなどといえば、一応、それなりの「公的権威」をもつものとされている。

少々おかしくても、ものを言いにくい状況がある。しかし、最近の動きは、ほとんど、看過しがたいものがある。

「思いこみ」「不勉強」「お国ファースト主義」などが渾然一体となって、ほとんど、まったく根拠をもたない事実を、マスコミに、しばしば発表する挙にでている。このような行動は、どこかの国の大統領のような、政治家のすることであって、研究者の行なうことではない。研究者は、学に忠実でなければならない。

江戸時代の本居宣長も、『うひ山ぶみ』のなかでのべている。『うひ山ぶみ』は、初学者のために、学問の研究法について、のべた文章である。

「学者は、ただ、道をたずねて明らかに知ることを、つとめとすべきである。私《わたくし》に道を行なうべきではない。」

新聞などで、原稿用紙にして、ほんの五、六枚ていどの量、デカデカと報道されたことでも、それにキチンと反証をあげようとすると、あるていどの量の紙数と労力とを必要とする。そして、このような本を書いても、新聞記事ほどの影響力は、もちえない。

かくて、いつしか、「権威におぼれ、研究がおろそかに」なり、考古学の「私《わたくし》の道」への暴走がはじまる。

この暴走は、いつとまるのか。第二次世界大戦の終結や旧石器捏造事件のばあいのように、決定的、壊滅的な破産がおきるまで、続くのだろうか。

「ウソも百回つけば、本当になる。」というが、すこしひどすぎはしまいか。

「解釈の捏造」は、ことばだけでおきかえて行けばよいのであるから、旧石器捏造事件の藤村新一氏のように、どこからか、ニセの石器をもってくるよりも、はるかに、手間も、ヒマもかからない。

これで通るのであれば、面白くて、やめられなくなるのは、当然である。

マスコミも、もうそろそろ、桜井市の官僚学者の説く「畿内説」に荷担することは、偽りとインチキに荷担し、国民をあざむくことになり、厖大な公費を無駄に費消することになることに、気がつくべきである。

官僚学者たちは、みずからの存在を示し、それによって生活費をかせぐためと、地域宣伝のために、このようなことを行なっているのである。

学問的根拠や、科学的なエビデンス（証拠）が示されていない。

ここでは、羊頭狗肉、馬肉の缶詰を牛肉の缶詰と称して売るような、「おきかえ」「解釈の捏造」が横行している。

「狗→羊」「馬→牛」「ベニバナ→茜《あかね》」「ふつうの布→絹」のような、「おきかえ」の構造が、そこにみられる。

なお、現在でも、中国の山西省の「新絳県」の東南四〇キロのところに、「絳県」という地名がある。漢の時代に、「絳県」がおかれ、魏晋南北朝の時代には、河東郡に属し、「絳邑」といった。この地は、魏晋南北朝の時代は、「司州」(いわば、首都圏)に属し、河東郡は、洛陽のある河南尹の隣郡であった。洛陽と「絳県」との距離は、一二〇キロほどである。劉尹任著の『中国地名大辞典』(中国・文海出版社刊)によれば、「絳県」という名は、「絳山」の名によってつけられた、という。絳《あかね》草のとれる山があったのであろうか。

第2章 『魏志倭人伝』から出発すれば、……

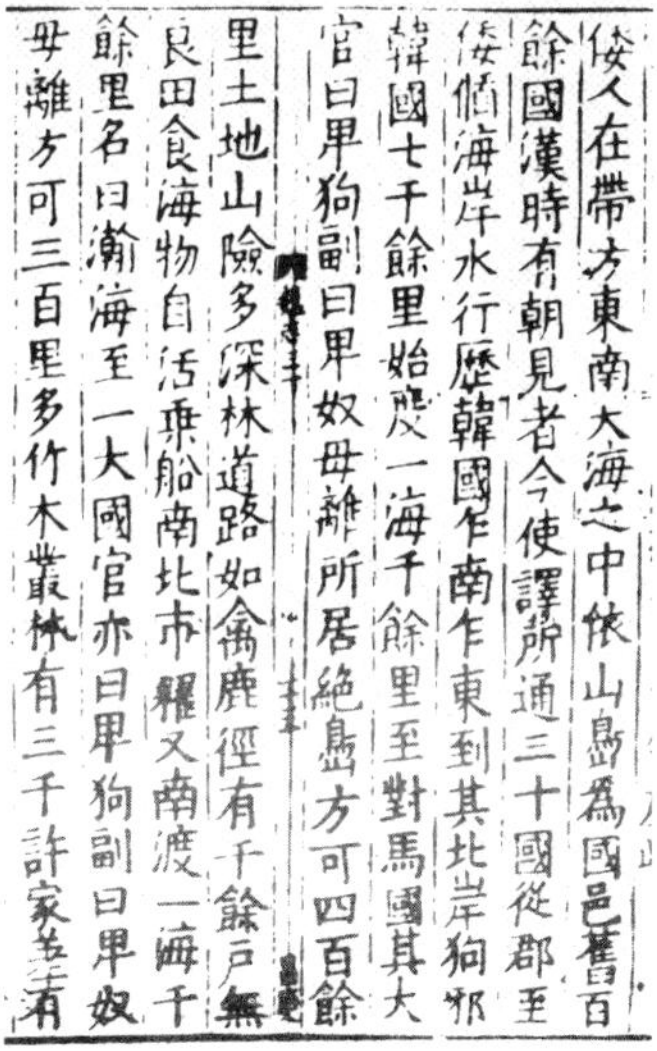

倭人在帶方東南大海之中依山島為國邑舊百
餘國漢時有朝見者今使譯所通三十國從郡至
倭循海岸水行歷韓國乍南乍東到其北岸狗邪
韓國七千餘里始度一海千餘里至對馬國其大
官曰卑狗副曰卑奴母離所居絶島方可四百餘
里土地山險多深林道路如禽鹿徑有千餘戸無
良田食海物自活乗船南北市糴又南渡一海千
餘里名曰瀚海至一大國官亦曰卑狗副曰卑奴
母離方可三百里多竹木叢林有三千許家差有

紹興版本『魏志倭人伝』の冒頭
（紹興版本『魏志倭人伝』は、現在残っている最古の刊本。）

議論は、「纒向遺跡から出土したもの」、たとえば、ベニバナや桃の種から出発すべきではない。『魏志倭人伝』から出発しなければならない。「議論の構造」そのものに、問題がある。

『魏志倭人伝』に記されている「鉄の鏃《やじり》」や、「絹」「勾玉」などは、どこから出土しているのか、などを考えるべきである。

『魏志倭人伝』から出発するとき、邪馬台国はどこに存在したかなどについての、考古学上の答えは、もうすでに出ている。

基本的な問題点

「ベニバナ論争」の、基本的な問題点を考えてみよう。

「ベニバナ論争」の、論争スタイルの基本的、根本的問題点としては、まず、つぎの四つのようなものがあげられる。

基本的な問題点

(I)　**『魏志倭人伝』から出発すべし。**　さきのベニバナ論争の議論では、はじめに纒向ありき、の議論の形式になっている。纒向遺跡から出土したベニバナから出発し、それを、『魏志倭人伝』や、卑弥呼や、邪馬台国と、いかに結びつけるか、という形式の議論になっている。あとでのべる纒向から出土した桃の核（桃の種《たね》の固い部分）や、大型建物のばあいも、議論の形式としては、同じである。

そうではなく、『魏志倭人伝』の記述から出発し、『魏志倭人伝』に記載されている事物のうち、考古学的に遺跡・遺物を残しうるもの（鏡や絹や鉄の鏃《やじり》など）が、どの地域から、どれだけ出土しているかを調べるべきである。できるだけ『魏志倭人伝』に即し、『魏志倭人伝』原理主義の立場に立つべきである。

(II) **調査すべき項目の定義を明確にし、各都道府県、各地域の出土状況などを、公平に比較すべし。**纏向だけに特別な地位を与えるのではなく、各都道府県、各地域の出土状況などを、客観的に、公平に比較すべきである。

そのばあい、どのような項目を調査項目とするかを、明確に定める必要がある。

(III) **部分に着目して、そこから拡大解釈するのではなく、できるだけ広く情報を集め、全体的、総合的判断をすべし。**「絳青縑」は、一つのまとまりをなす語である。それを、「縑（絹）」のほうは無視して、「絳（色）」だけをとりあげる。その「絳」が、「茜《あかね》」をさすとみられるにもかかわらず、根拠を示さずに、「ベニバナ」である可能性だけをとりあげて強調し、纏向出土のベニバナと結びつける。「赤」であれば、『魏志倭人伝』と結びつくのではない。「絳青縑」であって、はじめて『魏志倭人伝』と結びつくのである。

当時の出土物として、絹は福岡県にくらべ、奈良県はずっとすこししか出土していない。それにもかかわらず、部分に着目し、拡大解釈によって「纏向＝邪馬台国説」が主張される。

この方法は、我田引水、自画自讃、ひいきの引き倒し、手前味噌の議論になりやすい。

宣伝にはなっても、客観的証明には、ならない。「証明を抜きにして、仮説だけがどんどん上積みされる」ことになりやすい。

共産中国の建設者、毛沢東《もうたくとう》は、かつてのべた。

「揚子江《ようすこう》は、あるところでは北に流れ、あるところでは南に流れ、あるところでは西にすら流れている。しかし、大きくみると、かならず西から東へ流れている。」

太陽系全体を観測する立場にたてば、地球は、太陽のまわりを廻っている。地動説が正しい。

しかし、朝早く、山上に立てば、太陽のほうが動いていて、東から登ってくる。天動説のほうが正しいようにみえる。

せまい範囲の観測にもとづいて、「考古学的には、これが正しいのです。」などと、あまり強く主張しないでほしい。

旧石器捏造事件のさい、『ネイチャー』誌は、「捏造された出土物は、批判の欠如をさし示す（Fake finds reveal critical deficiency）」という文章をのせ、「井の中の蛙《かわず》、大海を知らず」という『荘子』にもとづく日本のことわざの英訳“A frog in a well that is unaware of the ocean”を引用して、この事件を痛烈に批判している（Cyranoski, D., *Nature*, Vol. 408, 280ページ、2000年11月号）。

そこには、つぎのような文章がみえる。

「この（旧石器捏造事件の）話は、藤村新一が捏造作業をつづけるのを許した科学文化についての疑問をひきおこした。」

「日本では、人々を直接批判することは、むずかしい。なぜなら、批判は、個人攻撃とうけとられるからである。」

「直観が、ときおり、事実をこえて評価される。」

科学性が失なわれている現状は、なんとかする必要があるのではないか。旧石器捏造事件はたまたま起きたのではない。起きるべき土壌があって起きたのである。藤村新一氏は、旧石器の出現を渇仰する人たちの望みに答えただけである。

あまりに渇仰すれば、見えないものもみえてくる。

(IV) **自説に都合の悪い事実を無視《スルー》すべからず。** さきの「ベニバナ論争」においては、福岡県などにくらべて、奈良県は、絹の出土量が圧倒的にすくない、という事実は、無視《スルー》されている。

不都合な事実は無視《スルー》し、自説に都合のよい事実だけをとりあげて議論する。この方法によれば、どんな議論でも成立する。ドラえもんの「どこでもドア」のように、どこにでも行ける。奈良県には、もちろん行ける。しかし、福岡県にも、島根県にも、岡山県にも行ける。こんな便利な道具はない。

「確証バイアス」とか、「チェリーピッキング」ということばがある。これらのことばについて、Wikipedia《ウィキペディア》は、つぎのように説明している。

「確証バイアス（英 confirmation bias）とは、認知心理学や社会心理学における用語で、仮説や信念を検証する際にそれを支持する情報ばかりを集め、反証する情報を無視または集めようとしないこと。」

「チェリーピッキング（英 cherry picking）とは、数多くの事例の中から自らの論証に有利な事例のみを並べ立てること。」

奈良県桜井市の考古学は、確証バイアスの重い病《やま》いにかかっている。


「纏向＝邪馬台国説」、あるいは、「邪馬台国畿内説」のほとんどは、この四つの基本的問題点をクリアしていない。「ベニバナ論争」と基本的に同種の議論構造となっている。

それでは、この四つの問題点をクリアする形で議論したらどうなるか。

そのばあいは、考古学的データにもとづく邪馬台国についての結論は、すでに、でていると思う。

そのことを以下にのべておこう。

『魏志倭人伝』に記載のある事物

『魏志倭人伝』に記載のあるもので、その遺跡、遺物の出土状況を考古学的に調べることのできるもので、かつ、遺跡・遺物の意味内容を比較的はっきりと定義しやすいものとして、まず、つぎのようなものを、あげることができよう。

(1) 鉄鏃《てつぞく》(鉄のやじり)　(2) 鉄剣・鉄刀(五尺刀・刀)
(3) 鉄矛(兵[器]には矛)　(4) 鏡(銅鏡百枚・鏡)
(5) 絹(交竜錦、句文錦など)　(6) 勾玉(孔青大句珠《こうせいだいこうしゅ》)

これらのうち、鏡・剣・玉の三つは、いわゆる「三種の神器」の内容をさすものである。

考古学的な議論をするのであれば、まず、これらの全体的出土状況をみておくことから出発する必要がある。

以下、それを、ざっとみてみよう。

鉄について――『弥生時代鉄器総覧』の話

『魏志倭人伝』などには、鉄のことがいくつか記されている。

(1)　倭人は、兵器に、「鉄鏃《てつぞく》」を用いる、とある。

(2)　倭人は、兵器に「矛」を用いる、とある。この「矛」は、鉄の矛と考えられる。広形銅矛などは、武器になりえない。

(3)　魏の皇帝は、卑弥呼に、「五尺刀二口」を与えたと記されている。この「五尺刀」は鉄の刀と考えられる。「五尺刀」は、長い刀である。銅の刀であれば、ねばり気がないので、長い刀は折れやすい。

(4)　『魏志』の「韓伝」の弁辰《べんしん》の条に、つぎのようなことが記されている。

「(弁辰の)国は、鉄をだす。韓、濊《わい》、倭、みな、これをとる。」

これらの記事は、倭人が、鉄を用いたことを示している。

広島大学の教授であった川越哲志《かわごえてつし》は、二〇〇五年に亡くなった。六十三歳であった。川越哲志のまとめた本に、『弥生時代鉄器総覧』(広島大学文学部考古学研究室、二〇〇〇年刊)がある。

弥生時代の鉄器の出土地名表をまとめたもので、現在も邪馬台国時代の鉄器などについて考えるさいの基本文献であることを失わない。

そこには、鉄器についての、厖大なデータが整理されている。

ところで、『弥生時代鉄器総覧』の出土地名表をみると、福岡県には、四十九ページがさかれている。これに対し、奈良県には一ページしかさかれていない。

「邪馬台国＝奈良県存在説」を説く人々には、この愕然とするほどの圧倒的違いが、目にはいらないのだろうか。

(a) 鉄の鏃《やじり》

「鉄の鏃」をとりあげよう。

『弥生時代鉄器総覧』によるとき、福岡県からは、三九八個の鏃が出土しているのに、奈良県からは、わずか、四個の鏃しか出土していない（「鉄鏃？」などとあって、疑問のあるものは除く）。

しかも、奈良県の四個のうちの三個は、「時期」が「終末期〜古墳初頭」となっている。邪馬台国時代よりも、時代が下がる可能性もある。

矛なども、福岡県からは、出土例はみられるが、奈良県からの出土例は、みられない。

図3、**図4**、**表1**などを、ご参照いただきたい。

図3、**図4**などのデータは、ある特定の都道府県に肩いれするものではない。全国の都道府県を、同一の基準で公平に比較するものである。

図3、**図4**などのデータについて、つぎのようにのべる方もおられるかもしれない。

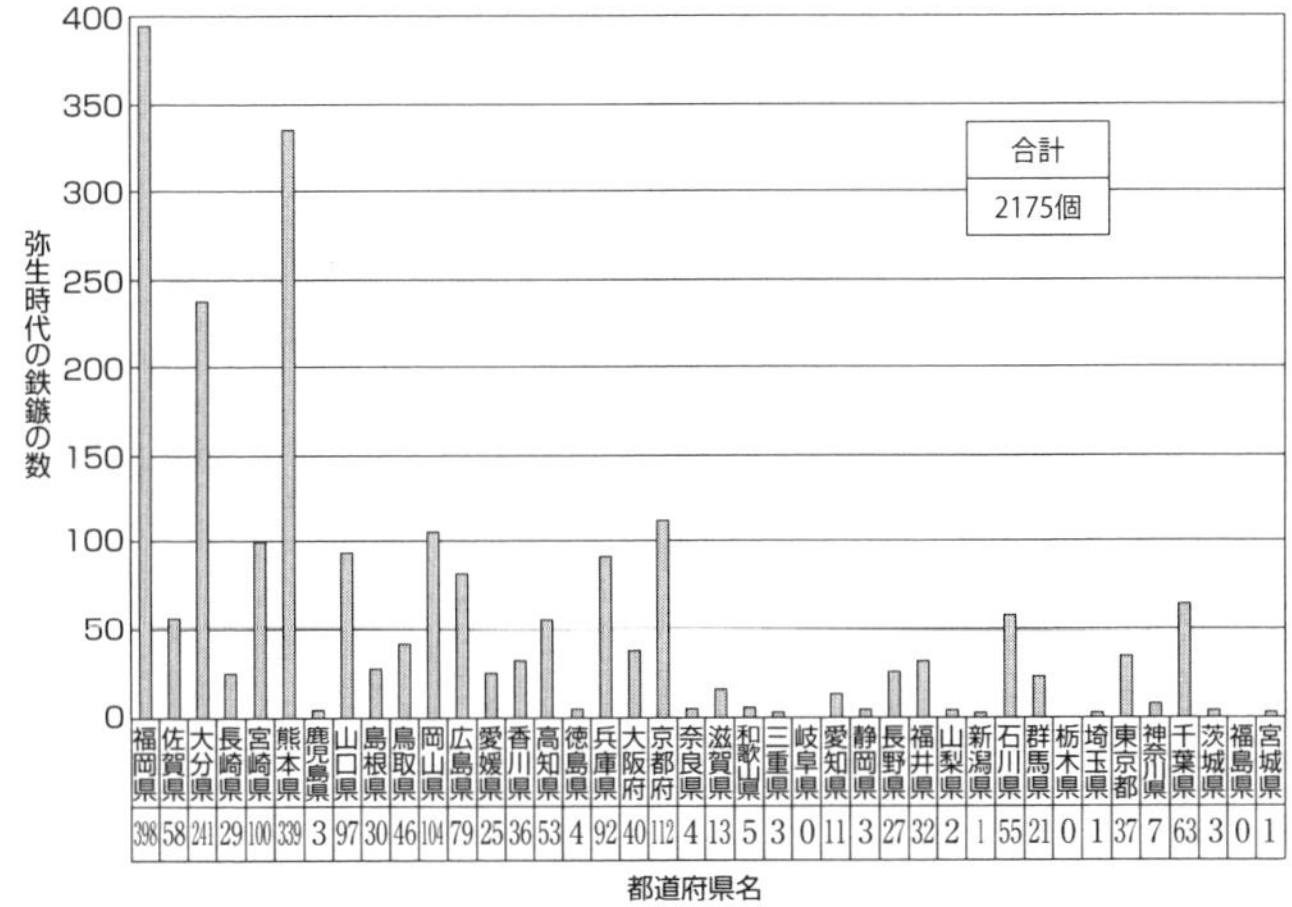

図３　県別　弥生時代の鉄鏃の数
（もとのデータは、川越哲志編『弥生時代鉄器総覧』［広島大学文学部考古学研究室、2000 年刊］による。）

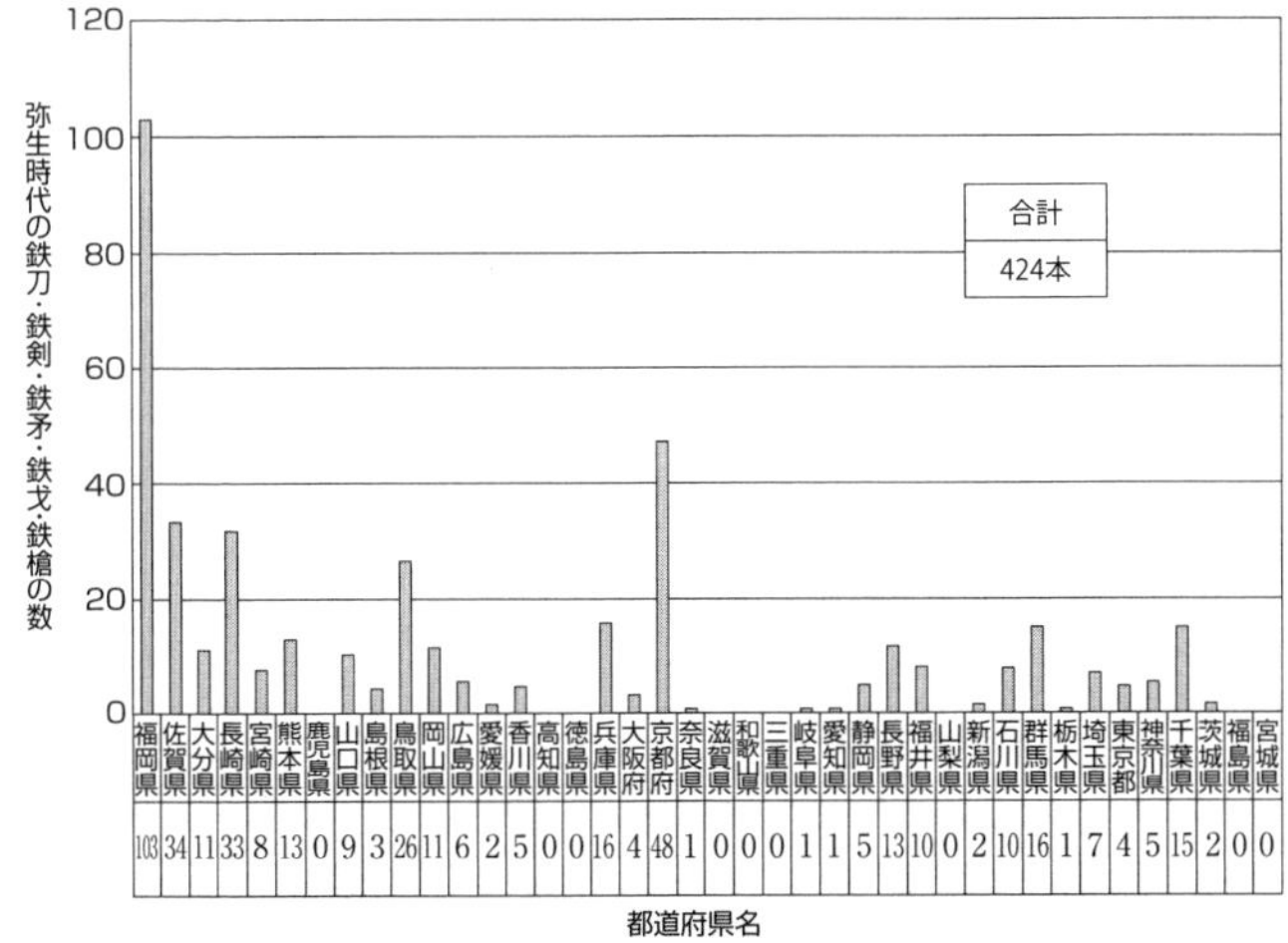

図４　県別　弥生時代の鉄刀・鉄剣・鉄矛・鉄戈・鉄槍の数
（もとのデータは、川越哲志編『弥生時代鉄器総覧』［広島大学文学部考古学研究室、2000 年刊］による。）

表1　おもに『魏志倭人伝』に記されている遺物の、福岡県と奈良県の出土状況の比較

		県 ／ 諸遺物	福岡県	奈良県
『魏志倭人伝』に記載されているものに関係する遺物（大略西暦三〇〇年以前、弥生時代の遺物）		弥生時代の鉄鏃	398個	4個
		鉄　　刀	16本	0本
		素環頭大刀・素環頭鉄剣	18本	0本
		鉄　　剣	44本	1本
		鉄　　矛	7本	0本
		鉄　　戈	16本	0本
		鉄　　槍	2本	0本
		素環頭刀子・刀子	210個	0個
		邪馬台国時代に近いころの銅矛・銅戈（広形銅矛・中広形銅矛・中広形銅戈）	203本	0本
		絹製品出土地	15地点	2地点
		10種の魏晋鏡	38面	2面
	庄内期出土の鏡	寺沢薫氏のデータによる	30面	3面
		奥野正男氏のデータによる	98面	4面
		小山田《こやまだ》宏一氏のデータによる	47面	4面
		樋口隆康氏のデータによる	5面	0面
		ガラス製勾玉・翡翠製勾玉	29個	3個
古墳時代の遺物（大略西暦三〇〇年以後）		三画縁神獣鏡	56面	120面
		画文帯神獣鏡	4面	26面
		前方後円墳（80 m以上）	23基	88基
		前方後円墳（100 m以上）	6基	72基

データの出所は、鉄の武器については、『弥生時代鉄器総覧』による。その他のデータの出所について、くわしくは、拙著『「邪馬台国畿内説」徹底批判』（勉誠出版、2009年刊）参照。

「『弥生時代鉄器総覧』は、西暦二〇〇〇年に刊行されたものである。その後、近畿などで、鉄の出土をみている。」

そのようにのべられる方は、つぎのようなことをお示しいただきたい。

(1)　鉄鏃がいくつ、刀がいくつ、剣がいくつ、矛がいくつ、どの県のどこから出土しているのか、具体的に、数値でお示しいただきたい。

(2)　できれば、近畿の府県だけでなく、全国の各都道府県の状況を同一規準でしらべて、**図3**、**図4**にとりかえる形で、データをお示しいただきたい。

(3)　せめて、奈良県と福岡県だけでもくわしくしらべて、**図3**、**図4**、**表1**のような出土数の示す傾向（福岡県の方が奈良県よりも、あきらかに、出土数が多いという傾向）が、逆転する可能性のあることをお示しいただきたい。

鉄についてのデータは、同じような傾向を示すので、以下の議論においては、鉄の鏃についてのデータを、鉄についてのデータの代表として用いることにする。

(b)　鏡類データ

奈良県桜井市纒向学研究センター所長の考古学者、寺沢薫氏は、その著『弥生時代政治史研究　弥生時代の年代と交流』（吉川弘文館、二〇一四年刊）のなかで、「庄内様式期の出土鏡」

について、42・43ページの**表2**のような表を示しておられる。

ただし、この**表2**において、つぎの二つは、安本の書きいれである。

(1) **表2**の42ページの左がわの欄の下のほうに、四角のワクでかこんだ、「238年、または、239年卑弥呼遣使」という説明を加えた。

卑弥呼の時代を、庄内式土器の時代とみることは、私(安本)も、同意見である。
この点は、寺沢薫氏と私との議論の、共通の出発点となる。

(2) **表2**(43ページ)の右がわの欄最上部において、「奈良・ホケノ山古墳〔石覆木槨〕」から出土した三面の出土鏡のところに、アンダーラインを引いた。ここにアンダーラインを引いた意味は、あと(124ページ以下)で説明する。

表2に示した寺沢薫氏作成のデータによるとき、庄内期の、全国各都道府県の鏡の出土数の状況は、**図5**のようになる。

また、邪馬台国九州説の奥野正男氏、畿内説の小山田《こやまだ》宏一氏も、庄内期の鏡の出土状況を示しておられる。それらをまとめれば、**図6**、**図7**のようになる。

寺沢薫氏、奥野正男氏、小山田宏一氏のいずれのデータにおいても、福岡県は、奈良県の十

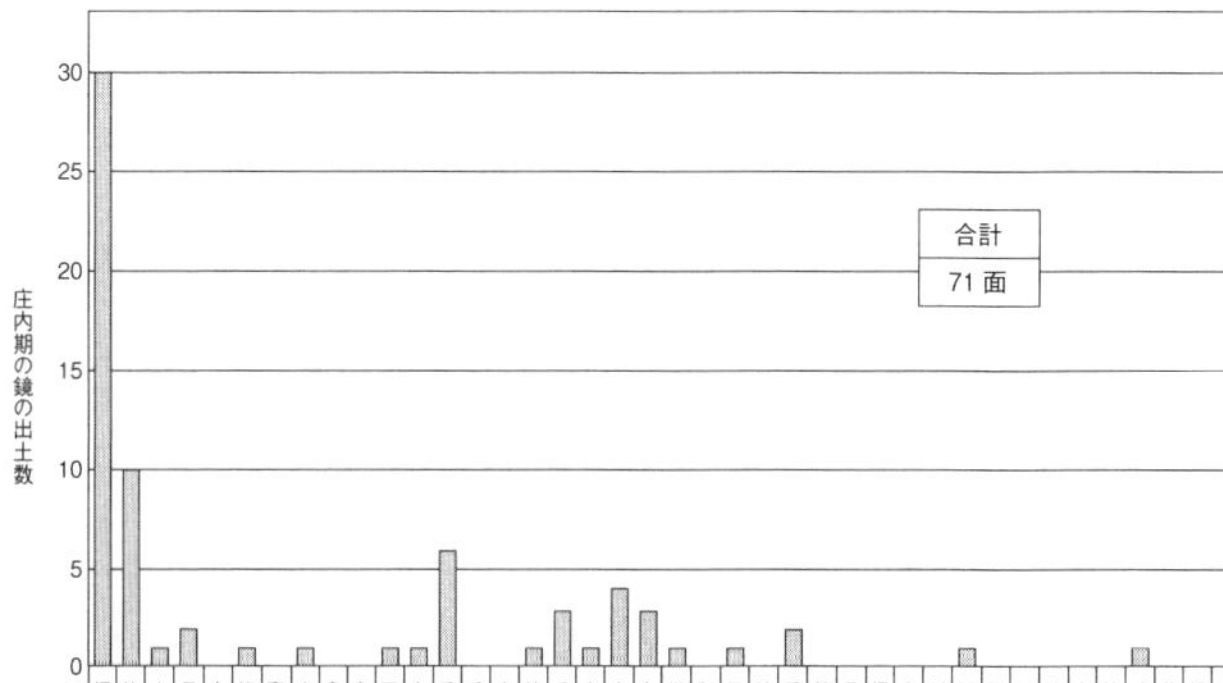

福岡県	佐賀県	大分県	長崎県	宮崎県	熊本県	鹿児島県	山口県	島根県	鳥取県	岡山県	広島県	愛媛県	香川県	高知県	徳島県	兵庫県	大阪府	京都府	奈良県
30	10	1	2	0	1	0	1	0	0	1	1	6	0	0	1	3	1	4	3

滋賀県	和歌山県	三重県	岐阜県	愛知県	静岡県	長野県	福井県	山梨県	新潟県	石川県	群馬県	栃木県	埼玉県	東京都	神奈川県	千葉県	茨城県	福島県	宮城県
1	0	1	0	2	0	0	0	0	0	1	0	0	0	0	0	1	0	0	0

図５　寺沢薫氏の資料による県別・庄内期の鏡の出土数

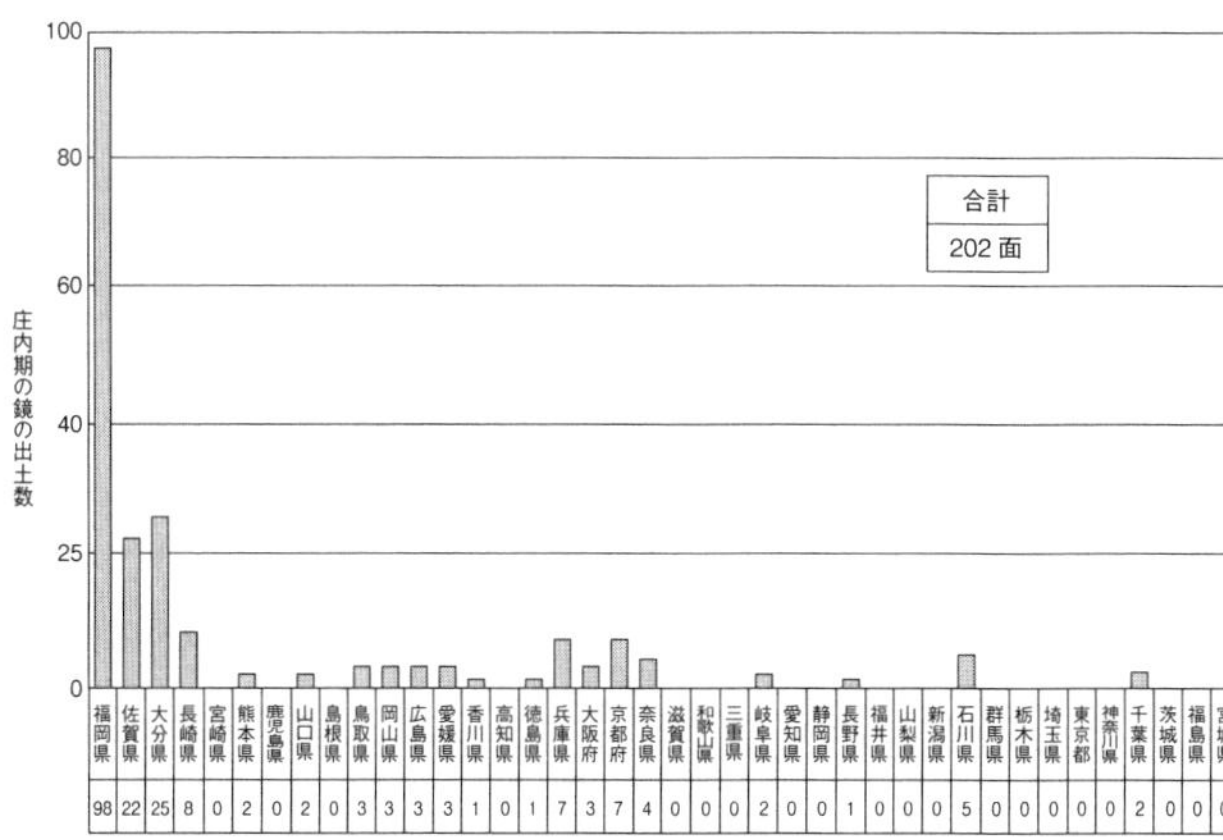

福岡県	佐賀県	大分県	長崎県	宮崎県	熊本県	鹿児島県	山口県	島根県	鳥取県	岡山県	広島県	愛媛県	香川県	高知県	徳島県	兵庫県	大阪府	京都府	奈良県
98	22	25	8	0	2	0	2	0	3	3	3	3	1	0	1	7	3	7	4

滋賀県	和歌山県	三重県	岐阜県	愛知県	静岡県	長野県	福井県	山梨県	新潟県	石川県	群馬県	栃木県	埼玉県	東京都	神奈川県	千葉県	茨城県	福島県	宮城県
0	0	0	2	0	0	1	0	0	0	5	0	0	0	0	0	2	0	0	0

図６　奥野正男氏の資料による県別・庄内期の鏡の出土数
（奥野正男著『邪馬台国の鏡』［奥野正男著作集Ⅱ、梓書院、2011年刊］、
また、『季刊邪馬台国』105号所載の奥野正男氏の論文参照のこと。）

表２　庄内様式期の出土鏡（寺沢薫氏による）

西暦	相対年代（土器・甕棺様式）		出土遺跡・遺構（鏡式）九州	出土遺跡・遺構（鏡式）以東
200	後期-7様式［KⅤ］	畿内Ⅳ-2	**佐賀・中原ST13414・M（四連Ⅳ）** 福岡・宮原S3（四連Ⅲ'・Ⅳ） 福岡・笹原（四連Ⅳ） 福岡・日佐原E群D15（四連Ⅳ'） **福岡・高津尾16区D40（方Ⅵ）** **福岡・みくに保育所1住（方Ⅵ△）** 長崎・原の辻D地区SK9（四連Ⅳ）	**兵庫・西条52号墓石槨（四連Ⅲ※）** **鳥取・秋里9溝（四連Ⅲ or Ⅳ△）**
	土師器-1様式［KⅤ］	庄内様式（古）	**福岡・原田S1（単）◎／SD（四連ⅤB'）** **福岡・三雲寺口S2（蝙連Ⅰ）** **福岡・馬場山D41a（双ⅠC△）** **福岡・徳永川ノ上Ⅰ区MD6（方Ⅵ△）／Ⅰ区D8（三画像△）／Ⅳ区SD19（斜盤ⅠB'）** 福岡・長谷池SD2（方Ⅵ'） 福岡・谷頭S（蝙連Ⅰ） **佐賀・中原ST13415・M（四連Ⅳ'・四連Ⅳ'・方ⅤC'）※** 佐賀・藤木SD（四連Ⅳ' or ⅤB'） **長崎・椎ノ浦S（円連Ⅲ）**	**山口・朝田3号台状墓石槨（蝙連Ⅱ'）** **広島・壬生西谷M33（四連Ⅰ）◎** **愛知・朝日北環境濠D（虺龍ⅡB？▲）** 愛媛・土壇原Ⅵ区D36　（方Ⅶ△） 愛媛・東本4次　SB302（方△） **石川・無量寺BⅡ区1溝（双ⅠC▲）** 愛知・石座神社3002SI（方ⅤA△）
238年、または、239年卑弥呼遣使 250	土師器-2様式	庄内様式（新）	**福岡・良積K14（三方Ⅶ）** **福岡・向田Ⅰ-S7（四連ⅤB'）** 福岡・藤崎S（斜方Ⅶ） **福岡・徳永川ノ上2号墓（方Ⅱ△）◎／4号墓54（蝙連Ⅰ'）** 福岡・前田山1区S9（蝙連Ⅱ'） 福岡・汐井掛S4（斜方Ⅶ）／S6（円連Ⅲ△）／M28（三飛） 福岡・酒殿S2（獣首） 福岡・山鹿石ヶ坪S2（斜双Ⅰ？△） **福岡・野方中原S1（上浮四獣△）／S3（蝙連Ⅱ）** **福岡・野方塚原S1（三浮獣Ⅲ△）** **福岡・御笠地区F-3住（蝙連Ⅰ△）** 福岡・馬場山S5（斜方Ⅶ△）	**愛媛・朝日谷2号墳MA（斜神、禽獣）◎** 愛媛・治平谷7号墳M（円連Ⅲ）◎ 愛媛・相の谷9号台状墓S1（細獣ⅣA▲） **岡山・鋳物師谷1号墳石槨A（虺龍ⅡB）◎** **徳島・萩原1号墳石囲木槨（画同※）** 兵庫・綾部山39号墳石囲石槨（画環※） 兵庫・白鷺山S1（蝙連Ⅱ△）◎ **兵庫・岩見北山1号墳石槨（四連Ⅳ※）◎** **大阪・加美84-1区2号方形墓M（蝙連Ⅰ△）**

			福岡・岩屋S（双ⅡG△） 福岡・平S（夔鳳△） 福岡・上所田SD（斜細獣Ⅵ△、四連Ⅰ△）◎ 福岡・五穀神S（方Ⅲ'）◎ **大分・川辺南西地区1号方形墓S2（鳥）◎** **佐賀・町南103住（双ⅡD or E▲）** **佐賀・柴尾橋下流004溝（四連Ⅰ）◎** **佐賀・志波屋六本松2・3号墓周壕（双ⅡG or H△・ⅢK or L△）** 佐賀・中原SP13231・M（斜上浮四獣※） 佐賀・城原三本谷S（方Ⅰ'▲）◎ **長崎・塔ノ首S4（方Ⅶ）** **熊本・狩尾湯の口S2（画同▲）**	**奈良・ホケノ山古墳石覆木槨（画同・画同△・四連△◎）伝（四連Ⅰ◎・画同）** **京都・上大谷6号墳M（夔鳳3A）** **京都・太田南2号墳M（画環※）◎** **京都・豊富狸谷17号墓M2（上浮四獣△）／M3（細獣Ⅵ）◎** **滋賀・斗西ヤナ（四連ⅤA▲・ⅤB▲）** **三重・東山古墳M（斜上浮四獣）▲** 千葉・鳥越古墳M2（方Ⅵ▲）◎
	土師器-3様式（古）	布留0様式（古）	**福岡・津古生掛古墳M（方ⅤC）◎** **福岡・祇園山古墳K1（画環△）** 福岡・郷屋古墳（三四）◎（以下略）	山口・国森古墳木槨（異Ⅴ'）◎ **広島・中出勝負峠8号墳M8（異Ⅴ'）◎** **広島・石槌山2号墳M1（蝙連Ⅰ▲）** （以下略）

出典：寺沢薫『弥生時代政治史研究　弥生時代の年代と交流』（吉川弘文館、2014年刊）

（注）①出土遺構を以下の略号で示す。

K：甕（壺）棺墓、D：土壙墓、S：石棺墓、SD：石蓋土壙、MD：木蓋土壙、M：木棺墓、石槨：竪穴式石槨、木槨：竪穴式木槨、礫槨、住：竪穴住居、SK・SP：土坑、溝：溝（その他、必要に応じて遺構略号の後に報告書での遺構名を付したものもある）。

②鏡式の略号は以下の通りとし、後に型式名を付す。

草：草葉文鏡、彩：重圏彩画鏡、雷：四乳羽状獣文地雷文鏡、星：星雲文鏡、異：異体字銘帯鏡、虺龍：虺龍文鏡、鳥：八鳥（禽）文鏡、方：方格規矩（四神）鏡、細獣：細線式獣帯鏡、浮獣：浮彫式獣帯鏡、盤：盤龍鏡、四連：四葉座鈕連弧文鏡、円連：円座鈕連弧文鏡、蝙連：蝙蝠座鈕連弧文鏡、獣首：獣首鏡（変形四葉文鏡）、双：双頭龍鳳文鏡、夔鳳：夔鳳文鏡、単：単夔文鏡、飛：飛禽鏡、上浮六（四）獣：「上方作」系浮彫式六像式（四像式）獣帯鏡、画像：画像鏡、四獣：四獣鏡・四禽鏡、画同：画文帯同向式神獣鏡、画環：画文帯環状乳神獣鏡、神：神獣鏡（二神二獣、四神四獣など）、同神：同向式神獣鏡。

なお、平原1号墓の「八連」は八葉座重圏文帯連弧文鏡（仿製か？）をさす。

③外縁型式平縁は無記名とし、斜：斜縁、三：三角縁を付す。

④鏡の形状、性格を以下の通り表示する。

※：破砕鏡、△：鏡片（ただし一部を欠いて研磨されていても原鏡と考えられる鏡は完形鏡として扱う）、▲：懸垂鏡、◎：仿古鏡・復古鏡または踏み返し鏡の可能性の高いもの。

⑤明朝体による表示は土器などからの直接的な時期比定資料を欠くか、不十分なもの。

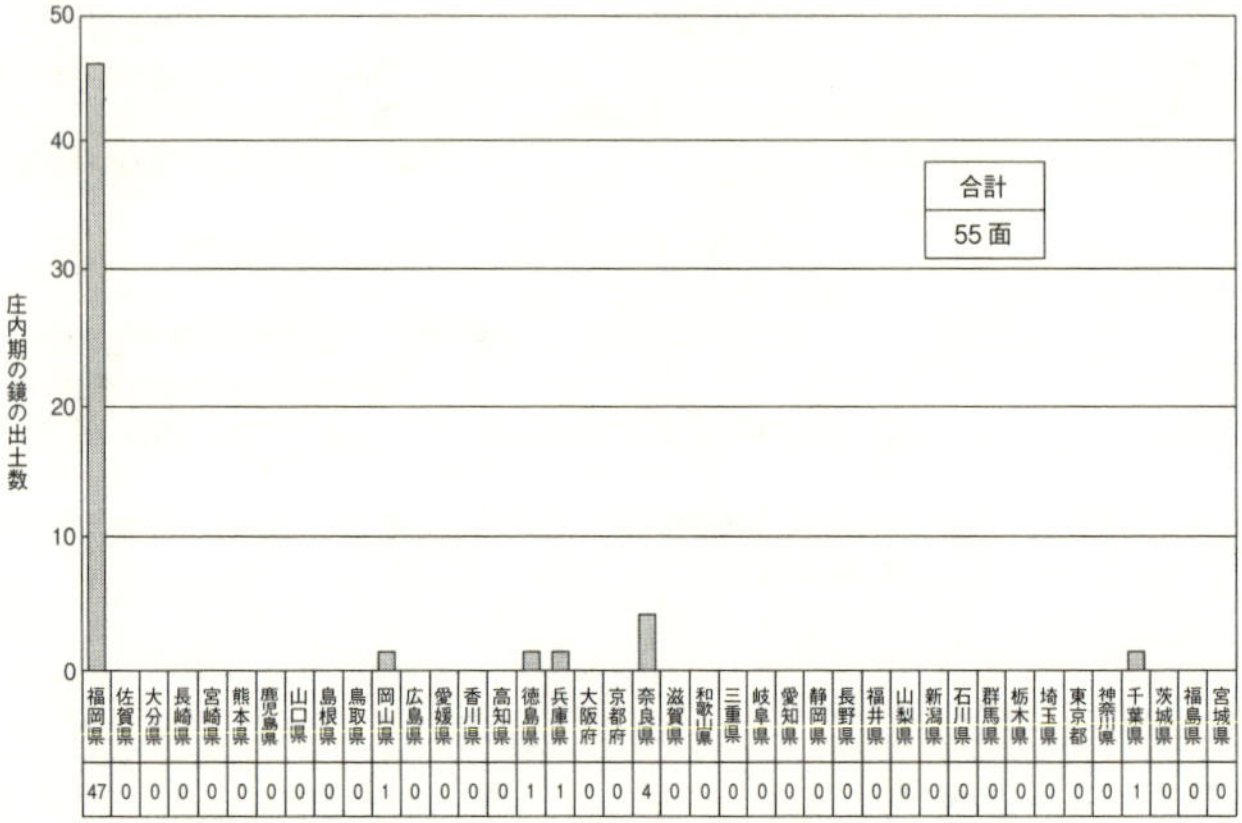

図７　小山田宏一氏の資料による県別・庄内期の鏡の出土数
（「三世紀の鏡と『おおやまと古墳群』」伊達《だて》宗泰《むねやす》編『古代「おおやまと」を探る』［学生社、2000年刊］所載。）

倍以上の出土数を示している。

また、**図5**の寺沢薫氏のデータにおいて、奈良県出土の三面の鏡は、いずれも、ホケノ山古墳出土のものである。あとでのべるように（124ページ以下）、もし、ホケノ山古墳は、布留式土器の時期の築造であるとすれば、寺沢薫氏のデータによるとき、卑弥呼の時代の奈良県からの出土鏡は、皆無となってしまう。

鏡についての各都道府県別の出土分布は、鉄鏃などの出土分布と、同じような傾向を示している。

以下の議論において、鏡についてのデータは、寺沢薫氏のデータによって、代表させることにしよう。

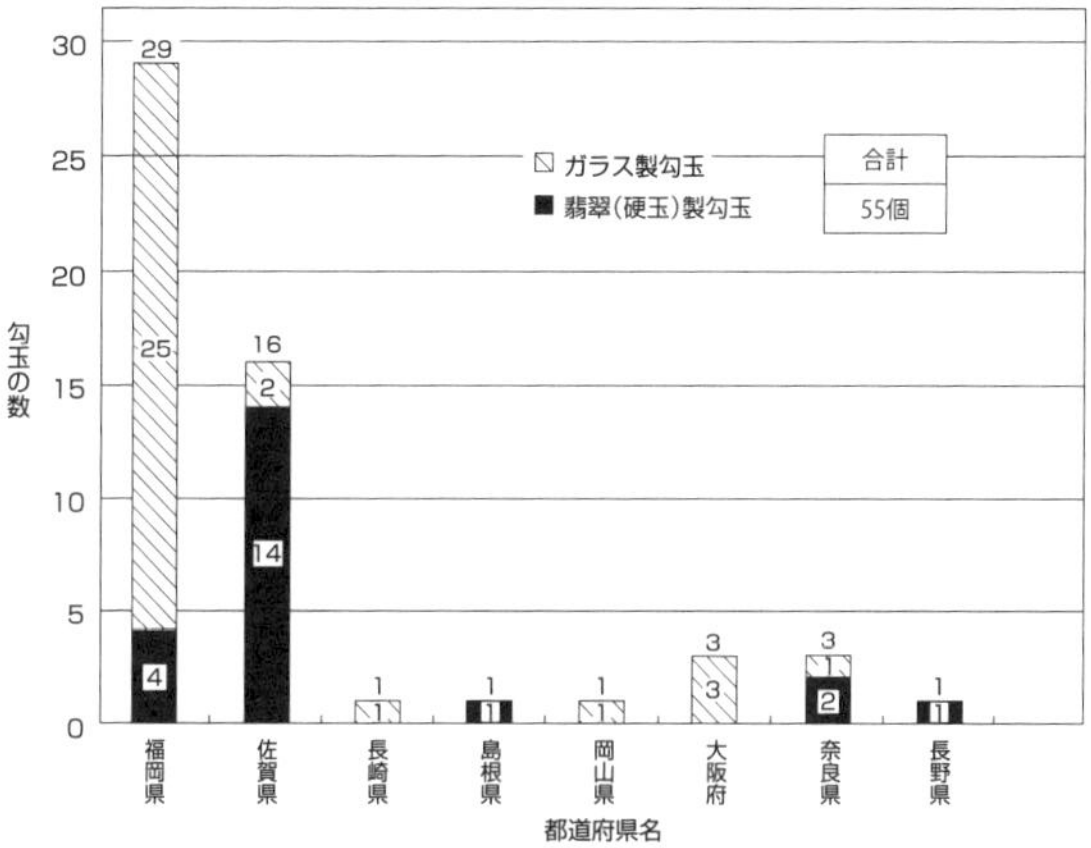

図8　県別　ガラス製勾玉・翡翠（硬玉）製勾玉出土数
（もとのデータは、拙著『「邪馬台国畿内説」徹底批判』［勉誠出版、2008年刊］による。）

(c) 勾玉類データ

『魏志倭人伝』は記している。

「孔青大句珠《こうせいだいこうしゅ》（はなはだ青い大きな勾玉《まがたま》）二枚、異文の雑錦二十匹を貢《みつ》ぐ。」

「句」は、「勾」の本字である。L型《かぎ》にまがったものを意味するから、勾玉《まがたま》を意味するものとみてよい。勾玉は、倭国から魏へもたらされたのである。

勾玉の出土件数は、**図8**のとおりである。

邪馬台国＝畿内説を説いた考古学者の小林行雄でさえ、つぎのようにのべている。

「弥生式時代の硬玉製勾玉をみると、その大部分が北九州地方の墓からの発見品であり、そこでは輸入品の銅剣・銅矛などと同様な、財宝的とりあつかいをうけ

ていたことが注意される。」（『古墳の話』岩波新書、岩波書店、一九五九年刊）

また、寺村光晴氏編の『日本玉作大観』（吉川弘文館、二〇〇四年刊）に、つぎのようにのべられている。

「定形勾玉の特徴は、木下尚子《きのしたなおこ》氏（安本注。熊本大学の教授などであった）が述べているがごとく、『極めて強い斉一性をもち、その形式的特徴は明瞭で』あり、弥生中期初頭に玄界灘《げんかいなだ》沿岸の早良《さわら》平野（福岡県）に出現しているが、糸島《いとしま》平野（福岡県）の三雲《みくも》加賀石の前期例も可能性をもっている。中期中ごろから後半になるとその分布範囲が福岡・糸島だけではなく、玄界灘沿岸全域と一部嘉穂《かほ》盆地（福岡県）に及んでいる。

勾玉の材質は、嘉穂《かほ》郡桂川町豆田の例以外が硬玉とガラスであり、その色も硬玉が緑色、ガラスが青緑色であるから色彩的にも規格制が働いていたことがわかる。

弥生中期以前の玉作遺跡は発見されていないが、最初に出現する硬玉勾玉の数例において糸魚川《いといがわ》（新潟県）産硬玉であることが確認されている。」

「少なくとも中期初頭には出現する『極めて強い斉一性』のある定形勾玉の製作地を玄界灘沿岸地域以外に求めることはできない。すなわち、定形勾玉のもつ北部九州連合の『精神的象徴性』に無縁の地域では、製作できない『かたち』であり、政治的最高位者のみの所有物とされていた。今後、硬玉勾玉の玉作工房が唐津《からつ》（佐賀県）から福岡平野の中で発見されるものと考える。」

なお、木下尚子氏は、硬玉原産地の糸魚川（新潟県）と、勾玉の製作地の福岡県の玄界灘沿岸地域とをつなぐルートとして、日本海を行きかう道を考えておられる。

(d) 絹類データ

『魏志倭人伝』は、記している。

「蚕桑《さんそう》（養蚕の桑）をうえ、緝績《しゅうせき》（つむぐこと）し、細紵縑《さいちょけん》（きぬ）緜《めん》を出す。」

「倭錦《わきん》・絳青縑《こうせいけん》（赤青色の絹布）を上献した。」

「異文雑錦《いもんざつきん》（異国のもようのある絹おりもの）二十匹を（朝）貢した。」

絹製品の出土地の数は、図9のとおりである。

『万葉集』の第336番に、沙弥満誓《さみまんぜい》（笠朝臣麻呂《かさのあそんまろ》、七二二年に、筑紫観世音寺別当）のつぎの歌がある。

「しらぬひ　筑紫《つくし》の綿《わた》は　身に着《つ》けて　いまだは着《き》ねど　暖《あたた》けく見ゆ（しらぬひ［枕詞《まくらことば》］筑紫の綿は、肌《はだ》にじかに着たわけではないが、暖かそうに見える）」

ここで、「綿《わた》」といっているのは、蚕《かいこ》からとった絹綿《きぬわた》（真綿《まわた》）のことである。植物の木綿《もめん》のワタではない。木綿の伝来の初出記録は、七九九年（延暦一八）七月のことで

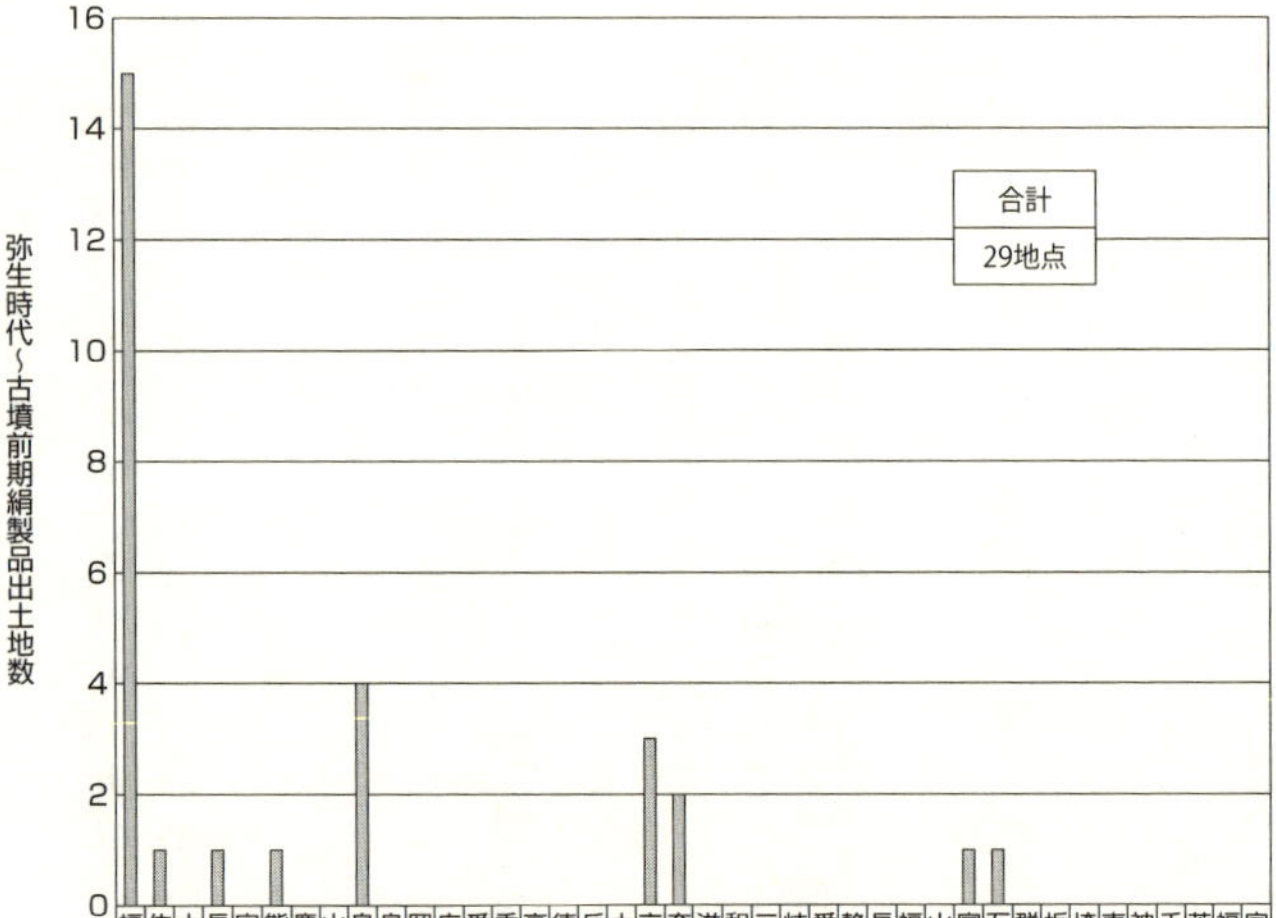

福岡県	佐賀県	大分県	長崎県	宮崎県	熊本県	鹿児島県	山口県	島根県	鳥取県	岡山県	広島県	愛媛県	香川県	高知県	徳島県	兵庫県	大阪府	京都府	奈良県
15	1	0	1	0	1	0	0	4	0	0	0	0	0	0	0	0	0	3	2

滋賀県	和歌山県	三重県	岐阜県	愛知県	静岡県	長野県	福井県	山梨県	富山県	石川県	群馬県	栃木県	埼玉県	東京都	神奈川県	千葉県	茨城県	福島県	宮城県
0	0	0	0	0	0	0	0	0	1	1	0	0	0	0	0	0	0	0	0

都道府県名

図９　県別　弥生時代～古墳時代前期絹製品出土地数
（もとのデータは、拙著『「邪馬台国畿内説」徹底批判』［勉誠出版、2008年刊］による。）

ある。（『日本後紀』に、崑崙《こんろん》［マレーシア］人、または天竺《てんじく》［インド］人のもたらした「草の実」「綿の種子」の記述がある。）

『続日本紀《しょくにほんぎ》』の神護景雲三年（七六九）三月に、大宰府の綿二十万屯を、京《みやこ》に納めたという記事がみえる。絹綿は、九州の名産品であった。

『続日本紀』によれば、天平元年（七二九）九月に、十万屯を、毎年、現物納租税綿として、京《みやこ》に納めることを定めている。

神護景雲三年（七六九）三

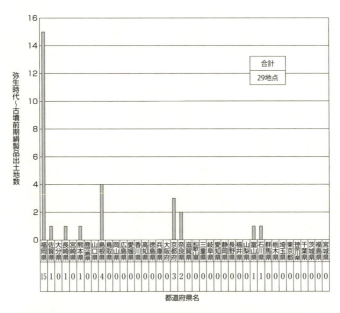

月には、それを、二十万屯にふやし、延暦二年（七八三）三月には、また、もとの十万屯に減らしている（『続日本紀』および、『三代格』の「太政官符」）。

いずれにしても、諸地域中、最大の絹の貢納量である。

他の地域については、このような記述は、みられない。

これらは、邪馬台国時代よりものちの、奈良時代の話であるが、そのころ、絹生産の圧倒的中心地は、九州であった。

以上のように、『魏志倭人伝』に記されており、考古学的な遺物として検討可能な「鉄の鏃」「鏡」「勾玉」「絹」などのいずれにおいても、福岡県と奈良県とをとりあげて比較するとき、福岡県のほうが、ほとんど圧倒的に出土数の多いことは、あきらかであるようにみえる。

ベイズの統計学による確率計算

最近、第四の科学として喧伝されることの多いデータサイエンス、データアナリシス、ビッグデータ分析などと呼ばれる分野で、有力な分析手法として注目されているものに、ベイズの統計学（ベイズの確率論）とよばれるものがある。

いま、ベイズの統計学が、統計学の分野に、革命をもたらしている。

ベイズの統計学は、情報処理の分野をはじめ、広い分野で応用され、黄金期をむかえつつあ

写真１　拙著『邪馬台国は 99.9％福岡県にあった』（勉誠出版、2015 年刊）

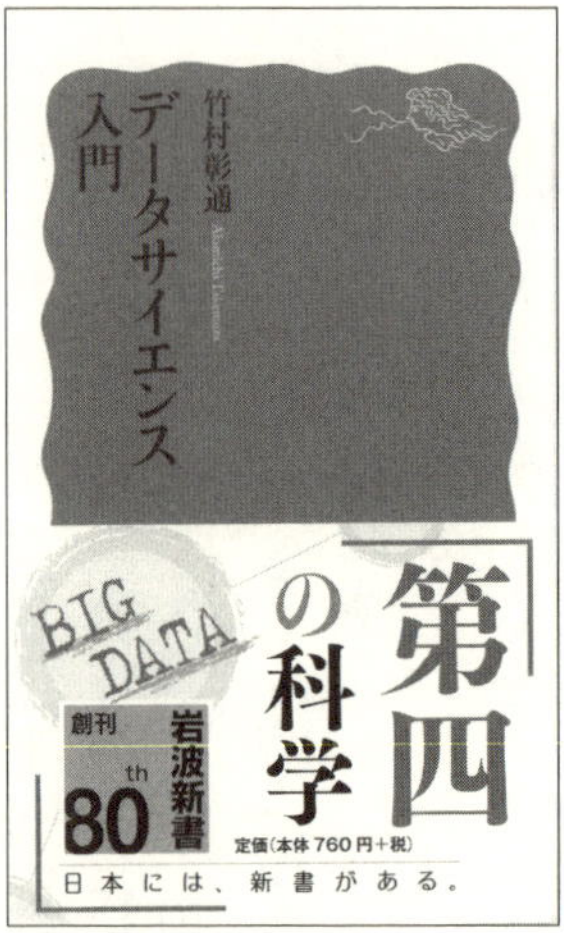

写真２　竹村彰通著『データサイエンス入門』（岩波新書、岩波書店、2018 年刊）

る。

ベイズの統計学の大きな特徴として、個々の調査項目（たとえば、鉄鏃、鏡、勾玉、絹などの県別分布など）からえられる確率を、最終的に、一つの数値の確率にまとめあげて行く計算過程がはいっていることがあげられる。かくて、全体的・総合的な判断が、客観的に下せるところに、大きな長所がある。しかも、ベイズの統計学は簡便で、使い勝手がよい。（これらについてくわしくは、拙著『邪馬台国は99・9％福岡県にあった』［勉誠出版、二〇一五年刊］、竹村彰通《あきみち》著『データサイエンス入門』［岩波新書、岩波書店、二〇一八年刊］など参照。）

「鉄鏃」「鏡」「絹」「勾玉」の四つの県

別の出土数を用い、一応、『『魏志倭人伝』に記されている事物の出土数の多いところほど、邪馬台国の存在した可能性（確率）が大きい」という仮説をたててみる。

今、図3、図5、図8、図9の県別分布をもとに、ベイズの統計学を用い、確率計算をする。その結果は、52ページのようになる。（くわしくは、拙著『邪馬台国は99・9％福岡県にあった』参照。）

このベイズ統計学の適用にあたっては、わが国において、ベイズ統計学における第一人者といってよい松原望氏（東京大学名誉教授、現聖学院《せいがくいん》大学大学院教授）に、長時間の議論検討、ご指導におつきあいいただいた。

松原望氏は、つぎのようにのべておられる。

「統計学者が、『鉄の鏃』の各県別出土データを見ると、もう邪馬台国についての結論は出ています。畿内説を信じる人にとっては、『奈良県からも鉄の鏃が四個出ているじゃないか』と言いたい気持ちはわかります。しかし、そういう考え方は、科学的かつ客観的にデータを分析する方法ではありません。私たちは、確率的な考え方で日常生活をしています。たとえば、雨が降る確率が『〇・〇五％未満』なのに、長靴を履き、雨合羽を持って外出する人はいません」

「各県ごとに、弥生時代後期の遺跡から出土する『鏡』『鉄の鏃』『勾玉』『絹』の数を調べベイズ統計学は、膨大《ぼうだい》なデータをまとめ、ただ一つの数字に帰着させるところに、その切れ味がある。

日本全国の全都道府県の『魏志倭人伝』記載関係の全考古学的データを総合して、ただひとつの数字、「確率」にまとめれば、つぎのようになる。

これは、すべての都道府県を公平に比較する議論である。はじめに纒向ありき、はじめに奈良県ありき、というような議論ではない。

邪馬台国が、**福岡県**にあった確率	**99.8%**
邪馬台国が、**佐賀県**にあった確率	**0.2%**（1000回に2回）
邪馬台国が、**奈良県**にあった確率	**0.0%**

「明日、雨のふる確率は、99.8%」といえば、ほとんどかならず雨がふるというに等しい。

さらに、福岡県と奈良県とのみを対比させれば、邪馬台国が、福岡県にあった確率は、ほぼ1となり、奈良県にあった確率は、ほぼ0（1万回に1回以下）となる。

また。**図5**の奈良県の3面の鏡は、ホケノ山古墳出土のものであるので、これを、あとで議論するように、布留式土器の時代のものであるとして除けば、邪馬台国が奈良県にあった確率は、完全に0となる。

邪馬台国論争への、強い警鐘が、ここからきこえてくる。

奈良県説は、個々の遺跡・遺物に注意を集め、それをなんとか邪馬台国に結びつけて、マスコミ報道にもちこむことをくりかえしている。それは、宣伝であって証明にならない。遺跡・遺物の、全体的状況をみなければならない。

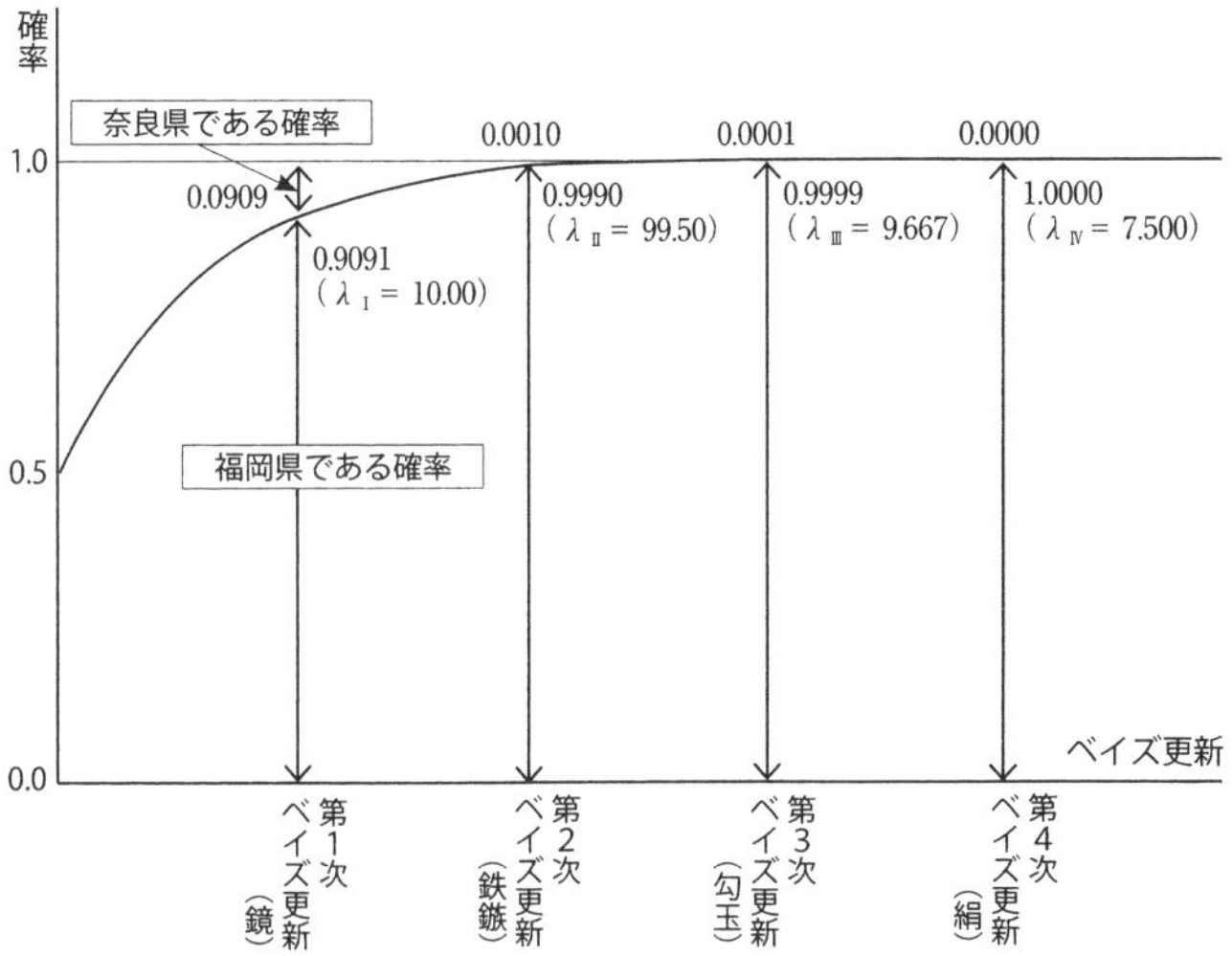

図10　ベイズ更新をすると、奈良県である確率が急速に小さくなる

て、その出土する割合をかけあわせれば、県ごとに、邪馬台国が存在した可能性の確率を求めることが可能になります。その意味では、邪馬台国問題は、ベイズ統計学向きの問題なのです」（以上、「邪馬台国を統計学で突き止めた」『文藝春秋』二〇一三年十一月号）

ベイズ統計学により、個々の確率をまとめあげて行くプロセスを図示すれば**図10**のようになる。

探索問題としては、簡単な問題

統計学や、作戦計画（オペレーションズ・リサーチ［OR］）の分野に、「探索問題」とか、「索敵問題」とかいわれる問題がある。これらが、そのまま、邪馬台国の探索問題につながりうる。
「探索問題」や「索敵問題」というのは、つぎのような問題である。

(1) **探索問題**　二〇一四年三月八日、マレーシア航空機が行方不明になるという事件があった。この種の事件は、これまでにもたびたび起きている。

一九六六年一月十六日に、アメリカのノースカロライナ州のセイモア空軍基地から四つの水爆を積んだジェット爆撃機が、とび立った。ところが、その爆撃機は給油機と接触し、燃料が爆発し、七名の乗務員が命をおとした。乗務員と、水爆と、飛行機の残骸が、空から降りそそいだ。しかし、幸いにして、核爆発はおきなかった。四つの水爆のうち、三つは、事故後、二十四時間以内に発見された。ただ、最後の一つの水爆がみつからなかった。大ざっぱにいえば、このようなばあい、爆弾の沈んでいそうな場所をふくむ地域についての確率地図をつくる。海面または海底の地図の上に、メッシュ(網の目)をかぶせる。小さい正方形のグリッド(格子)に分ける。そして、その一つ一つの正方形(セル、網の目)についての情報をデータとしていれる。そして、爆弾がそのセルに存在する確率を計算する。このようにして、爆弾が沈んでいそうな場所を示す確率地図をつくる。

一九六八年にも、ソ連とアメリカの潜水艇が、乗組員もろとも、行方不明になっている。

(2) **索敵問題**　基本的には、探索問題と同じである。ただ逃げまわるターゲットや、人間の操縦で動いている目標物の位置をとらえたり、追跡したりする。

私たちは、基本的には、探索問題を解く方法によって、邪馬台国の場所を求めた。セル（網の目）を、都道府県におきかえただけである。

邪馬台国問題は、統計学や確率論の問題としては、ふつうの「探索問題」や「索敵問題」にくらべ、はるかに簡単な問題である。

それは、つぎのような理由による。

(1)「探索問題」では、セル（正方形の網の目）の数は、ふつう一万カ所ていどにはなる。セルの数がふえると、確率計算は、急速に面倒なものとなる。邪馬台国問題のばあい、「どの県に邪馬台国はあったか」という形で、「県」を、セルとして用いれば、対象となるセルの数は、五〇たらずである。電卓によってでも、根気よく計算すれば、計算できるていどの問題である。

(2)「鉄の鏃」「鏡」など、『魏志倭人伝』に記されている事物などの、各県ごとの出土数などを、データとして入れていく。このばあい、「索敵問題」などと違って、遺跡・遺物などは、動かない。逃げまわらない。

考古学的データからみたばあい、邪馬台国問題は、じつは単純な話である。それが複雑な様相を示しているのは、考古学の一群の人々が迷路に足を踏みこんでいるからである。

こちらの道が正しいのですと主張してやまないからである。

具体的なデータをみれば、畿内説の寺沢薫氏の示す「鏡」についてのデータでさえ、九州説のほうを支持している。

戦場を具体的、全体的にみれば、戦争の結着は、とっくについている。しかるに、「纒向説」をはじめとする「邪馬台国＝畿内説」は、事実を無視《スルー》し、大本営発表をくりかえすことによって、勝利の幻想をかちとろうとする。

客観的事実をみず、コトバによる解釈、連想解釈によって、勝ちを得ようとする。

第二次大戦後、ブラジルで「日本のほうが勝ったのだ」とあくまで主張する「勝ち組」とよばれる人たちがいた。

いま、「邪馬台国＝纒向説」などを主張している人たちは、ブラジルの勝ち組のようなものである。

第3章　鉄剣・鉄刀・鉄矛問題と、「棺あって槨なし」問題

茨城大学名誉教授の、考古学者・茂木雅博氏の大著『箱式石棺』(同成社、2015年刊)
この本には、全国の「箱式石棺」の出土地名表が、弥生時代、古墳時代別などでのっている。

『魏志倭人伝』は、倭人の墓制について、「棺あって槨《かく》なし」と記す。北九州出土の甕棺や箱式石棺であれば、「棺あって槨なし」の記述に一致する。

邪馬台国時代に行なわれていた墓制は、おもに、「箱式石棺」であったとみられる。

おもに四世紀に行なわれた前方後円墳などの「竪穴式石室」などは、たとえば、近藤義郎編の『前方後円墳集成』（山川出版社刊）などが、「竪穴式石槨」と記すように、棺をおおう「槨」の一種とみるべきである。『魏志倭人伝』の記述と一致しない。

『隋書』「倭国伝」などは、「死者を斂《おさ》むるに棺槨《かんかく》をもってす」と記す。のちの時代のわが国の墓制が、『魏志倭人伝』のころと、異なっていたことを示している。

鉄剣・鉄刀・鉄矛

「第2章」では、鉄鏃・鏡・勾玉・絹の四つをとりあげた。

鉄鏃・鏡・勾玉・絹の四つは、全体的にみて、出土数がかなり多い。統計的な比較にたえうるものである。だれでも検証可能な、主要な項目である。これらの四つの項目において、奈良県は、福岡県と比較して、確実に優位にたっているといえる項目が、一項目もない。

以上の四つの項目のほかに、『魏志倭人伝』に記されているもので、考古学的な遺物として残りうるものに、まず、つぎのようなものがある。

(1) 鉄剣・鉄刀（五尺刀・刀）

(2) 鉄矛（兵［器］には矛）

これらのものは、いずれも鉄製品である。鉄の鏃と、並行関係、相関関係があるとみられる。つまり同じ鉄素材を用いているとみられるため、鉄の鏃が多く出土する都道府県は、鉄剣・鉄刀・鉄矛も、多く出土しやすいという傾向がみとめられるようである。

そのことはすでに、37ページで示した**図4**の、「県別　弥生時代の鉄刀・鉄剣・鉄矛・鉄戈・鉄槍の数」のグラフや、38ページの**表1**をみれば、あきらかであるようにみえる。

たとえば、『魏志倭人伝』に、倭人は、兵器（武器）に、「矛」を用いる、とある。

表1をみれば、弥生時代のデータでは、「鉄矛」は福岡県から、七本でているのに、奈良県からは、まったく出土していない。広形銅矛・中広形銅矛・中広形銅戈などは、福岡県からは、二〇三本出土しているのに、奈良県からは、一本も出土していない。

ただ、「広形銅矛」などは、祭器とみられる。兵器にはならないとみられるから、『魏志倭人伝』に記されている「矛」は、鉄の矛とみられる。

ベイズ統計学では、調査項目はなるべく独立であること（たがいに直接的な関係［相関関係］がないこと）が望ましいとされている。それで、鉄剣・鉄刀・鉄矛などのデータは、鉄鏃のデータによって代表させることとした。

鉄鏃のかわりに、鉄剣・鉄刀・鉄矛などのデータを用いても、ベイズの統計学によってえられる最終結果にはまったく変わりがない。

「五尺刀」と「十拳《とつか》の剣」

『魏志倭人伝』に、魏の皇帝は、卑弥呼に、「五尺の刀」二口を与えたとある。

魏の時代の一尺は、二四・一二センチほどである（『角川漢和中辞典』による）。したがって、「五尺の刀」は、一二一センチほどである。

また、『古事記』『日本書紀』の神代の巻に「十拳《とつか》の剣」「十掬《とつか》の剣」「十握《とつか》の剣」という語が、しばしばでてくる。「拳《つか》・掬《つか》・握《つか》」は、握《にぎ》ったさいのこぶしの幅の長さのことである。ほぼ、八センチ〜十センチほどである（日本思想大系『古事記』岩波書店刊）。

「十拳の剣」は、八〇〜一〇〇センチほどの長さの剣ということになる。

これらは、長い刀や剣を意味するといえよう。

長い刀については、今尾文昭著『古墳文化の成立と社会』に、データがのっている。**図11**のようなものである。

この**図11**をみれば「五尺の刀」（一二一センチ）に近いものが、一本だけ出土している。福岡県の糸島市前原上町《まえばるかみまち》の遺跡の大型箱式石棺から出土した素環頭大刀《そかんとうたち》で、一一八・九センチである。ほぼ、一二〇センチに近い。

この刀だけに着目すれば、邪馬台国＝糸島前原説も成立しそうである。

また**図11**をもとに、「長い刀」の県別出土数分布図をつくれば、**図12**のようになる。**図12**には、福岡県の名はあるが、奈良県の名はない。

倭人の墓制

つぎに、倭人の墓制の問題をとりあげよう。

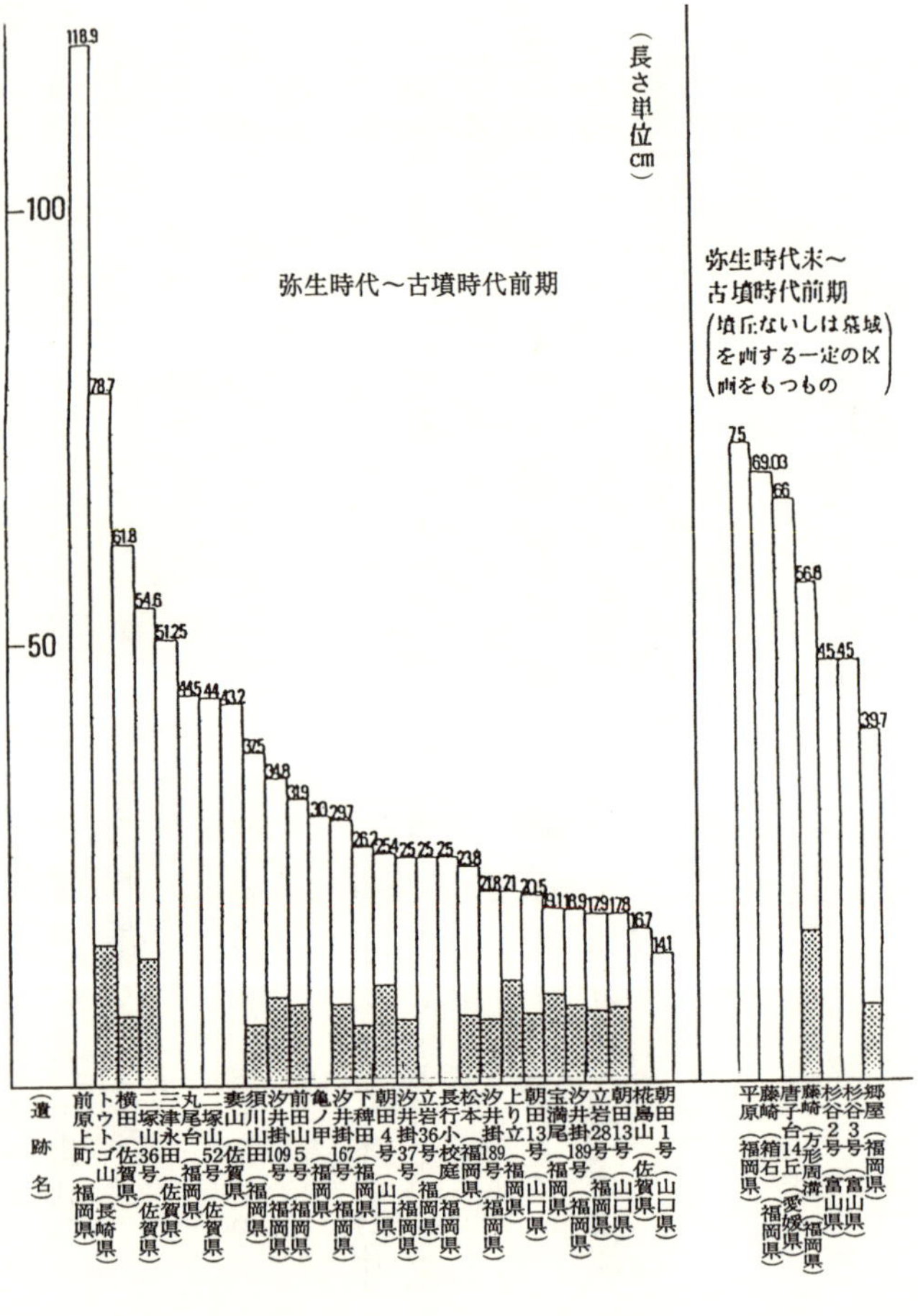

図 11　弥生墓出土の素環頭鉄刀の長さ
(今尾文昭著『古墳文化の成立と社会』［青木書店、2009 年刊］の 326 ページに示されているデータ。ただし、図の一番下の県名は安本がおぎなった。)

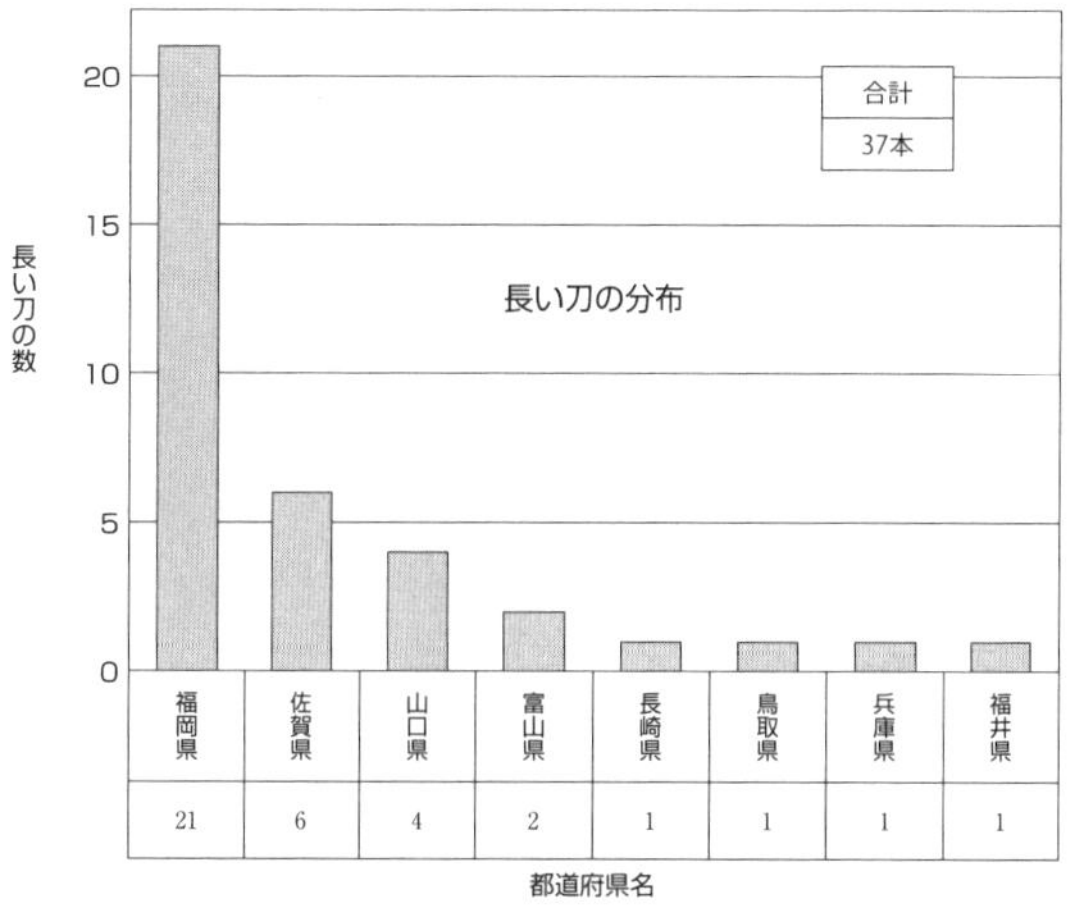

図12　県別　「素環頭鉄刀」(弥生時代～古墳時代前期) 出土数
(あるていど、「五尺刀」に対応するような長い刀。もとのデータは、今尾文昭著『古墳文化の成立と社会』[青木書店、2009年刊] の326ページのデータ　[**図11**参照]、および、香芝市《かしばし》(奈良県) 二上山博物館編『邪馬台国時代の丹波・丹後・但馬と大和』[香芝市二上山博物館、2007年刊] による。)

『魏志倭人伝』は、倭人の墓制について、「棺あって槨《かく》なし」と記す。

北九州出土の甕棺や箱式石棺であれば、「棺あって槨なし」の記述に一致する。

おもに四世紀におこなわれた前方後円墳などの「竪穴式石室」などは、たとえば、近藤義郎《よしろう》編の『前方後円墳集成』(山川出版社刊) などが、「竪穴式石槨」と記すように、棺をおおう「槨」の一種とみるべきである。『魏志倭人伝』の記述と一致しない。

『隋書』「倭国伝」などは、「死者を斂《おさ》むるに棺槨《かんかく》をもってす」と記す。のちの時代のわが国の墓制が、『魏志倭人伝』のころと、異なっていたことを示している。

奈良県の庄内式土器の時代の墳丘墓などから出土する木棺墓は「棺あって槨なし」の記述に合致するとみられる。しかし、奈良県の庄内式土器の時代の木棺墓の確実な出土例は、十指にみたないとみられる。

これに対し、福岡県からの、ほぼ庄内式土器のころにあたるとみられる時期の、箱式石棺の出土例は、二六七例にのぼる。このことについて、以下にのべよう。

茂木雅博氏の大著『箱式石棺』

私は、おもに、『古事記』『日本書紀』や、地名などの文献的資料にもとづき、卑弥呼の宮殿については、福岡県の朝倉市（旧甘木市）にあったであろうと考えている。この地には、すべてを掘れば、吉野ケ里遺跡に匹敵するであろうといわれる平塚川添遺跡がある。

このことについては、すでに、拙著『倭王卑弥呼と天照大御神伝承』（勉誠出版、二〇〇三年刊）、『邪馬台国と高天《たかま》の原《はら》伝承』（勉誠出版、二〇〇四年刊）などにおいて、その根拠をややくわしくのべた。

そして、『魏志倭人伝』に記されているおもな事物の、考古学的出土状況も、邪馬台国＝福岡県所在説を支持するようなものであることは、すでにこの本の「第２章」でのべた。

比較的最近、卑弥呼の宮殿が、福岡県の朝倉市にあったであろうことをサポートする新《あら》たな考古学的資料をふくむ本が刊行されている。

茨城大学名誉教授の考古学者、茂木《もぎ》雅博《まさひろ》氏の『箱式石棺（付・全国箱式石棺集成表）』（同成社、二〇一五年刊）という大著である。価格は、二万円プラス税で、かなり高価な本である。

この本は、邪馬台国問題を考えるにあたって、かなり重要な情報を提供しているとみられる。

この本は、「箱式石棺」についての本である。

「箱式石棺」が、なぜ重要か。それは、弥生時代の邪馬台国の時代、卑弥呼の時代の、おもな墓制は、箱式石棺であったとみられるからである。

宮崎公立大学の教授であった「邪馬台国＝九州説」の考古学者の奥野正男氏は、つぎのようにのべている（以下、傍線をほどこし、その部分を、ゴシックにしたのは安本）。

「いわゆる『倭国の大乱』の終結を二世紀末とする通説にしたがうと、九州北部では、この大乱を転換期として、**墓制が甕棺から箱式石棺に移行している。**

つまり、この**箱式石棺墓**（これに土壙墓、石蓋土壙墓などがともなう）**を主流とする墓制こそ**、邪馬台国がもし畿内にあったとしても、確実にその支配下にあったとみられる九州北部の国々の墓制である。」（『邪馬台国発掘』ＰＨＰ研究所、一九八三年刊）

「前代の甕棺墓が衰微し、箱式石棺墓と土壙墓を中心に特定首長の墓が次第に墳丘墓へと

移行していく……。」(『邪馬台国の鏡』梓書院、二〇一一年刊)

「邪馬台国＝畿内説」の考古学者の白石太一郎氏(当時国立歴史民俗博物館。現、大阪府立近つ飛鳥博物館長)ものべている。

「二世紀後半から三世紀、すなわち弥生後期になると、支石墓はみられなくなり、北九州でもしだいに甕棺が姿を消し、かわって箱式石棺、土壙墓、石蓋土壙墓、木棺墓が普遍化する。ことに弥生前・中期には箱式石棺がほとんどみられなかった福岡、佐賀県の甕棺の盛行地域にも箱式石棺がみられるようになる。」

「九州地方でも弥生文化が最初に形成された北九州地方を中心にみると、(弥生時代の)前期には、土壙墓、木棺墓、箱式石棺墓が営まれていたのが、前期の後半から中期にかけて大型の甕棺墓が異常に発達し、さらに後期になるとふたたび土壙墓、木棺墓、箱式石棺墓が数多くいとなまれるようになるのである。」(以上、「墓と墓地」森浩一編『三世紀の遺跡と遺物』[学生社、一九八一年刊]所収)

コラム2　「箱式石棺」について

「箱式石棺」については、たとえば、斎藤忠著『日本考古学用語辞典』（学生社、二〇〇四年刊）の、「箱式石棺」の項に、つぎのように記されている（全文ではなく、一部）。

「**箱式石棺**（はこしきせっかん）　遺骸を埋葬する施設をいう。主として弥生時代から古墳時代に発達した。箱形組合石棺・組合式箱形石棺・箱形組合式石棺などともいわれているが、同じ構造のものである。自然に裂き剥がれ易い緑泥片岩・安山岩・頁岩《けつがん》等の石を利用して扁平な板状の石材となし、側壁と小口とに組み合わせて箱形につくるもので、底板もあり、蓋石も設けられていることが多い。組み合わせであるので、あらかじめ棺をつくり遺骸を納めてはこんだものでなく、箱形の土壙（墓あな）を掘り、その壁面にぴったりするように、底石と側壁・小口とを構成し、遺骸を納め蓋石をかぶせたのである。底石のないものもあり、側壁も幾枚か並列したものもあり、蓋《ふた》石《いし》のないものもある。弥生時代のものにもみられ、ことに北九州に例が多い。」

箱式石棺に葬られた人は、一定の身分以上の人であろうと思われる。

しかし、大略同時代とみられる糸島市の平原王墓には、割竹形木棺が用いられている。

長さ三メートル、中央部の直径約一メートルの丸太を縦に二つに割り、内部をくりぬいて、身とふたとしたものである。

あるいは、割竹形木棺のほうが手がかかり、箱式石棺よりも、身分の高い人の墓であろうか。

なお割竹形木棺は、古墳時代前期に比較的よく用いられている。平原王墓に、割竹形木棺が用いられていることは、平原王墓の年代が、古墳時代前期に、あるていど近いことを思わせる。

九州本島での状況

九州本島での状況をみてみよう。

白石太一郎氏がのべるように、弥生時代の前期には、この地では、箱式石棺が行なわれていた。西暦紀元前後を中心とする弥生時代前期の後半から中期にかけてのころ、金印奴国の時代になると、大型の甕棺墓が異常に発達、普及する。(西暦五七年に、わが国の奴国は、後漢に使をつかわしている。)

まず、**地図1**を、よくご覧いただきたい。この地図は、邪馬台国時代のまえ、金印奴国が栄えた時代の状況を示している。

地図1は、銅利器の出土した甕棺や箱式石棺だけをとりあげて、その分布を、地図上に示したものである。

このばあい「銅利器」は、おもに、細形銅剣、細形銅矛、細形銅戈、中細形銅矛、中細形銅戈などである。

これらの「銅利器」よりもあとの時代のものとみられる広形銅矛、広形銅戈などは、これらの地域では、墓からはまず出土しない。かつ広形銅矛、広形銅戈などは、「銅利器」すなわち武器というよりも、祭祀に用いられるものであった。

地図1をみると、「甕棺墓地域」と記したところでは、これらの銅利器は、甕棺から出土している。しかし、それ以外の「周辺地域」では、銅利器が、箱式石棺から出土しているのである。

地図1上にプロットされたものは、「銅利器」の内容からみて、同時代性をもつ。

つまり、**「周辺地域」では、邪馬台国時代以前にも、邪馬台国時代も、一貫して箱式石棺が用いられているのである。**

なぜ、邪馬台国時代になると、甕棺墓地域の墓制が「甕棺」から「箱式石棺」にきりかわっ

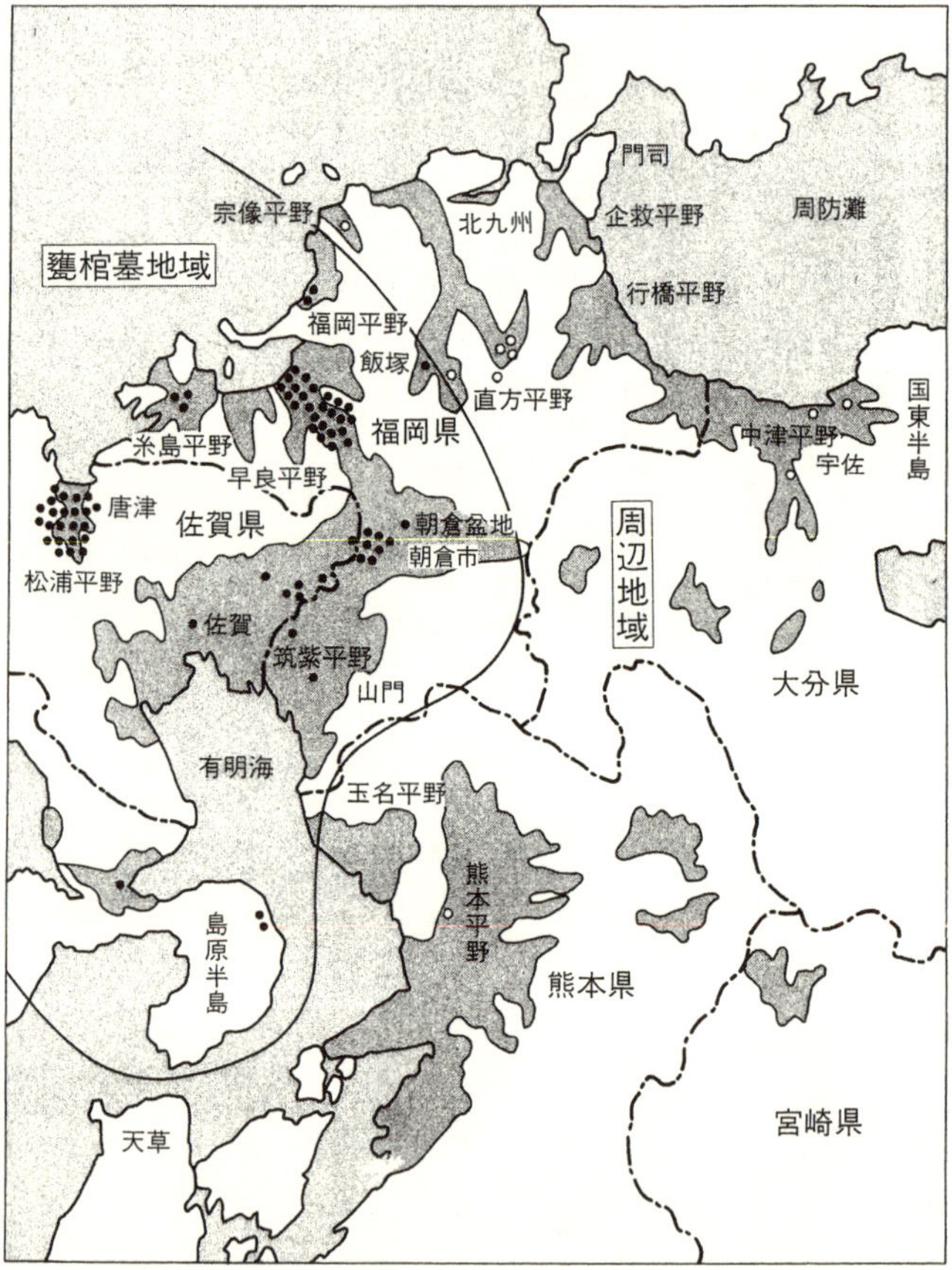

地図１　邪馬台国時代のまえ、金印奴国の栄えた時代の銅の武器（銅利器）は、甕棺墓地域では甕棺から、周辺地域では、箱式石棺から出土する
（●印は、甕棺から出土した銅の武器。○印は、箱式石棺から出土した銅の武器）

たのであろうか。

私は、遠賀川流域や北九州市方面の「箱式石棺」地域の勢力が、甕棺をおもに用いた金印奴国をほろぼし、邪馬台国をうちたてたためではないかと疑う。

そして、邪馬台国の時代になると、都を筑後川流域の、朝倉市を中心とする地域に置いたであろうと考えている。邪馬台国の時代の箱式石棺は、朝倉市あたりを中心に分布するのである。茂木雅博氏の『箱式石棺』は、朝倉市あたりに卑弥呼の宮殿があったとする考えを、あらたに補強するデータを提供しているようにみえるのである。

この間の墓制の推移を地図上でみてみよう。

まず、甕棺の時代の、甕棺の分布は、**地図2**、**地図3**のようになる。

このころは、金印奴国が栄えた時代で、甕棺の分布も博多湾から糸島半島にかけての、玄界灘に面した地域に、分布の中心があるようにみえる。すなわち、現在の福岡市から糸島市の地域にかけて分布の中心があるようにみえる。

ところが、茂木雅博氏の『箱式石棺』にのせられている「全国箱式石棺集成表」にもとづき、北九州の地図の上に、弥生時代後期の箱式石棺の分布をプロットすれば、**地図4**のようになる。

箱式石棺の分布の中心地は、福岡県の朝倉市、小郡市《おごおりし》のあたりから、佐賀県の三養基郡《みやきぐん》のみやき町、神埼郡の吉野ケ里町、神埼市にかけての筑後川の上、中流域にある。この地域に、

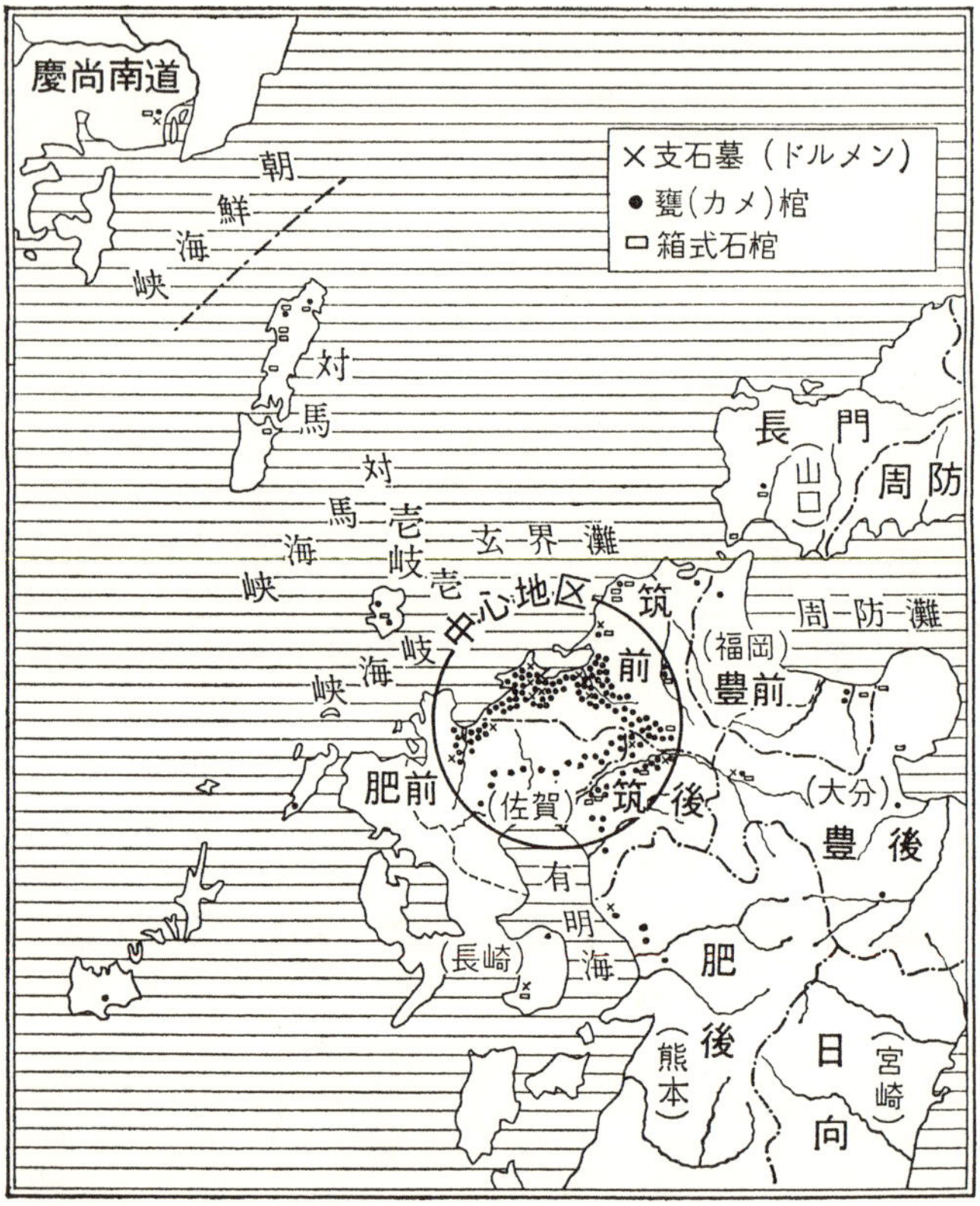

地図２　弥生墳墓の分布

（原田大六著『実在した神話』［学生社、1966年刊］による。）

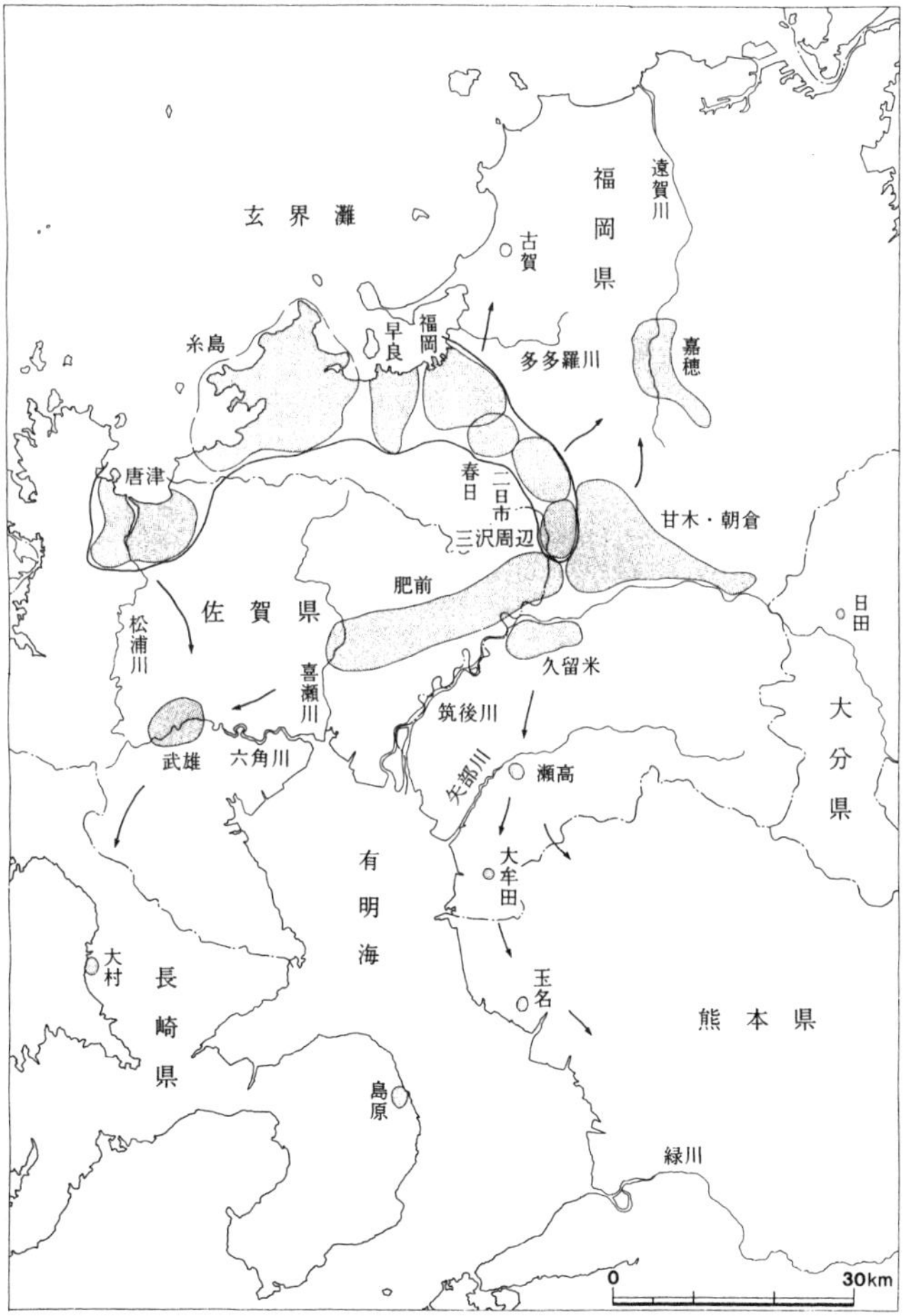

地図３　甕棺分布地域
（橋口達也著『甕棺と弥生時代年代論』［雄山閣、2005 年刊］による。）

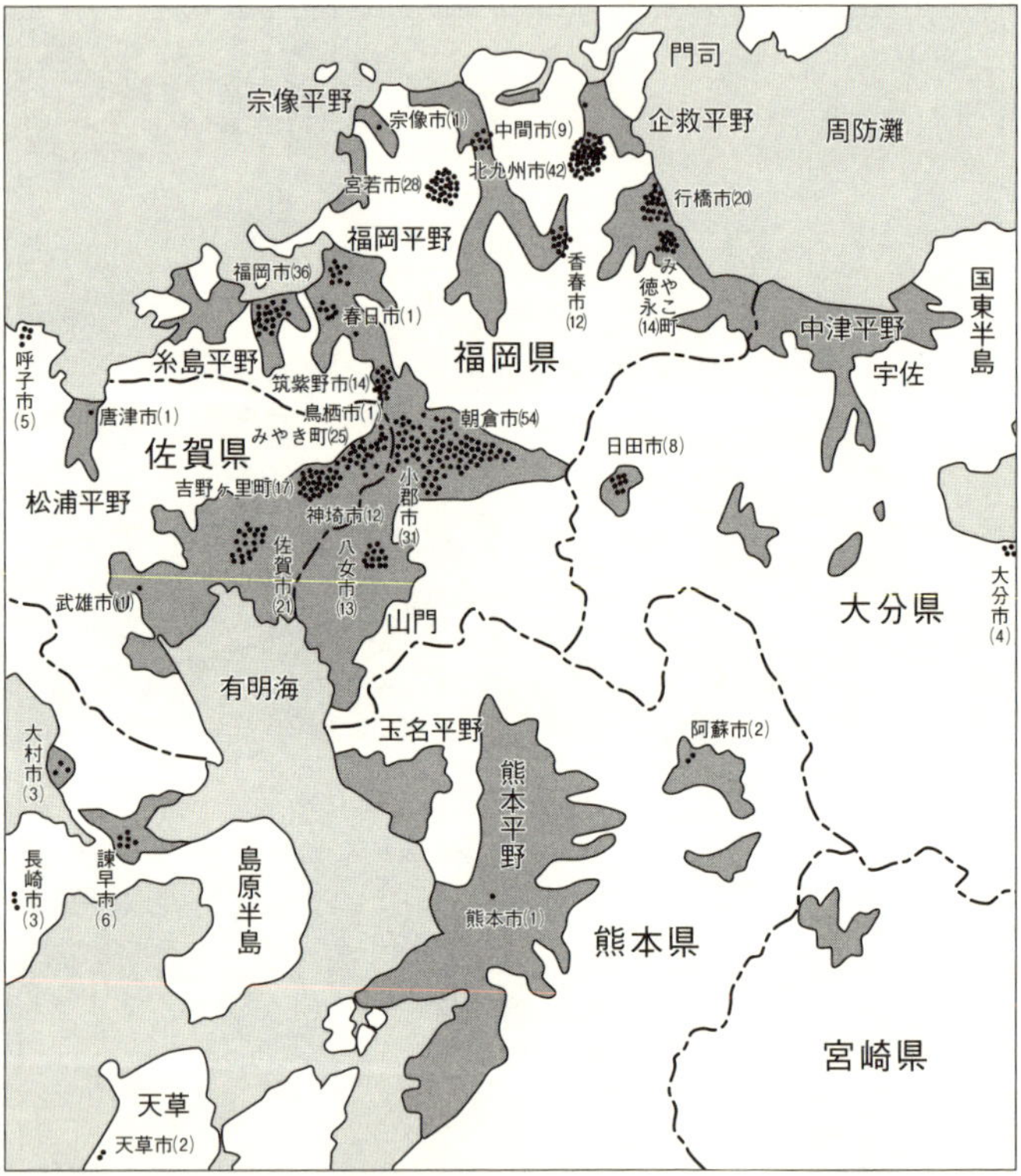

地図４　弥生時代後期の箱式石棺の分布
（弥生時代前期・中期の箱式石棺を除く）

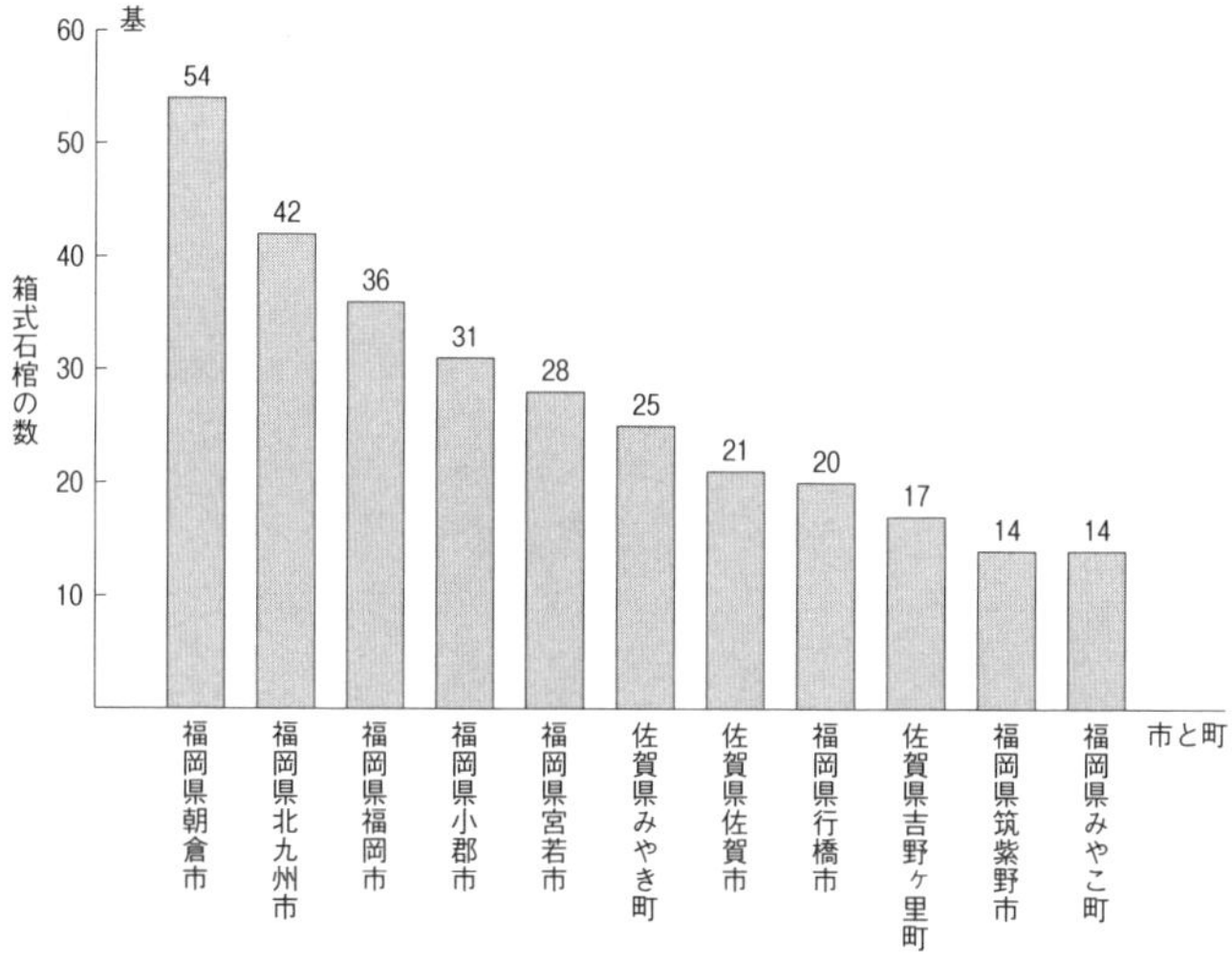

図13　九州本島で、弥生時代後期の箱式石棺の出土数の多い「市と町」ベスト10
（弥生前期・中期の箱式石棺墓を除く）

弥生時代後期の箱式石棺の密集地帯がある。

『魏志倭人伝』の記す「女王の都するところ」、邪馬台国の戸数は「七万余戸」である。この戸数は、とても、現在の朝倉市の範囲内だけにはおさまりきれない。「七万余戸」は、一戸の人数を四人とみても、二十八万人以上である。これに対し、朝倉市の人口は二〇一八年二月末現在で、五万三五五〇人となっている。

したがって、卑弥呼の宮殿のあった場所は、朝倉市と考えるとしても、『魏志倭人伝』の邪馬台国「七万余戸」は、筑後川の全流域ていどの広い範囲を考えなければならない。

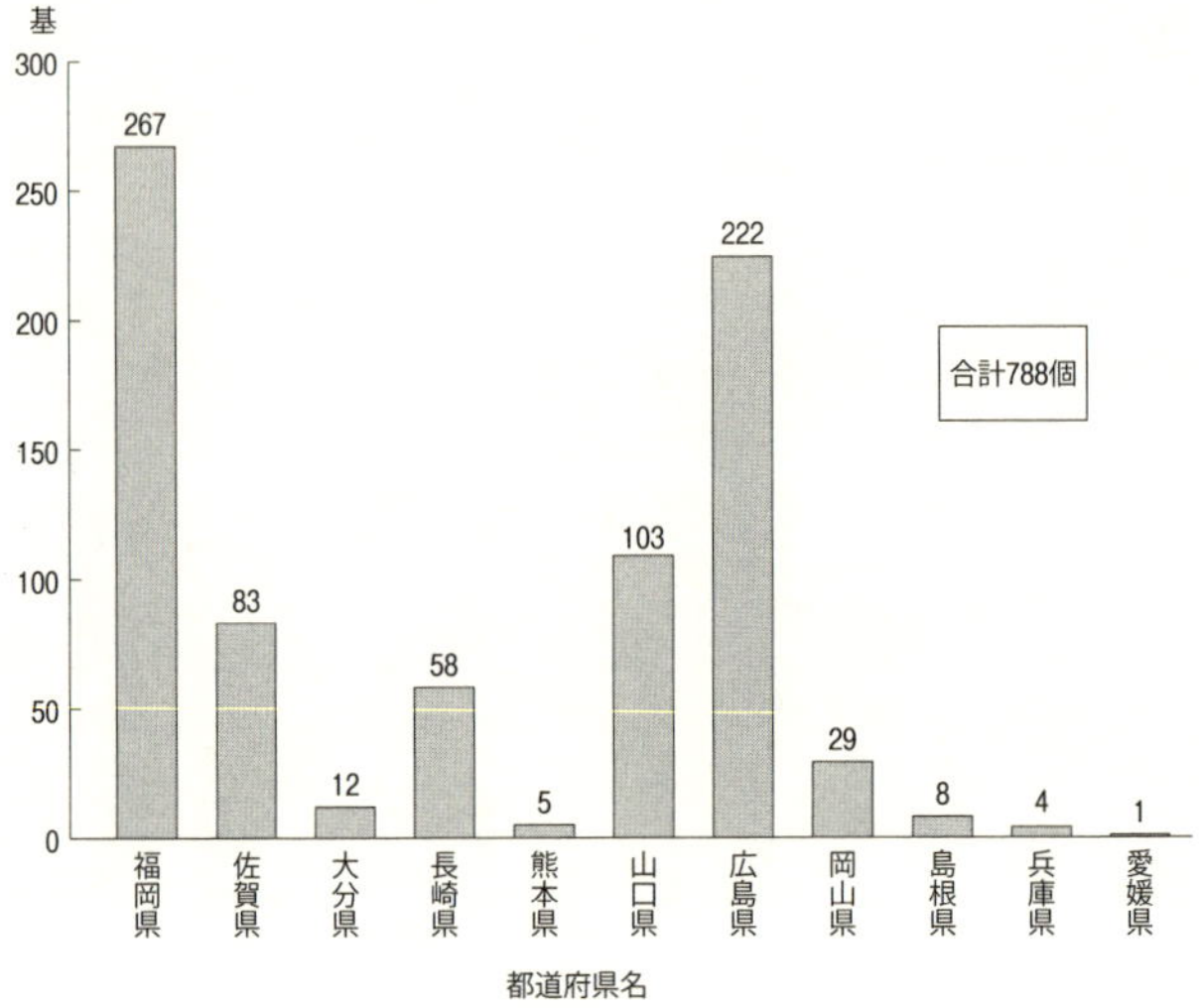

図14　県別　弥生時代後期の箱式石棺の出土数
（弥生前期・中期の箱式石棺墓を除く）

いま、茂木雅博氏の『箱式石棺』により、九州本島において箱式石棺の出土数の多い「市と町」との、ベスト10《テン》を、グラフに示すと、**図13**のようになる。

さきの**地図4**には、このような数値も、カッコのなかに示されている。

県別出土状況

以上のべてきたようなことを、いますこしくわしくみてみよう。

茂木雅博氏の『箱式石棺』により、箱式石棺の、県別の出土状況をみると、**図14**のようになる。

弥生時代のばあい、**図14**に示した以外の都道府県からは、箱式石棺は、

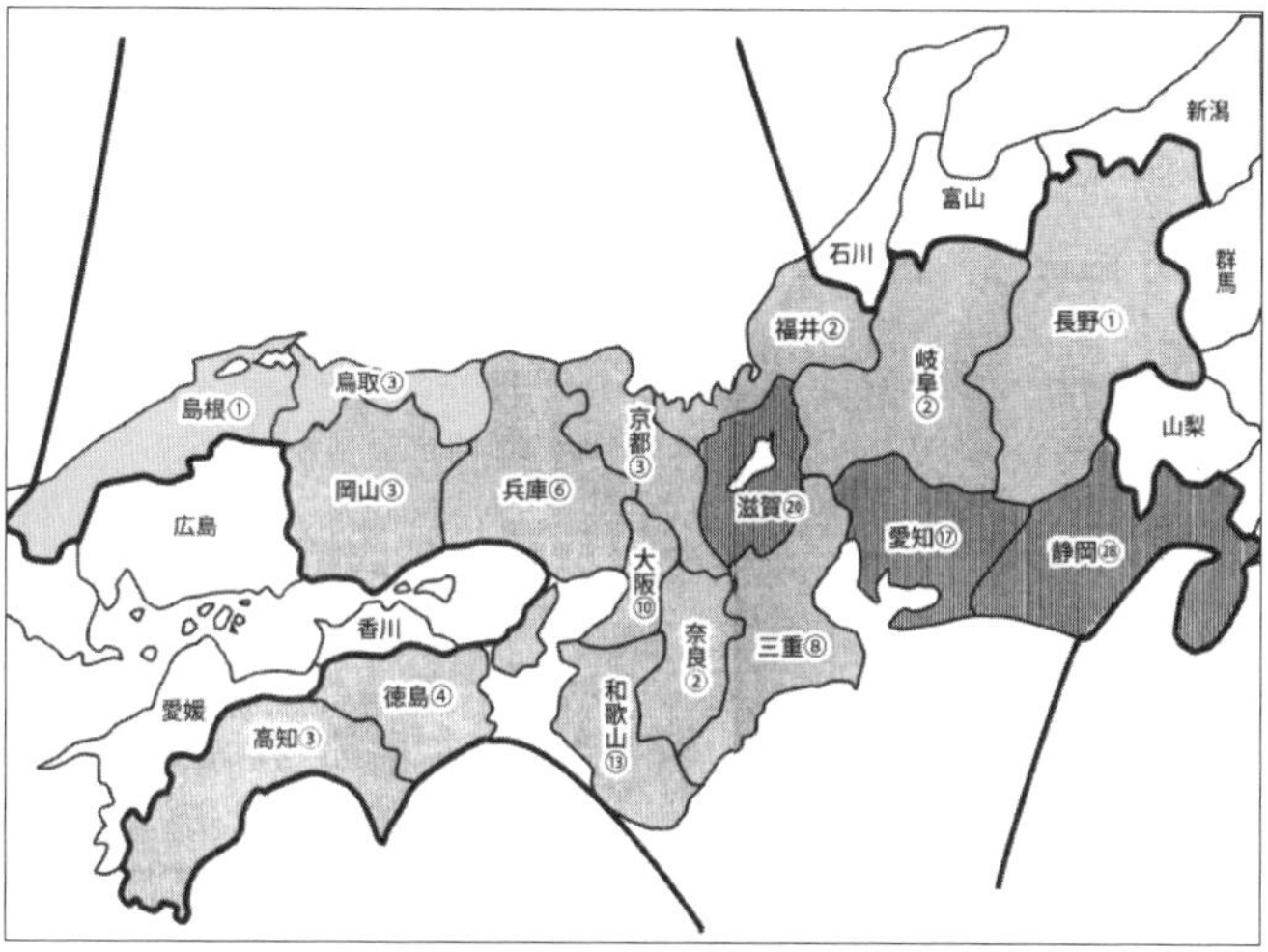

地図５　終末期（近畿式・三遠式）銅鐸の県別出土数
（静岡・愛知・滋賀のタテ線の県は、出土数の大きい３県。出土数のもとのデータについては、拙著『邪馬台国は、銅鐸王国へ東遷した』［勉誠出版、2016年刊］参照。）

出土していない。

図14をみれば、広島県、山口県などの中国地方からも、箱式石棺がかなり出土していることがわかる。

さて、ここで、**地図5**を、ご覧いただきたい。

地図5は、近畿式銅鐸、三遠式銅鐸などの終末期の銅鐸の、県別出土数を示したものである。

私は、拙著『邪馬台国は、銅鐸王国へ東遷した』（勉誠出版、二〇一六年刊）で、ややくわしくその根拠をのべたところであるが、邪馬台国時代における畿内などは、なお、近畿式銅鐸、三遠式銅鐸などの行なわれていた時代であったと考える。

ここで、**図14**と、**地図5**とを見くらべると、つぎのような、やや重大なことに気がつく。

箱式石棺と終末期銅鐸との住みわけ
ほぼ邪馬台国の時代のころ、箱式石棺と終末期銅鐸とが、住みわけしているようにみえる。
すなわち、箱式石棺の行なわれている地域では、終末期銅鐸は、ほとんど出土しない。
逆に、終末期銅鐸の行なわれているところでは、箱式石棺は、ほとんど出土していない。

この箱式石棺と終末期銅鐸との住みわけ、対立は、じつは、北九州を中心とする「鏡の世界」と、島根県以東にひろがる「銅鐸の世界」との住みわけ、対立の状況を反映しているとみられる。

つまり、邪馬台国の時代、庄内式の時代において、畿内は、なお銅鐸の時代であったことをうかがわせる。当時、畿内が銅鐸の時代であったとみられることについては、拙著『邪馬台国は、銅鐸王国に東遷した』（勉誠出版、二〇一六年刊）にくわしい。

表3をご覧いただきたい。

この**表3**は、代表的な四つの県、福岡県、島根県、奈良県、静岡県をとって、鏡と銅鐸との出土状況をみたものである（これについてくわしくは、さきの拙著『邪馬台国は、銅鐸王国へ東遷した』を、ご参照いただきたい）。

表3をみれば、「鏡の世界」と「銅鐸の世界」との対立は、結局、大和朝廷によって、鏡の世界に統一収斂《しゅうれん》していったようにみえる。

もし、もともと近畿を地盤とする勢力が、大和朝廷をたて、天下を統一したのならば、銅鐸の伝統が大和朝廷のなかに、残らないはずはないとみられる。

鏡の世界が、天下を統一したのは、大すじにおいて、『古事記』『日本書紀』などの伝承の伝えるように、九州勢力が、天下を統一したというような史実があったためとみられる。

朝倉市における箱式石棺の分布

朝倉市における箱式石棺の分布を、地図上でみれば、**地図6**のようになる。

地図6でみると、箱式石棺の分布は、市役所などのある朝倉市の中心部（**地図6**の左上のほう）よりも、むしろ、中心部の下（南）、そして、右下（東南）のほうに分布している。

そして、右下（東南）のほうに、「須川」および「山田」とよばれる地区がある。

第三十七代の天皇の斉明天皇（女帝、在位六五五～六六一）は、朝鮮半島の新羅《しらぎ》と戦うために、九州に遠征する。そして、現在の朝倉市内にあったとみられる朝倉の橘《たちばな》の広庭の宮で崩御

[銅鐸の世界]（シンボル的人格神：大国主の命）

	型　式	福岡県	**島根県**	奈良県	静岡県
（前期銅鐸）	菱環鈕式銅鐸	0個	**1個**	0個	0個
	外縁付鈕1式銅鐸	0	**23**	3	1
	外縁付鈕2式銅鐸	0	**12**	3	0
	扁平鈕式銅鐸	0	**14**	4	0
	計	0	**50**	10	1

（西暦270年ごろ以前？）

[銅鐸の世界]（シンボル的人格神：饒速日の命系人物）

	型　式	福岡県	島根県	奈良県	**静岡県**
（後期銅鐸）	近畿式銅鐸	0個	0個	2個	**12個**
	三遠式銅鐸	0	0	0	**16**
	計	0	0	2	**28**

（西暦300年ごろ以前）

・**[西暦300年前後]**・　　・**[大和朝廷の成立と発展]**・

表3　「鏡の世界」と「銅鐸の世界」は、「鏡の世界」に統一された

(1)　奈良県は、西暦300年ごろ以前においては、鏡においても、銅鐸においても、ほとんどみるべきものはないとみられる。
(2)　「鏡の世界」と、「銅鐸の世界」は、西暦300年前後に、「鏡の世界」に統一収斂《しゅうれん》していく。
(3)　点線ワク内は、「北中国」系銅原料、太線ワク内は、「南中国」系銅原料（銅にふくまれている鉛の同位体比による）。
(4)　もとのデータについては、拙著『邪馬台国は、銅鐸王国へ東遷した』（勉誠出版、2016年刊）参照。

↗点線のワク内「北中国」系銅原料

[鏡の世界]（シンボル的人格神：天照大御神）

型　式	**福岡県**	島根県	奈良県	静岡県
多鈕細文鏡	**3面**	0面	1面	0面
前漢鏡	**24**	1	0	0
後漢・魏系鏡	**18**	0	1	0
小形仿製鏡第Ⅱ型（邪馬台国時代ごろの鏡か）	**51**	1	1	0
西晋鏡（西暦300年前後）	**30**	3	0	0
計	(126)	5	3	0

（西暦300年ごろ以前）

↗太線のワク内「南中国」系銅原料

・[西暦300年前後]・――――・[大和朝廷の成立と発展]・

収斂

[鏡の世界]（シンボル的人物：神武天皇～崇神天皇など）

型　式	福岡県	島根県	**奈良県**	静岡県
画文帯神獣鏡	4面	0面	**26面**	3面
三角縁神獣鏡	50	5	**96**	9
計	54	5	(122)	12

（おもに、西暦300年～400年）

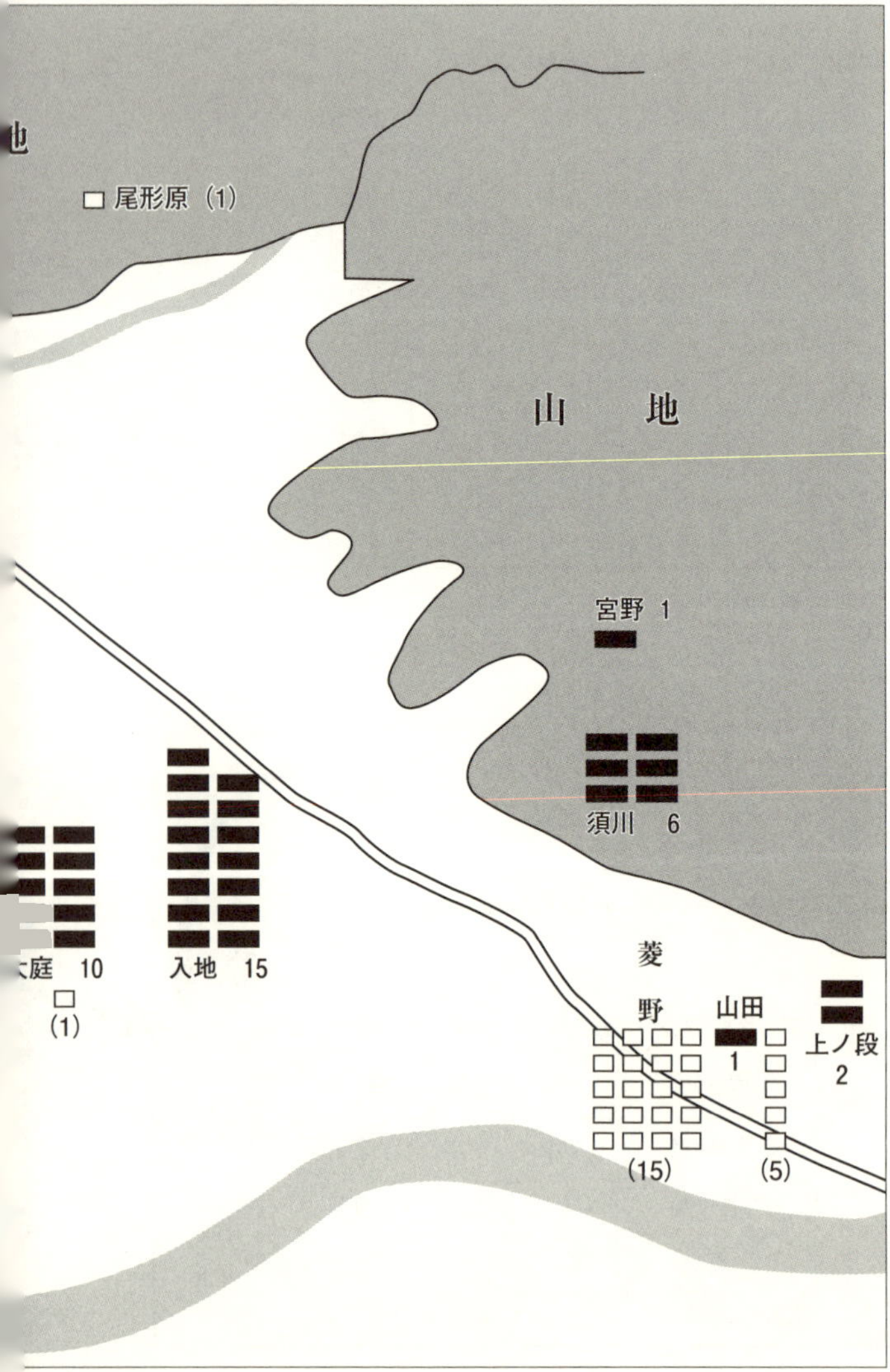
尾形原（1）
山　地
宮野 1
須川 6
入地 15
(1)
菱
野
山田
1
上ノ段
2
(15)
(5)

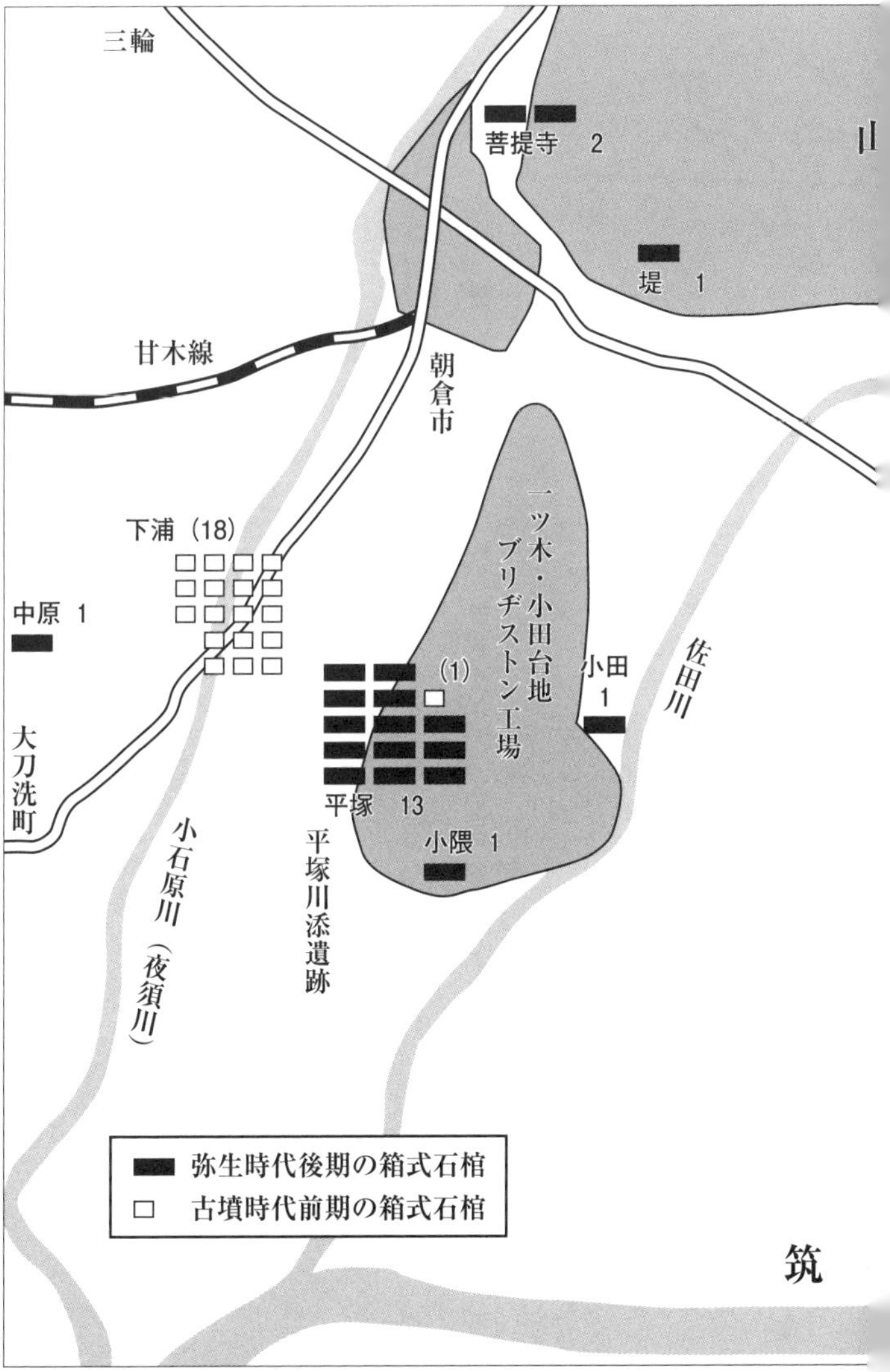

地図6　弥生後期と古墳時代前期の朝倉市における箱式石棺の分布
（弥生前期・中期の箱式石棺を除く）

地図７　朝倉市における邪馬台国時代の諸遺物

・朝倉市付近における、ほぼ確実に邪馬台国のものとみられる遺物の分布。（箱式石棺などから出土している遺物）

▲…鉄矛　　　⅄…鉄戈
△…鉄剣　　　◆…鉄刀
◇…鉄刀子　　↑…鉄鏃
■…鉄斧　　　○…鉄鉇（やりがんな）
⊙…小形仿製境
◎…「長宜子孫」銘内行花文鏡
●…管玉　　　＊…絹

これらのものが、邪馬台国時代のものとみられる理由については、拙著『日本誕生記 2』（PHP 研究所、1993 年刊）のなかで、ややくわしく説明している。

大きい四角でかこんだ地域は、今後詳しい調査・発掘が望まれる地域。

朝倉郡筑前町（旧夜須町）の東小田峰遺跡は、ガラス璧２などを出土した著名な遺跡であるが、邪馬台国時代のものとは、時代が異なる。

・第 37 代斉明天皇の「朝倉の橘の広庭の宮」については、朝倉市の山田とする説と、須川とする説とがある。

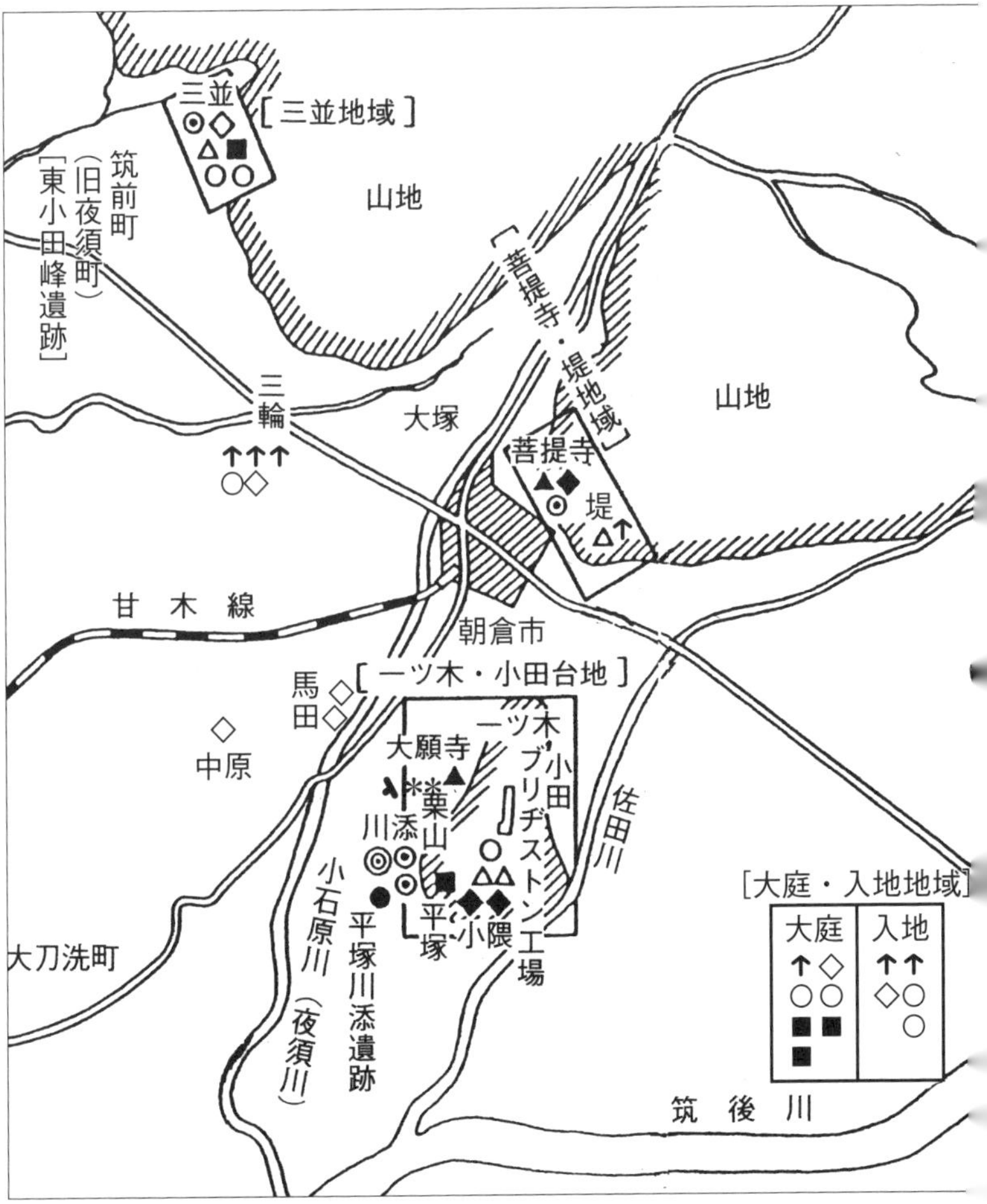
三並
［三並地域］
筑前町（旧夜須町）
［東小田峰遺跡］
山地
［菩提寺・堤地域］
山地
三輪
大塚
菩提寺
堤
甘　木　線
朝倉市
［一ツ木・小田台地］
馬田
中原
一ツ木
大願寺
ブリヂストン工場
小田
栗山
川添
平塚
小隈
佐田川
小石原川（夜須川）
平塚川添遺跡
大刀洗町
［大庭・入地地域］
大庭
入地
筑　後　川

する。

この橋の広庭の宮は、現在の朝倉市の山田または須川のあたりにあったとみられている。斉明天皇が、この地に宮殿をもうけたのは、あるいは、遠い昔に、この地に大和朝廷の祖先の都があったという記憶が、おぼろげに残っていたためであろうか。「山田」という地名は、ありふれた地名であるが、「邪馬台」の音と、通ずるところがあるのも気になるところである。

さらに、この地域の、ほぼ邪馬台国時代のころのものとみられる諸遺物を、地図上にプロットすれば、**地図7**、**地図8**のようになる。邪馬台国時代のころのものとみられる諸遺物は、奈良県の纏向の地よりもはるかに多く出土しているようにみえる。

地図8は、**地図6**、**地図7**の、さらに右（東）のほうを描いたものである。

福岡県を中心とする北九州と、奈良県を中心とする畿内とでは、似たような地形、位置の場所に、似たような地名の存在することが多い。

福岡県の朝倉市に、斉明天皇の朝倉の橋の広庭の宮があったとされる。奈良県の桜井市に、雄略天皇の泊瀬《はつせ》の朝倉の宮があったとされる。どちらも、「朝倉」という地名である。

そして、北九州の朝倉市の、斉明天皇の宮殿のあったとみられる地の近くに、「山田」という地名がある。奈良県の桜井市の朝倉の地の近くにも、「阿部《あべ》の山田の前の道」という古道があり、その古道のかたわらに、「山田寺」があった。

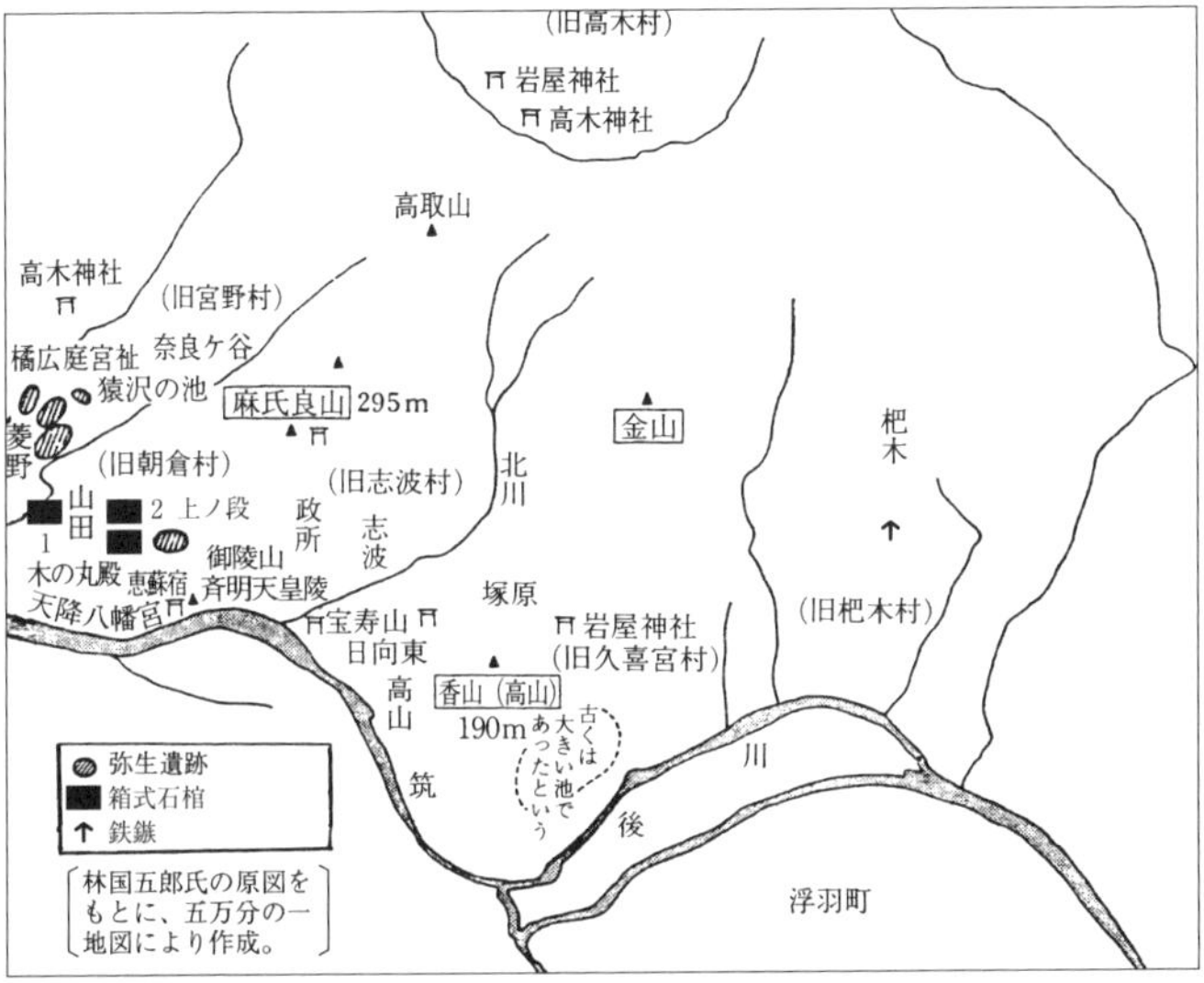

地図８　朝倉市東部の史跡

- 恵蘇宿《えそのしゅく》は、古く豊後国府への官道の宿駅。
- 木《き》の丸殿《まろどの》は、斉明天皇崩御のさい、中大兄皇子《なかのおおえのおうじ》（天智天皇）が服喪した場所。
- 菱野の地の背後の山すそからは、かつて無数の甕棺と箱式石棺が出土したという。
- この地図で、すこし気になるのは、「岩屋（岩屋神社２カ所」「金山」「香山（香具山）」など、日本神話と関係するような地名が、目につくことである。

なお、江戸時代前期の儒者、貝原益軒は、『筑前国続風土記《ちくぜんのくにぞくふどき》』のなかで、当時の「甘木町（現在の朝倉市）」、および、博多から甘木にむかう道（朝倉街道）について、およそ、つぎのようにのべている。

「筑前の国の中で、民家の多いこと、甘木は、早良《さわら》郡の姪浜《めいのはま》につぐ。古くから、毎月九度、ここで市がたつ。それは、今も続いている（『明治十五年字小名調』［福岡県史資料第七輯］によるとき、甘木の字《あざ》の名に、「二日町」「四日町」「七日町」「八日町」「つばき」などがあるのは、市のたったなごりと思われる）。筑前、筑後、肥前、肥後、豊前、豊後の六カ国の人がより集まる所で、諸国に通ずる要路である。多くの商人が集まり交易して、その利を得ている。

博多から甘木の間、人馬の往来がつねにたえない。東海道を除いては、この道のように人馬の往来の多い道はない。信濃路、播磨路などは、とうていこれにはおよばない。」

三つの基準の追加

さきに、「基本的な問題点」として、つぎの四つをあげた。

(I)『魏志倭人伝』から出発すること。

(II) 調査する項目の定義を明確にし、各都道府県、各地域の出土状況などを、公平に比較すること。

(Ⅲ) 部分に着目して、そこから拡大解釈するのではなく、できるだけ広く情報を集め、総合的判断をすること。

(Ⅳ) 自説に都合の悪い事実を、無視《スルー》しないこと。

そして、具体的な探究方法の基準として、さらに、つぎの三つを追加して、あげておこう。

(A) 「頻度」や「確率」の考え方をもつこと。

「頻度」や「確率」の考え方を基礎にもたないと、議論は、しばしば、つぎのような形をとる。

「自説を主張するときは、一例でも、自説を支持する例を見出せば、それによって、自説は成立するとする。他説を批判するときには、一例でも他説にしたがわない例があれば、それによって他説は否定できる、とする。」

この論法を用いれば、多くの議論は、すくなくとも、水かけ論にもって行くことができる。

この論法は容易に、「0《ゼロ》でない確率を買う宝くじ」論法になりやすい。この論法で、宝くじを買いつづければ、家計なら、かならず破産する。戦争なら、第二次世界大戦の大本営発表で、その例がみられるように、亡国につながる。議論なら、とうてい成立しえないような結果を支持する「あの世へ行く論理」となる。このような論法は、考古学の分野での推論においては、伝統的にきわめてしばしばみられるものである。

小林行雄は、考古学者で、京都大学の教授であった。遺跡、遺物の発掘や記述において大きな業績をあげた。

関西大学の教授であった考古学者の、網干善教《あぼしよしのり》は、小林行雄の推論法を評してのべている。

「ある一つの仮説的な前提を想定し、さらにその前提の上に仮説を積み重ねて、一つの結論を導き出している。そして、その結論が事実のように理解される。若《も》しその前提が、例えば最初の「そうである」という前提が「そうでない」となればこの屋上屋を重ねた広遠な論理の結論は何も意味しないことになる場合もある。」

「小林氏は他の人の説について（中略）、ことごとく証明できていないことは前提にならないと主張される。しかし、自己の主張については、（中略）何ら証明できていないのに、この場合にはそれが前提となる。」（網干善教「三角縁神獣鏡についての二、三の問題」『橿原考古学研究所論集　創立三十五周年記念』［吉川弘文館、一九七五年刊］所収）

要するに、推論法が、自分勝手な論理で、客観性がなく、科学的でないのである。

旧石器捏造事件がおきたとき、国立科学博物館人類研究部長（東京大学大学院理学系研究科生物科学専攻教授併任）の馬場悠男《ばばひさお》氏はのべている（傍線、および、傍線部をゴシックにしたのは安本）。

「私たち理系のサイエンスをやっている者は、**確率統計学などに基づいて**『蓋然性が高い』というふうな判断をするわけです。偉い先生がこう言ったから『ああ、そうでございますか』ということではないのです。ある事実が、いろいろな証拠に基づいて一〇〇％ありそうか、五〇％か、六〇％かという判断を必ずします。どうも**考古学の方はそういう判断に慣れていらっしゃらないので、**たとえば一人の人が同じことを何回かやっても、それでいいのだろうと思ってしまいます。今回も、最初は変だと思ったけれども何度も同じような石器が出てくるので信用してしまったということがありました。これは**私たち理系のサイエンスをやっている者からすると、まったく言語道断だということになります。**」

「経験から見ると、国内外を問わず、何カ所もの自然堆積層から、同じ調査隊が、連続して前期中期旧石器を発掘することは、**確率的にほとんどあり得ない（何兆分の一か？）ことは常識である。**」

だからこそ、私は、東北旧石器文化研究所の発掘に関しては、**石器自体に対する疑問や出土状況に対する疑問を別にして、この点だけでも捏造と判断できると確信していたの**で、以前から、関係者の一部には忠告し、拙著『ホモ・サピエンスはどこから来たか』にも『物証』に重大な疑義があると指摘し、前・中期旧石器発見に関するコメントを求められるたびに、マスコミの多くにもその旨の意見を言ってきた。しかし、残念ながら、誰もまともに採り上げようとしなかった。とくに、マスコミ関係者の、商売の邪魔をしてもらっては困るという態度には重大な責任がある。」（以上、春成秀爾編『検証・日本の前期旧石器』、学生社、二〇〇一年刊）

現在、多くの科学・学問分野において、考えられる仮説のうち、どの仮説が妥当であるかを検証するための、基本的な方法が、確立している。計量し、測定し、できるだけ統計的にあつかい、確率計算にもちこむ。そして、「百回に五回」または「百回に一回」以下の確率でしか成立しないような仮説は、すてる（棄却《ききゃく》する）「約束」をもうける。このような形で、検証を客観化し、仮説を取捨する基準を客観化して、先にすすむ。

考古学の分野では、「情報考古学」の分野をのぞき、このような科学一般における「基本的なリテラシイ（読み書きソロバン的な基本知識、方法）」が、いまだに、一般化していない。浸透していない。仮説を取捨する基準そのものが、主観的なのである。ここに、現代の日本考古学の根本的な問題、欠陥がある。

しかし、日本考古学の分野では、そのような学問的伝統がない。そのため、話をしても、まったくといってよいほど通じない。

どの仮説を採択し、どの仮説を採択しないかについての客観的基準を、あらかじめ定めることなく議論している。これでは、「水かけ論」になってしまうのは、あたりまえである。日常的な「ことば」の使用法の範囲だけで議論する。そのため、百回に一回以下しかおきえないようなことも、千回に一回しかおきないことも、百回のうち、八十回ぐらいの可能性でおきうることも、「可能性がある」ということで、同一次元であつかわれたりする。

いまから六十年以上まえに、現代統計学を日本に導入した統計学者の増山元三郎は、のべている。

「検定のない調査は、随筆に等しい。」

ここで、「検定」というのは、「統計学的検定」のことである。イギリスの統計学者、フィッシャー（Fisher 一八九〇〜一九六二）らによって開発された推測統計学（推計学）による一種の確率計算法である。

いまから六十年以上まえに出版された『数理統計学入門』という本がある。その本の翻訳者の序文に、すでに、つぎのように記されている。

「我が国においては、二、三の先覚者を除いてあまり問題にされていなかった推計学が終戦後、再び外国との交流がさかんになるとともに、それらの諸国とくに英、米、印等においては旧来の伝統的な統計学を一新して、自然科学、社会科学のあらゆる部門の研究に、実験に、生産に、調査に、推測と計画のための清新な効果的な手段として広く応用され、

重要な役割を果たしつつある……」(ポール・G・ホーエル著『数理統計学入門』科学新興社、一九五一年刊)

二十世紀の、とくに第二次大戦後において、わが国においても、統計学や確率論の発展と普及には、めざましいものがあった。そこで必要とされる計算力も、コンピュータの発展普及により、ほぼ解決された。そのため、統計学や確率論は、いちじるしい応用性と、現実問題の解決力とを獲得した。

現在では、小学校の六年生の算数の教科書にさえ、確率論や統計学の初歩の考え方の説明が行なわれている。確率や統計の考え方の、社会生活における重要性が認識されてきたためであろう。

統計学は、とくに第二次大戦後、推計学(推測統計学)といわれる方向で、急速な発展をとげた。

また、コンピュータ技術も、大きく発展をとげた。

大量のデータを処理するビッグデータ処理の技術が進化し、人間の、主観的判断におきかわっていった。

現在では、AI(人工知能、Artificial Intelligence)」が発達し、将棋や碁、オセロなどでは、世界最強の棋士といえども、コンピュータにかなわなくなっている。

これは、一手ごとに、「勝率」という確率計算を行ないながら、勝負を進めて行く方法である。「勝率」のもっとも高い手を、人間の判断を混じえずに、とりつづけて行く。

考古学は、この六十年間以上、このような科学一般の動きに、まったく無関心ですごしてきているのである。

「情報考古学」をのぞく従来の「考古学」は、仮説の取捨の基本的な方法論において、他の科学分野にくらべ、すくなくとも、六十年はおくれている。おそるべき、保守的な業界である。

それでいて、「考古学的には、これが正しいのです」と、強く主張してやまない。従来の考古学は、「考古学至上主義」的な傾向をもつ。単に、主観的な判断にすぎないものを、強く主張する傾向がある。

科学や学問は、どんな科学や学問でも、それだけで孤立してしまうと、みずからの科学性を喪失してくるものである。現代の日本考古学は発掘を行ない、出土したものをできるだけ正確に記述をする技術となっている。古代を正確に推定する「科学」になっていない。

(B)　科学のことばに、デカラージュ（décalage、敷《し》き写し）すること。

フランスの児童心理学者のピアジェ（J. Piaget）は、「デカラージュ」という専門用語を定めた。これは、同じ構造がほかの操作で、再構成されることをさす。たとえば、児童は、六歳ぐらいまでは、感覚や運動を通して、この世の構造が、どうなっているかを、知ろうとしていた。外界を認識しようとしていた。その認識の世界が、しだいに、言語操作による認識の世界に、おきかえられ、再構成されていく。それによって、現在目のまえでおきていない出来ごとでも、知ることが、できるようになる。このような移行を「デカラージュ（敷き写し）」という。かくて、外界を認識する言語世界が成立する。言語によって、外部世界を、よりよく知ることができるようになる。

それにならっていえば、言語世界によって得たデータなどを、確率や頻度などについての数字や、統計的な表やグラフ、数式などによって示される世界におきかえていく。この操作を、「科学のことばや、科学世界に、デカラージュする」という。「数理デカラージュ」「デジタルデカラージュ」などという。かくて、あらたな、データサイエンス的な外部世界認識構造が成立する。

数値の世界にデカラージュすることによって、法則性や規則性を見出しやすくなる。さまざまなデータ間の関係を、数字や数学によってつかむことができるようになる。

個々の対象をひたすら正確に記述するだけでは、法則性、規則性などが、自然に浮かびあがってくる、ということにはならない。

かつて、統計といえば、「人口」や、「米の量」や、「工場での生産物の数」などの、「ものの数」を数えるものであった。そのころは、哲学の分野でも、「唯物論」などが、もてはやされた。

現代は、「言葉の使用頻度」や、「情報の量」「ゲームの勝率」「晴れや曇りの確率」など、広い意味での情報や、「出来ごとの頻度」を数えることが多くなっている。

歴史学、言語学、文学、社会学などや、碁や将棋などのゲーム、さらに、広い意味での情報の処理などの分野は、これからのデータサイエンスの主戦場になるとみられる。

(c)　できるだけ、データに語らせること。

ＡＩの分野で、「エミュレート（Emulate）」ということばがある。もとは「模倣する」といった意味であるが、ＡＩやビッグデータの分野では、データをありのままに見ること、主観的な「解釈」をできるだけ加えず、ある見解を主張するばあいも、反論をするばあいも、できるだけ、「データによって語らせる」「数値によって語らせる」ようにすることを指す。

コンピュータ将棋のソフトウェア「ポナンザ」を開発した山本一成氏は、「エミュレート」という語について記している。

「エミュレートとは、『主観や価値判断を加えずに物事を推測する』という意味だと理解してください。この説明だとちょっとわかりにくいかもしれませんが、たとえば『1』が2つあったときに、

1＋1＝2

1－1＝0

1×1＝1

1÷1＝1

となることを計算していくのは、**主観や価値判断を加えずに物事を推測しているという**ますよね。これと同様に、現在の状況が今後どう変わるかを**機械的に推測する**ことを、エミュレートすると言うのです。」（山本一成著『人工知能はどのようにして「名人」を超えたのか？』ダイヤモンド社、二〇一七年刊）

これは、将棋のばあいであるから、「現在の状況が今後どうかわるか」を推測することになるが、古代史のばあいであれば、現在えられているデータから古代がどうであったかを、機械的に推測することになる。

従来、推理や推測などは、「ことば」で行なわれてきた。「手を読む」など。

それを、できるだけ、数値計算におきかえるようにする。

インターネットのアマゾンで本を注文すると、「この本を買った人は、つぎのような本も買っています。」というような表示がでてくる。

これは、これまでの購入実績を、統計的にしらべて、表示しているだけである。

従来であれば、読書経験の豊富な書評家などが行なう「本の推薦作業」が、ここでは、「単純なカウント作業」におきかわっている。しかし、この「単純なカウント作業」は、書評家よりも、ずっと広い範囲のデータにもとづき、「書評家のもつ主観」なしで行なわれている。

これは、現代のデータサイエンスにおいて、「エビデンス（科学的な根拠）」を示すための基本的な姿勢といえる。

奈良県桜井市発の考古学などでは、しばしば、思いこみとみられる結論が先にあり（論点先取）、その結論に結びつくように解釈につぐ解釈を行なっている。ほとんど、単なる連想か思いつきとしか思えない解釈による仮説を導入する。そして、そのような仮説をどんどん上積みしていく。このようなことが、極端に多いようにみえる。

ひとことでいえば、科学や学問の名に値しない。

第4章　「桃の核と大型建物」論争

大型建物ならば、出雲大社の神殿は、かつて、「天下無双の大廈《たいか》（大きい建物）」といえるものであった。

出雲大社本殿復元模型
（平安時代　10世紀、『古代出雲文化展』［島根県教育委員会・朝日新聞社編集・発行、1997年刊］による。）

ここでとりあげる「桃の核と大型建物」論争も、「ベニバナ論争」と、基本的には、同じ構造をしている。「桃の核と大型建物」については、比較的最近、マスコミ発表された。また、話が、「ベニバナ論争」にくらべ、やや複雑である。

そこで、すこし、丁寧に検討することにしよう。

1　建てつけの悪い建物のようで

この章のはじめに

炭素14年代測定法というと、科学的な年代測定法である印象を与える。

しかし、炭素14年代測定法によって得られる年代推定値は、１００年単位の広い幅をもっている。

また、同じ遺跡から出土した試料であっても、土器付着炭化物を測定するか、桃の核を測定するかなど、「なにを測定するか」によって、得られる年代推定値が、大きく異なる。さらに、最終推定年代をだす過程での補正（較正《こうせい》）の方法の違いによっても、年代が変ってくる。

そして、考古学の分野では、炭素14年代測定法によって、古い年代が得られたときには、マスコミ発表を行ない、新しい年代が得られたときには、マスコミ発表を行なわないということを、くりかえしている。これをくりかえすと、個々に得られた発表事実そのものは正しくても、全体としては、正しくない判断を社会にもたらす。

「年代は、古きをもって貴《たっと》しとす」という基本的感覚は、旧石器捏造事件という大きな失敗をもたらした重要な原因の一つであった。

「懲りない面々」とならぬよう、チト、反省の必要があるのではないか。

たとえば、中国において「位至三公鏡」といわれる鏡は、しばしば西暦二八〇年〜三一〇年ごろにあたる年代を記した墓誌とともに出土している。この鏡は、わが国でもかなり出土している。このような事実は、炭素14年代測定値よりも、より確実な年代情報をもたらしているようにみえる。

情報の信頼性が大きいか小さいかについての基本的な検討なしで、みずからがあらかじめもっている説を支持するような結果がでたときはマスコミ発表にもって行く、という方法は、基本的にあやうい。科学的な方法の進展のための重要な阻害要因となる。

また厖大な公費を無益に費消することにもなる。億の単位の大金を、ドブに捨てるようなことになる。

旧石器捏造事件が、いつ、何度おきてもおかしくない土壌が、依然として存在している。

ここに、強い警鐘を、ならさざるをえないゆえんがある。

桃や大型建物の話は、『魏志倭人伝』にはでてこない。

桃や大型建物の話がでてくるのは、『古事記』の出雲関係の神話である。

桃や大型建物は、『魏志倭人伝』や卑弥呼や邪馬台国と関係があるのか。

ここでは、関係があるとはいえないものを、「解釈」や「連想」によって関係づけ、関係があるデータの方を無視している。そして、マスコミ発表にもって行く。このようなパターンが、くりかえされている。

必要なのは、「宣伝」ではなく、より確かなデータにもとづく「証明」である。

「第1章」で記した「ベニバナ論争」と同じような話は、いまや、ほとんど、いくらでもあげることができる。

何冊もの本が書ける。

纒向遺跡出土の「桃の核と大型建物」の話も、また、「ベニバナ論争」の類の話である。最近の事例なので、記憶に残しておられる方も、多いであろう。すこし、くわしくとりあげてみよう。

新聞の記事

二〇一八年五月十四日（月）の夕刊、および、五月十五日（火）の朝刊で、新聞各紙は、奈良県の纒向遺跡出土の桃の種についての年代測定の結果について報じた。

いま、一例として、『朝日新聞』の記事を紹介する。

☆『朝日新聞』二〇一八年五月十五日（火）朝刊の記事

桃の種　邪馬台国と同時代？

年代測定で判明

奈良・纒向遺跡で出土

　所在地論争が続いてきた邪馬台国の有力候補地とされる奈良県桜井市の纒向《まきむく》遺跡（国史跡、3世紀初め～4世紀初め）で出土した桃の種が、放射性炭素（C14）年代測定で西暦135～230年のものとみられることが明らかになった。種は遺跡中枢部とみられることが明らかになった。種は遺跡中枢部とみられる大型建物跡近くで出土し、大型建物の年代が自然科学の手法で初めて測定された。女王卑弥呼《ひみこ》の君臨した時代と重なる可能性が高い。近畿説、九州説を主張する考古学者からは歓迎と反発の声が交錯した。

　桜井市纒向学研究センターが14日公表した最新の研究紀要で報告された。

　種は2010年、3世紀前半では国内最大規模とされる大型建物跡（南北19・2メートル、東西12・4メートル）の南約5メートルの穴から約2800個出土。2カ所の研究機関がそれぞれ複数の資料で測定した。古代中国で桃は不老不死や魔よけの呪力があるとされ、祭祀《さいし》をつかさどるとされる卑弥呼との関係からも注目される。

福永伸哉・大阪大大学院教授は「資料の点数が多く、二つの研究機関で同様の結果が出たので信頼度は高い」と歓迎する。

一方、九州説の有力候補、吉野ケ里遺跡（佐賀県）の発掘に長年携わってきた七田忠昭・佐賀城本丸歴史館長は「纒向遺跡からは鉄製の素環頭大刀や大きな鏡など、中国との外交を物語る出土遺物がほとんどない。年代だけでは邪馬台国の決め手にはならない」と反論する。（渡義人）

纒向遺跡で見つかった桃の種

この記事は、畿内説と九州説との両方に配慮した記事といえよう。
新聞によっては、いちじるしく畿内説よりでまとめた記事もあった。

最初の問題点

さっそく、これらの新聞の記事のもとになっている論文ののっている研究誌『纒向学研究センター研究紀要　纒向学研究』（桜井市纒向学研究センター、二〇一八年三月刊）の第６号をとりよせて読んだ。

そこには、炭素14年代測定に関するつぎの二つの論文がのっている。

(1)　中村俊夫「纒向遺跡出土のモモの核のＡＭＳ^{14}Ｃ年代測定」

(2)　近藤玲《りょう》「纒向遺跡出土の桃核ほかと土器付着炭化物の炭素14年代法による年代測定について」

この二つの論文に関して、この研究誌の「編集後記」のなかで、寺沢薫・福辻淳・木村暢郎の三氏は、つぎのように記す（一部に、傍線を引き、その部分をゴシックにしたのは安本）。

「中村俊夫氏と近藤玲氏の論攷は、纒向遺跡第１６８次調査のＳＫ－３００１で検出された桃核や土器付着炭化物などの炭素14年代測定の成果と考察です。この測定で重要なのは、資料が古木効果や海洋リザーバー効果のない一年生植物種子であること、測定不可を除く計15点もの一括資料が測定され、しかも異なった機関で同時に行われたことです。その結果、極めて布留0式（古）に近いと考えられる庄内3式が高い確率で、較正暦年代でほぼ**AD.135～230年のなかに収まる**ことで一致した点は重要です。」

「桃核」は、桃の種の固い部分（殻）のことである。

この文章は、その内容からおして、おそらくは、纒向学研究センターの所長の寺沢薫氏の手になるものであろう。

そうすると、いくつもの疑問点が、雲のようにわきおこってくる。

まず、第一の疑問は、庄内3式の時期が、一三五年～二三〇年のなかに収まるとすれば、寺沢薫氏は、それにつづく布留0式の箸墓古墳の時期を、二七〇年以後としているから、二三〇年から二七〇年のあいだの、約四〇年間の空白の期間が、生じてしまうことである。

もし、この空白の期間を、庄内3式期とすれば、今回の「庄内3式で高い確率で」「A.D.135～230年のなかにほぼ収まる」という測定結果と矛盾する。

もしこの空白の期間を、布留0式期にくみいれれば、箸墓古墳の築造の時期を、そこにもっていってもよいことになり、寺沢氏のこれまでの主張と、あわなくなる。

いずれにしても、寺沢薫説と、矛盾していている。

そして、第二の疑問点は、今回の纒向出土の桃の核についての測定結果が、寺沢薫氏によれ

表４　放射性炭素年代測定および暦年較正の結果

測定番号	δ ^{13}C (‰)	暦年較正用年代 (yrBP±1σ)	^{14}C年代 (yrBP±1σ)	^{14}C年代を暦年代に較正した年代範囲	
				1σ暦年代範囲	2σ暦年代範囲
試料No.1 PLD-9319	−25.41 ±0.14	1710±20	1710±20	260AD(17.0%)280AD 320AD(51.2%)390AD	250AD(95.4%) 400AD
試料No.2 PLD-9320	−26.01 ±0.14	1691±20	1690±20	335AD(68.2%)400AD	250AD(13.9%) 300AD 320AD(81.5%) 420AD

ば、同じく庄内3式期のはずの、ホケノ山古墳出土の二点の小枝試料についての炭素14年代測定法による測定結果と、年代が大きく乖離《かいり》していることである。

寺沢薫氏は、その著『弥生時代政治史研究 弥生時代の年代と交流』（吉川弘文館、二〇一四年刊）のなかで、「庄内様式期の出土鏡」について、すでに42・43ページで示した**表2**のような表を示しておられる。

寺沢薫氏によれば、ホケノ山古墳も、庄内3式期に築造されたものである。

ホケノ山古墳については、くわしい最終報告書『ホケノ山古墳の研究』（奈良県立橿原考古学研究所編集、二〇〇八年刊）がでている。

そこには、橿原考古学研究所の奥山誠義《まさよし》氏が、ホケノ山古墳から出土した「およそ12年輪」の二つの小枝について、炭素14年代測定法によって年代を求めた結果がのっている。

その結果は、**表4**、および、**図15**、**図16**に示されているような

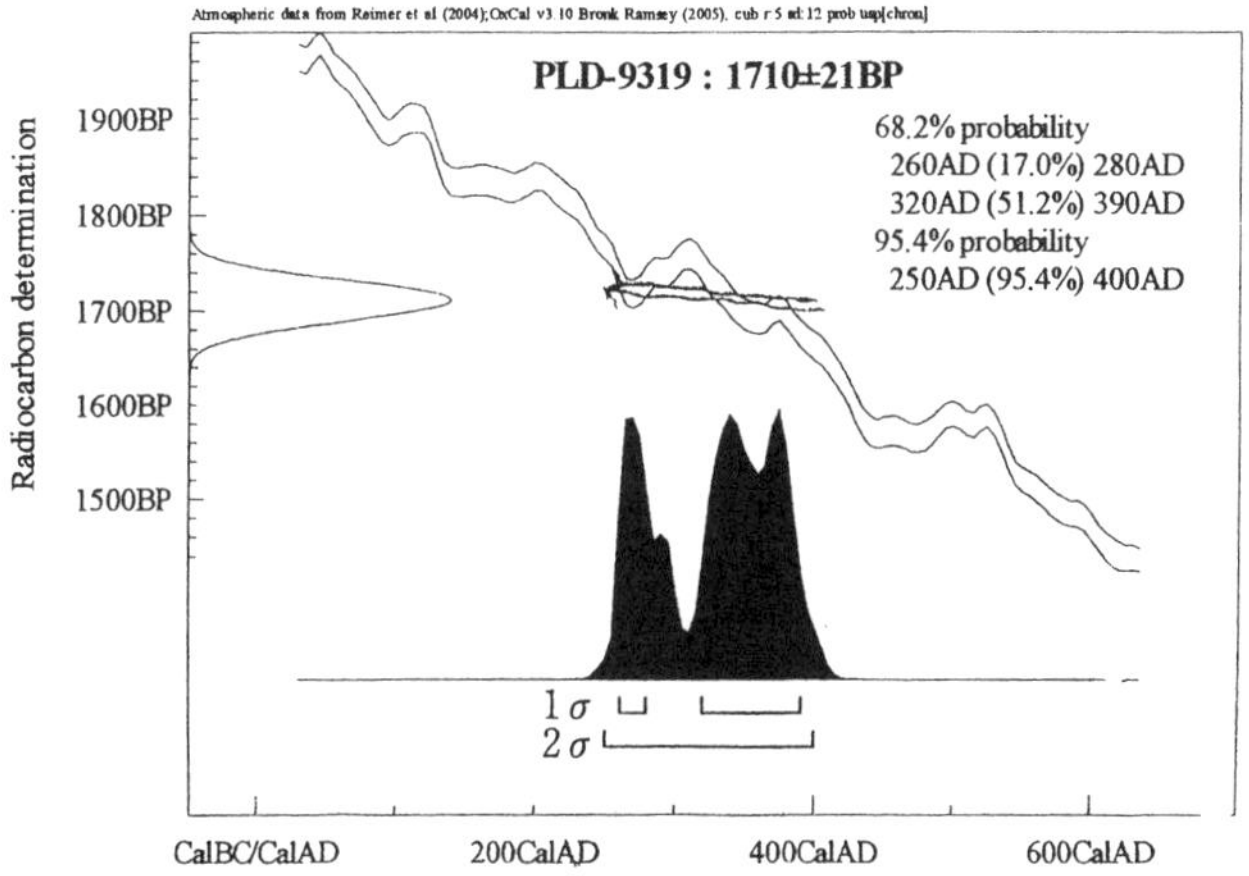

図15　ホケノ山古墳出土の小枝試料の推定西暦年分布 (1)

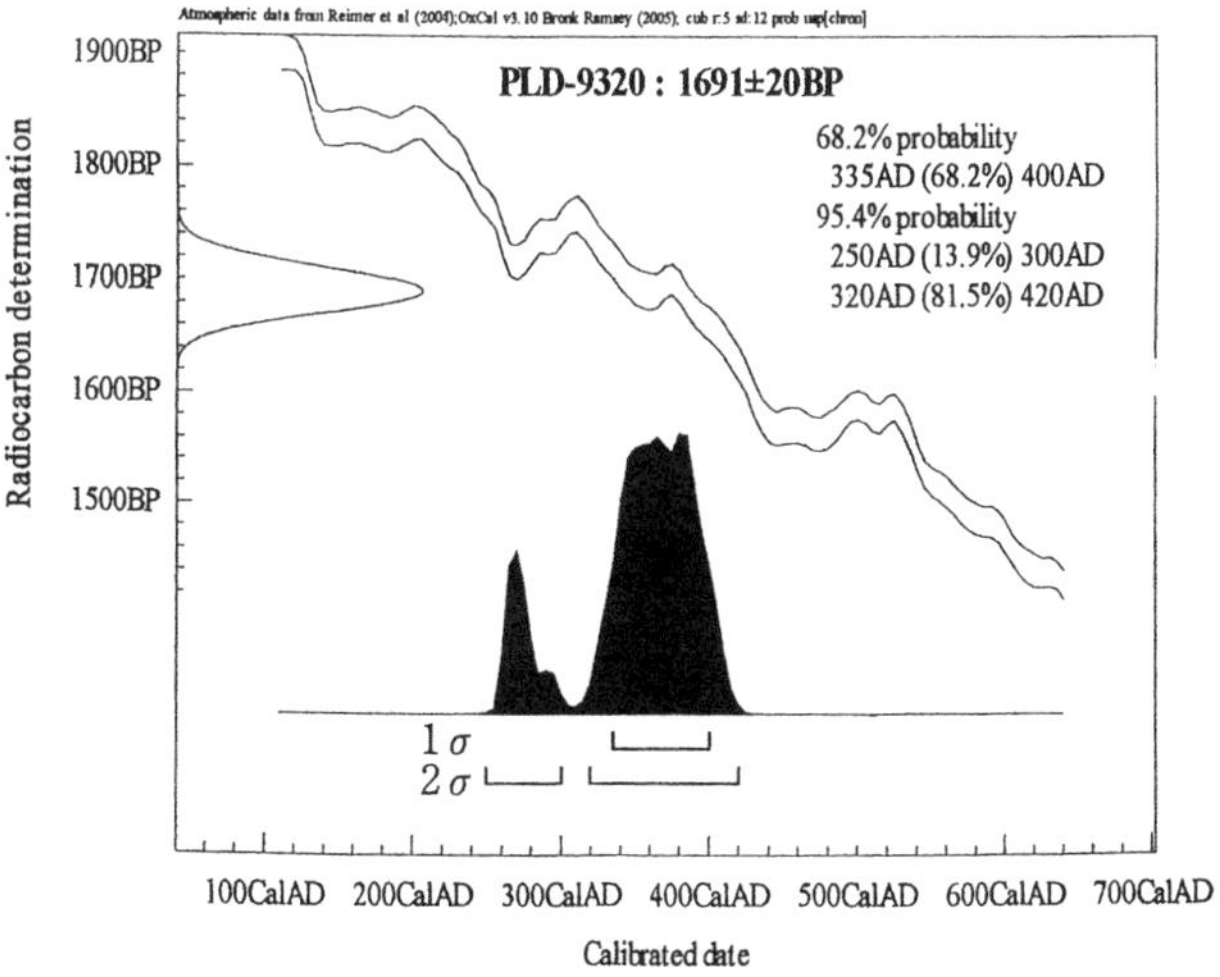

図16　ホケノ山古墳出土の小枝試料の推定西暦年分布 (2)

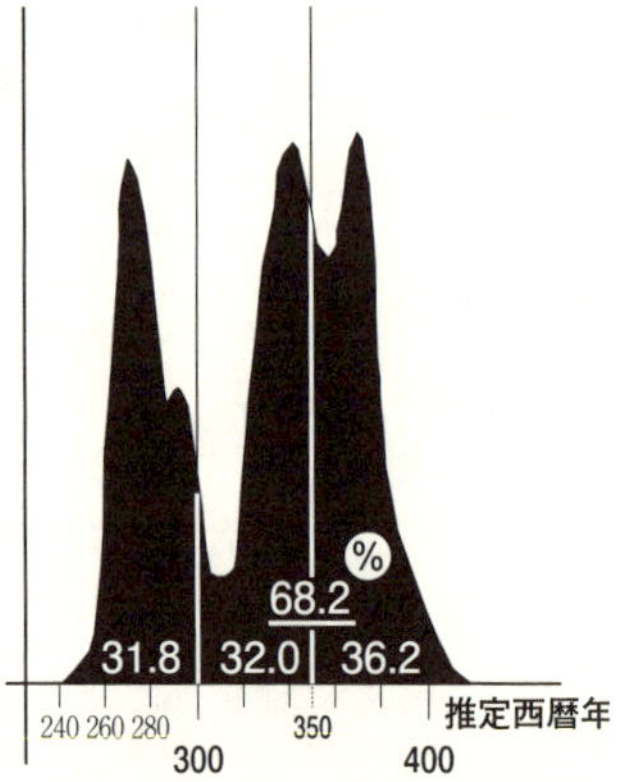

図17　ホケノ山古墳出土の小枝試料が西暦300年以後のものである確率（1）

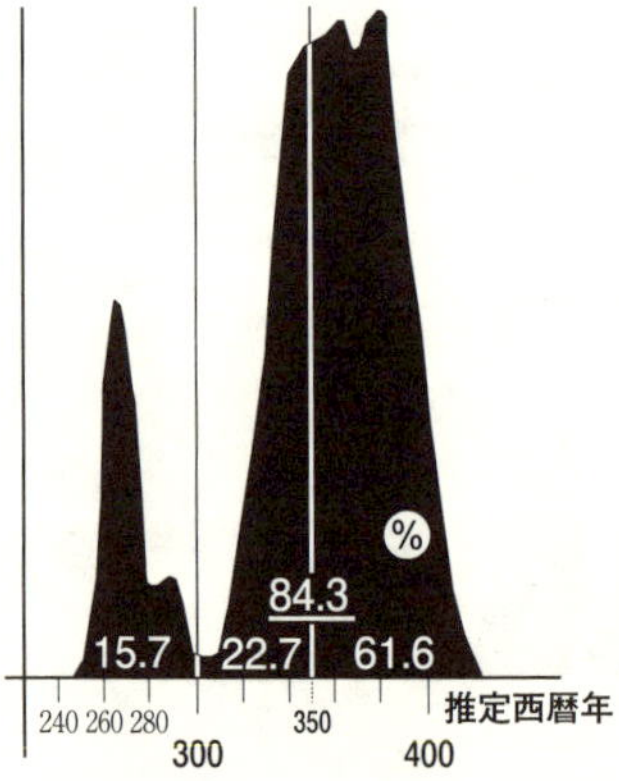

図18　ホケノ山古墳出土の小枝試料が西暦300年以後のものである確率（2）

ものである。

表4、および、**図15**、**図16**は、原報告書にあるものを、そのままコピーして示したものである。

表4において、「1σ《シグマ》暦年代範囲」のところに、下線《アンダーライン》が引いてある。これも、原報告書のままである。

これは、つまり、庄内3式期のホケノ山古墳の推定年代の可能性の大きいのは、三世紀ではなく、四世紀であることを示している。**図15**、**図16**をみても、その状況は、うかがわれる。

いま、**図15**、**図16**のうえに、方眼紙をあて、ホケノ山古墳出土の二本の小枝が、西暦三〇〇年以後のものである確率（黒い山の面積）を求めれば、**図17**、**図18**のようになる。

これによれば、これらの小枝試料が、西暦三

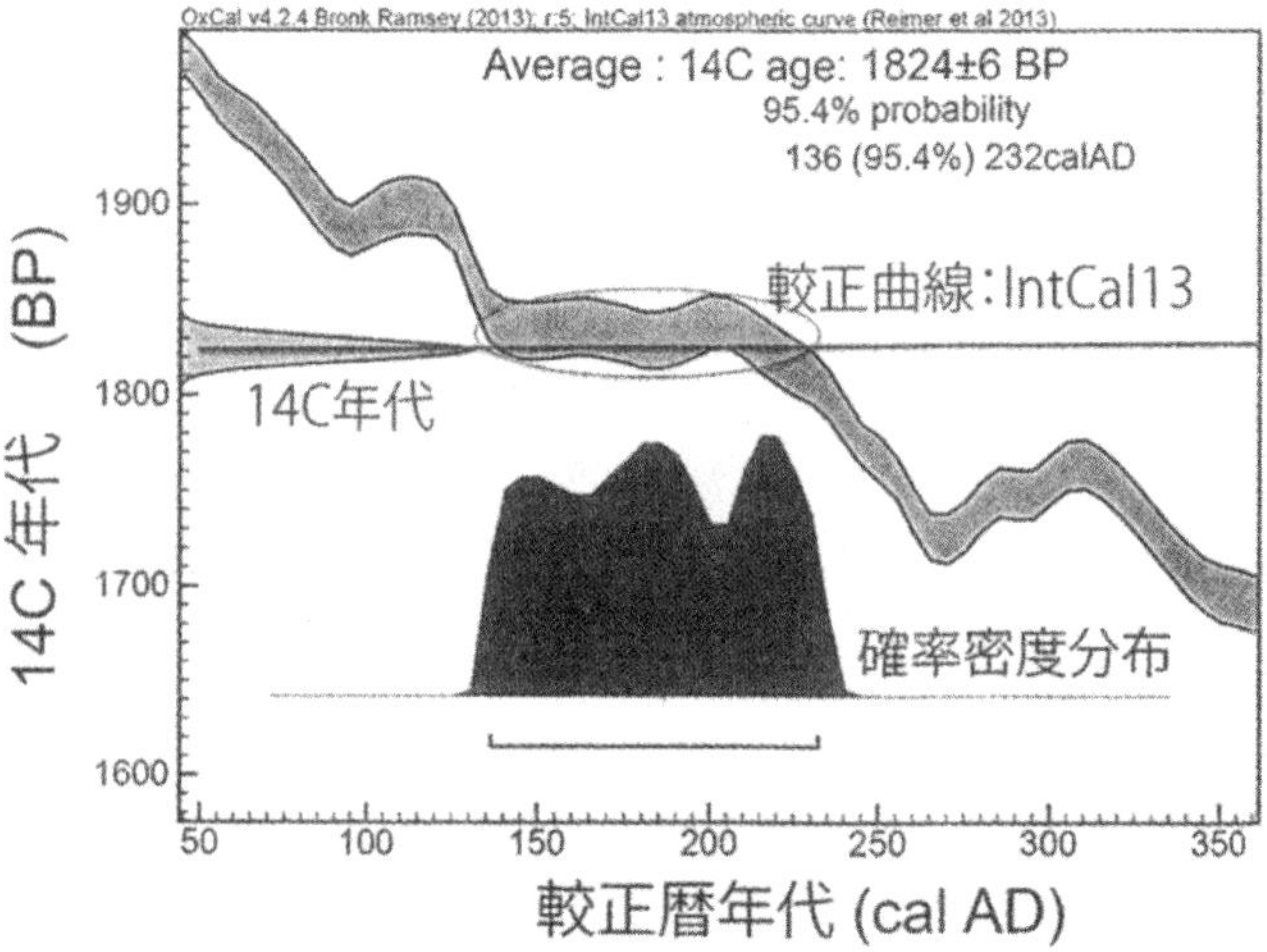

図 19　12 個の ^{14}C 年代の平均値 1824±6BP を暦年較正した結果

○○年以後、つまり、四世紀のものである確率は、それぞれ、六十八・二パーセント、および、八十四・三パーセントとなる。

つまり、三世紀のものである確率よりも、四世紀のものである確率のほうが、大きい。

いっぽう、今回の纒向遺跡出土の桃の核のばあい、『纒向学研究』にのせられた名古屋大学の中村俊夫氏の論文「纒向遺跡出土のモモの核のＡＭＳ^{14}Ｃ年代測定」によるばあい、**図19**のようになっている。

図19は、測定した十二個の桃の核の平均値によるものである。

炭素14年代測定法によって推定された年代は、**図17**〜**図19**のそれぞれ、百年以上の幅をもつ（それぞれの黒い山の左はしから右はしまで）分布の形で示される。

一つの数字によって代表させることはむずかしいが、いまかりに、代表値として、中央値m_0を用いることにする。

中央値m_0は、図19のばあいで説明すれば、m_0より大きい黒い山の部分（確率密度）の面積が50％、m_0より小さい黒い山の部分の面積が50％になるような値である。

グラフから読みとれば、図19のばあい、m_0＝１８５年ていどとなる。

同様にして、図17から、中央値m_0を読みとれば、西暦三三〇年ていど、図18から中央値m_0を読みとれば、西暦三六〇年ていどとなる。

つまり、今回の桃の核と、ホケノ山古墳とでは、同じ庄内3式期のものでも、すくなく見つもっても、ざっと、一四五年ていどの年代差があることになる。

庄内3式の一様式で、一四〇年以上も続くことがありえようか。

寺沢薫氏じしん、『箸墓古墳周辺の調査』（奈良県立橿原考古学研究所、二〇〇二年刊）のなかで、布留0式期、布留1式期などの様式の存続期間について、「1様式20～25年として、」とのべておられる。

庄内3式期だけが、百年以上もつづくことは、ほとんど、ありえないことである。

奥山誠義報告書を信用できないとすれば、……

以上のべてきた第一の問題点についての対処法としては、まず、つぎのような説明法が考えられる。

「ホケノ山古墳についての最終報告書にのっている奥山誠義氏の、小枝資料についての炭素14年代測定値は、信頼にとぼしいものと考える。」

じじつ、寺沢薫氏は、その著、『弥生時代政治史研究　弥生時代の年代と交流』（吉川弘文館、二〇一四年刊）の３１６ページで、奥山誠義論文でとりあげられている二点の小枝資料について、つぎのようにのべる。

「ちなみに私は、対象とされた二点の小枝とされた資料がなぜ木槨内で採取されたのかの来歴に懸念をもっている。樹種鑑定による環孔材の性格に関わる問題でもあるが、今少し慎重な判断が必要であろう。」

しかし、寺沢薫氏のこの発言には、いくつもの問題がある。以下にのべるとおりである。

(1)　奥山誠義氏は、その報告書のなかで、「最外年輪を含むおよそ12年輪の小枝」試料二点について、「古木効果の影響を考慮する必要は無い」、「小枝については古木効果の影響が低いと考えられるため有効であろうと考えられる」と記す。すなわち、測定対象としての妥当性をもつと考えられることを記している。

奥山誠義氏が、「二点の小枝」を測定対象とされたのは、一つには、大木であると、その表面が削られ、測定年代が古く出がちになるので、それをふせぐためであると考えられる。また、今一つには、小枝であれば、木材試料などのように、再利用されている可能性などもない。すなわち、この最終報告書『ホケノ山古墳の研究』では、それより七年以上まえに出された『ホケノ山古墳調査概報』（奈良県立橿原考古学研究所編、学生社、二〇〇一年刊）にくらべ、より慎重な追跡調査がなされているようにみえる。

(2) 寺沢薫氏は、その「二点の小枝とされた試料」の「来歴に懸念」をもつとのべる。おそらくは、のちの時代のものが、なんらかの事情でまぎれこんだ、などの事態を想定すべきだ、というようなことをのべようとされているのであろう。

そうであれば、その「懸念」の内容や、「懸念」をもつ根拠を、データにもとづいてのべられるべきである。しかし、それはのべられていない。奥山氏のほうは、「有効であろう」と考えられるから測定しておられるとみられる。そして、現在まで、橿原考古学研究所からは、奥山報告書の内容を訂正するような発表は、なされていない。

寺沢薫氏が、「懸念」をもちさえすれば、無視または否定できるということには、当然ならない。

もし、「懸念」をもちさえすれば、考察の対象からとりのぞくことができるのであれば、今回の桃の種についても、「ゴミ捨て場のようなところにすでに古い桃の種が捨てられており、そこに、穴をほって、あとの時代の大型建物の廃絶のさいに、庄内3式期の土器が捨てられたのではないか。」という「懸念」をもつこともできよう。

データをつみ重ねて、考えるべきである。みずからがあらかじめもっている説に都合の悪いデータは、ことばによる「解釈」によって、考察の対象からはずすことは、できるだけ、さけるべきであると考える。データを尊重し、「エミュレート」した判断を行なうべきである。「直観」が「事実」をこえるような方法は、できるだけさけるべきである。

(3)　ホケノ山古墳の築造年代が、邪馬台国の時代よりも、新しいとみるべき根拠は、炭素14年代測定値以外にいくつもある。

まず、『魏志倭人伝』には、「棺あって槨なし」と記す。

ホケノ山古墳からは、「木槨」が出土している。これは『魏志倭人伝』の記述とあわない。すでにのべたように、北部九州からは、ほぼ邪馬台国時代、つまり、庄内式土器の時代にあたるころのものとして、箱式石棺が、多数出土している。これは、「棺あって槨なし」の記述にあう。

ホケノ山古墳は、その墓制からみて、邪馬台国時代よりも、あとの時代のものではないか。

のちの時代の『隋書』の「倭国伝」などでは、「死者を斂《おさ》むるに棺槨《かんかく》を以ってす。」と記されている。のちの時代の倭国では、「槨」があったのである。

(4) ホケノ山古墳からは、「小型丸底土器」とよばれる土器が出土している。
「小型丸底土器」について、『最新日本考古学用語辞典』(大塚初重・戸沢充則編、柏書房、一九九六年刊)は記す。

「布留《ふる》式土器を構成する重要器種であり、九州から関東・東北までの同時期(安本注。布留式土器の時期)の型式に存在する。」

庄内式土器と布留式土器との違いとして、布留式土器のほうが、地域的に、より広い範囲に分布することがあげられる。

その点でも、「小型丸底土器」は、布留式土器としての特徴をもつ。

「小型丸底土器」が、庄内式末期に出現するという事実はあるにしても、それは、布留式土器の時代に近い時期のものであるはずである。ふつうに考えれば、小型丸底土器の出土は、布留式土器の時代のものであることをつげる。邪馬台国時代にまでもって行くのは、年代的に、無理があるとみられる。

(5) ホケノ山古墳からは布留式期(古墳時代)の指標とされる「篦被《のかつぎ》」(コラム3参照)といわれるものをもった銅の鏃《やじり》も出土している。

コラム3　箆被《のかつぎ》

弓の矢の、竹の棒の部分を「矢柄《やがら》」という。「矢柄」のことを、古語で「箆《の》」という。

また、平安時代ごろから、身分のある女性が、顔をかくすために頭の上にかぶったおおいを、「被《かつぎ》」という。

矢尻《やじり》の、「矢柄」にとりつける部分において、「矢柄（箆《の》）」にかぶせる部分を、「箆被《のかつぎ》」という。

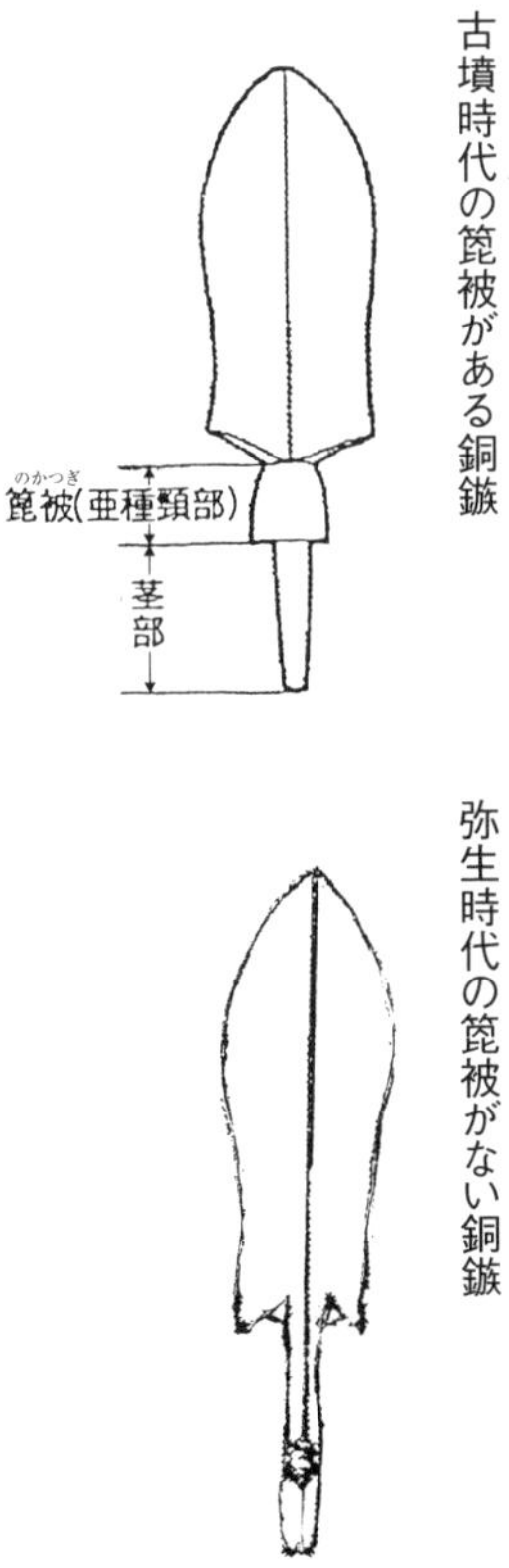

図20　箆被のある銅鏃と箆被のない銅鏃

この箆被について、考古学者の石野博信氏は、つぎのようにのべている。

「調査段階で問題になりましたのは、図（省略）の上の左側の二本です。銅鏃の下に突起みたいなものが付いていています。ふつう、このタイプの銅鏃が出ますと、前期古墳の中でも前半ではなくて、中ごろから後半だというふうにいわれている銅鏃です。そういう銅鏃が主だっていますから、この古墳（ホケノ山古墳）は新しいんじゃないかということが調査中から問題になりました。銅鏃を専門に研究している人、あるいは専門ではなくても、いわば前期古墳に関心のある考古学をやっている人間にとっては、常識的に、このタイプがこんなに古いとき、こんな段階であるのだろうかと。」（『季刊邪馬台国』１００号、二〇〇八年刊）

(6) ホケノ山古墳からは、「画文帯神獣鏡」が出土している。この型式の鏡が、わが国において、三角縁神獣鏡とともに、奈良県を中心に盛行するのは、おもに、前期古墳の時代（四世紀を中心とするころ）である。三角縁神獣鏡と画文帯神獣鏡とが同じ古墳から出土している例もすくなくない。

画文帯神獣鏡の、わが国での初現年代は、「位至三公鏡」とよばれるいわゆる「西晋鏡」よりも新しいとみられる。「位至三公鏡」は、中国では、しばしば、二八〇年～三〇〇年ごろの年号をもつ墓誌とともに出土している。わが国では、おもに、北九州を中心に分布する形で出土している。ここからは、「画文帯神獣鏡」のわが国での初現年代は、西暦三〇〇年ごろが考えられる。「画文帯神獣鏡」は、奈良県を中心に分布する形で出土している。また、ホケノ山古墳出土の画文帯神獣鏡は、それより前の時代に出土している鏡の型式につながらない。あとの時代の熊本県の江田船山古墳出土鏡などにつながる型式をしている。

(7)　箸墓古墳から、三点の桃の核が出土している。その桃の核は、寺沢薫氏が、「明らかに布留0式古相の土器群とprimaryな（はじめからの）状況で共存したと判断される桃核や木製品」（『箸墓古墳周辺の調査』）などと記されているものである。

この箸墓古墳出土の桃の核の炭素14年代測定値は、四世紀を中心とする年代を示している（図21参照）。

よく、箸墓古墳からの出土物を、炭素14年代測定法ではかったら、三世紀の卑弥呼の時代と重なる年代が出た、などといわれるが、それは土器付着炭化物で測定したばあいである。土器付着

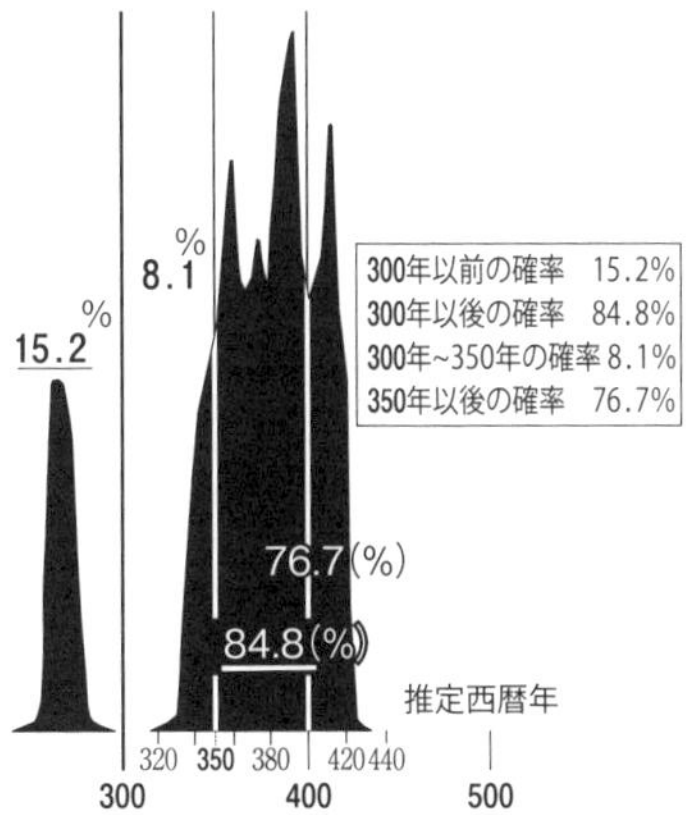

図21　箸墓古墳の桃核試料が、西暦300年以後のものである確率
（拙著『邪馬台国全面戦争』［勉誠出版、2017年刊］208ページ参照。）

炭化物ではかると、桃の核ではかったばあいにくらべ、大幅に年代が古くでる。ホケノ山古墳出土の十二年輪の小枝試料による測定値は、箸墓古墳出土の桃の核による測定値と、連続的、整合的である。

ホケノ山古墳出土の十二年輪の小枝の、炭素14年代測定値は、ホケノ山古墳の築造年代が、西暦三〇〇年以後の可能性が大きい（表4、図17、図18）ことを示している。この推定年代値は、右にのべてきたような諸事実と整合性がある。妥当といえるようにみえる。

原則は、簡単には、とびこえられない

考古学の分野では、考古学者の大塚初重氏がのべておられるような、つぎの基本的な原則がある。

> 「考古学本来の基本的な常識では、その遺跡から出土した資料の中で、もっとも新しい時代相を示す特徴を以てその遺跡の年代を示すとするのです。」（『古墳と被葬者の謎にせまる』〔祥伝社、二〇一二年刊〕）

このような原則があるため、岡山大学の教授であった近藤義郎は、その著『前方後円墳と吉

備・大和』（吉備人出版、二〇〇一年刊）のなかで、ホケノ山古墳について、つぎのようにのべる。

「本書（安本注。『前方後円墳と吉備・大和』）執筆中に刊行された『ホケノ山古墳調査概報』で土器の項を担当された橿原考古学研究所の北山峰生氏は、『これら3点の土器（小形丸底壺→近藤）は、布留《ふる》式土器（天理市布留遺跡出土品を標式とする古式前方後円墳の時期の土器の型式名→近藤）の指標とされる小形精製土器に酷似する。先の庄内式土器とは時期差を考えるのが普通であるが、出土状況から両者が同時使用されている可能性が高いことを強調しておきたい。』と述べた。異なった時期の型式の二者が同時使用されている場合、その使用時期が新しい型式の時期ないしその後であることはいうまでもない。」

つまり、近藤義郎は、ホケノ山古墳から、小形丸底壺が出土している以上、ホケノ山古墳の築造時期は、布留式土器の時期、古式前方後円墳の時期以後のものとするべきである、ということをのべているのである。

橿原考古学研究所の所員で、大部の報告書『纒向』の執筆者であった関川尚功《ひさよし》氏も、ホケノ山古墳は、布留式土器の時代の築造とする見解を述べておられる。

寺沢薫氏の論法には、「ことばによる解釈」によって、事実や原則を簡単にとびこえる傾向がしばしばみとめられる。しかし、考古学の常識、原則にしたがえば、ホケノ山古墳の築造時期は、卑弥呼の時代の庄内式土器の時代のものではなく、布留式土器の、前方後円墳の時代のものとみるべきである。

ただそうすると、ホケノ山古墳出土の三面の鏡も、庄内式土器の時期のものではなく、つぎの布留式土器の時代のものとなる。

かくて、寺沢薫氏の示す42・43ページの表2から、ホケノ山古墳出土の三面の鏡を、布留式土器の時代のものとして除けば、奈良県からは、庄内式土器の時代、卑弥呼の時代のものとしては、銅鏡は、一面も出土していないことになってしまう。寺沢氏の示す表2によれば、庄内様式期の奈良県からの確実な出土鏡は、ホケノ山古墳からの三面にかぎられている。

奈良県からは、卑弥呼の時代の鏡が一面も出土していない。この事実をみとめたくないために、寺沢薫氏は、いろいろと理由をつけて、ホケノ山古墳の築造時期を、庄内式土器の時代にくみいれておられるようにみえる。

しかし、ホケノ山古墳出土の十二年輪の小枝試料も炭素14年代法による測定結果では、古墳時代の四世紀を中心とする年代を示しているのである。

寺沢薫氏は、炭素14年代法の測定値について、自説につごうのよいようにみえる結果は、新聞発表にもちこみ、自説につごうの悪い結果は、ことばによるいろいろな理由、解釈を付して、それを排し、マスコミ発表にはもちこまない。

ホケノ山古墳の築造年代は、布留式土器の時代とすれば、……

ホケノ山古墳の築造年代は、庄内式土器の時代ではなく、布留式土器の時代であるとみるとどうであろうか。

ホケノ山古墳の築造年代を、寺沢薫氏の説くように、庄内３式期のものとはせず、つぎの布留式土器の時期のものとみれば、今回の桃の核の年代測定値と、ホケノ山古墳出土の十二年輪の小枝とが、同じ庄内３式期のものであるのに、一四〇年～一五〇年の年代差があるという問題は、あるていど解消する（それでも年代差が残るようにみえるが）。

今回の桃の核と、ホケノ山古墳とでは、土器年代が違う時期の試料であるとすれば、年代差が生じても不自然ではない。

しかし、そのようにみると、今度は、すでに述べたように、庄内期、すなわち卑弥呼の時代の出土鏡は、奈良県には、一面も存在しないことになってしまう。

同時期の福岡県からの出土鏡は三〇面を数えているのに。

『魏志倭人伝』は、卑弥呼に、百枚の銅鏡などを与えたと記している。

「それらのものを国中の人に示すように。」

とも、

「帯方郡の太守《たいしゅ》の弓遵《きゅうじゅん》は建中校尉《けんちゅうこうい》の梯儁《ていしゅん》らを倭国につかわし、梯儁らは、詔書によって（卑弥呼を）倭王に任命し、倭王に鏡などの賜《たまわ》りものを渡した。」

とも記している。

寺沢薫氏は、その著書『弥生時代国家形成史論』（吉川弘文館、二〇一八年刊）のなかで、つぎのように記す（文章の一部に傍線を引き、その部分の活字をゴシックにしたのは、安本）。

「かつてのイト倭国の盟邦たるイト（伊都）国に一大率をおき、その支配を席巻するほどの政治権力とはどこにあったか。それは**考古学的に見て纒向遺跡以外にないといわざるをえない**からである。そして、『魏志』倭人伝に『……南至邪馬台国。女王之所都』とある以上、**卑弥呼は『ヤマト』国の纒向遺跡に居処したとしか言いようがないであろう**。しからば、『ヤマト』国すなわち『魏志』倭人伝のいう『邪馬台国』ということになる。」（同書667ページ）

鏡は、考古学的遺物となりうるものである。卑弥呼が銅鏡百枚を与えられたとすれば、寺沢薫説によるとき、その鏡は、纒向の地、あるいは、奈良県を中心に分布していても、よさそうである。

ところが、寺沢薫氏じしんの示すデータによるとき、ふつうの考古学の論理にしたがえば、その肝心の奈良県から、銅鏡が一面も出土しないことになってしまう。これは、なぜなのか。

それに、そもそも、寺沢薫氏の理論体系（データではなく、寺沢氏の論理）のなかでは、ホケノ山古墳を庄内期からはずし、布留式土器の時代とすることじたいが無理なのである。そのことは、寺沢薫氏が、つぎのように述べておられるとおりである。

「これらの地域（奈良盆地）では奈良県桜井市ホケノ山古墳などの庄内式新段階の纒向型前方後円墳にならないと、北部九州でみた『王のなかの王』に匹敵する墓は存在しない。」（『弥生時代国家形成史論』６６３ページ）

ホケノ山古墳などを除くと、奈良盆地には、「王のなかの王」に匹敵する墓は、存在しないことになってしまうのである。

「鉄の武器」の出土状況

それればかりではない。

寺沢薫氏は、卑弥呼は、「纒向遺跡に居処したとしか言いようがないであろう。」という。

『魏志倭人伝』は、卑弥呼の居処について、「宮室・楼観・城柵、おごそかに設け、つねに人がいて、兵（器）をもち、守衛している。」と記している。

『魏志倭人伝』はまた、倭の兵器について、「矛」や「鉄の鏃《やじり》」のことなどを記している。

そして、また、魏の皇帝は、倭の女王に「五尺刀二口」「刀」を与えている。

いま、比較的出土量の多い「鉄の武器」に着目し、同じ資料で、同じ条件で比較してみよう。広島大学の教授であった川越哲志編の『弥生時代鉄器総覧』（広島大学文学部考古学研究室、二〇〇〇年刊）により、つぎの三つの市を比較してみる。

(1) 奈良県桜井市。

(2) 私が、卑弥呼の都《みやこ》（日本語の「みやこ」は、「宮処《みやこ》」で、「宮殿のあるところ」の意味）があったと考える福岡県朝倉市。

(3) 岡山県倉敷市。倉敷市には、弥生時代後期後半（ほぼ、卑弥呼の時代にあたる）とみられる「楯築《たてつき》墳丘墓」がある。「楯築墳丘墓からは、三十二キログラムないし三十三キログラムの「朱」が出土している。これは、一遺骸あたりの水銀朱としては、わが国で、最大量の出土例である。また、楯築墳丘墓からは、翡翠《ひすい》製の勾玉が出土している。「朱」も「勾玉」も『魏志倭人伝』に、記載のあるものである。そして、さらに、楯築墳丘墓からは、「鉄の武器」である「鉄剣」や、特殊器台とよばれる土器二個体分が出土している。この特殊器台は、のちに、奈良県から出土する特殊器台につながるとみられている。

これら、桜井市、朝倉市、倉敷市の三つの市の「鉄の武器」の出土状況を一つの表にまとめると、**表5**のようになる。

表5にみられるように、「鉄の武器」の出土総数は、福岡県朝倉市のばあい、三十五例に達

表５　福岡県朝倉市、岡山県倉敷市と、奈良県桜井市の「鉄の武器」の出土状況比較

	調査項目	福岡県朝倉市	岡山県倉敷市	奈良県桜井市
『魏志倭人伝』に記載のあるもの	鉄の鏃《やじり》	28個	10個	0個
	鉄の刀	3本	0本	0本
	鉄の矛	2本	0本	0本
『魏志倭人伝』に記載のないもの	鉄の剣	1本	3本	0本
	鉄の戈	1本	0本	0本
計		35例	13例	0例

（調査資料は、川越哲志編『弥生時代鉄器総覧』［広島大学文学部考古学研究室、2000年刊］。）


する。

　岡山県倉敷市でも、十三例になる。

　ところが、奈良県の桜井市のばあい、『弥生時代鉄器総覧』に記されているものは、一例もない。この地には、とくに「鉄の武器」を使用していた伝統があったようにはみえない。

　纒向に、女王卑弥呼の居処、宮室があったのならば、それを守っていた兵士たちの武器も、出土してよさそうなものである。しかるに、それが、一つもでてこないのは、どうしたわけか。纒向には、卑弥呼の居処などは、なかったのではないか。

　「鉄の武器」の出土量はあきらかに、福岡県が最大で、そこから、奈良県の方向にむかって、すくなくなっている。その逆で

はない。

『魏志倭人伝』に記されている事物の出土状況において、桜井市ていどの特徴を示す市は日本に、いくつも存在している。

客観的に測定すれば、桜井市は、なんら特別の特徴を示していない。

「思いこみ」にもとづき、針小棒大、奈良七倍、薬九層倍、纏向百倍（確率からみれば、千倍）の、事実無視の議論が、まかり通っている。

なお、「鉄の剣」と「鉄の戈」については、『魏志倭人伝』に記載例がみとめられない。

ただ、古代人は、「刀と剣」「矛と戈」とについて、明確な区別をしていたかどうかは、疑問がある。

たとえば、埼玉県の稲荷山古墳出土の銘文のある「鉄剣」のばあい、実物は、両刃《りょうば》の剣であるが、銘文には、「刀」と記されている。

また、大国主の神の名を『古事記』には、「八千矛《やちほこ》の神《かみ》」と記すが、『日本書紀』は、「八千《やち》戈《ほこ》の神《かみ》」と記す。（『日本書紀』の編纂者は、中国古文について、そうとうな知識をもつとみられる。）

そして、**表5**において、かりに、「剣」や「戈」を除いても議論の大勢には、影響がない。

庄内式土器の時代の畿内は、銅鐸の時代？

さらに奇妙なことがある。

庄内式土器の時代に、奈良県からは、青銅器が出土していないのであろうか？

奈良県香芝市二上山博物館編の『邪馬台国時代のツクシとヤマト』（学生社、二〇〇六年刊）という本がある。

その本のなかに、寺沢薫氏の「銅鐸の終焉と大型墳丘墓の出現」という文章がおさめられている。

その文章のなかで、寺沢薫氏は、「破砕銅鐸の一覧表」を示しておられる。

その表のなかから、大阪府と奈良県の部分をとりだすと、**表6**のようになっている。

表6をよく見るとき、つぎのようなことが注目される。
(1)　大阪府和泉市出土のものは、廃棄時期が、庄内式の時期とされている。
(2)　大阪府豊中市出土のもののばあい、「溝2から庄内甕出土」とされている。
(3)　奈良県桜井市纒向遺跡出土のものは、「本来は庄内式期に所属か」と記されている。
庄内期の大阪府や奈良県には、銅鐸が存在したことになる。

表6　大阪府と奈良県出土の破砕銅鐸（寺沢薫氏による）

所在地	遺跡名	銅鐸形式	部位	文様	出土遺構・層位	廃棄時期	再利用痕跡	備考
大阪府豊中市	利倉《とくら》遺跡	突線鈕3（近畿Ⅱ）式	飾耳1	重弧文	水路（3号木組み遺構上層）	庄内～布留2式（下限）	×	折損、利倉南鈕片と同一個体か
大阪府豊中市	利倉南遺跡（第3次）	突線鈕2～3（近畿Ⅰ・Ⅱ）式	鈕片1	鋸歯文	第3遺構面上（北側に溝2あり）	庄内～布留2式（下限）	×	折損（歪みあり）、溝2から庄内甕出土。
大阪府和泉市	池上・曽根遺跡	突線鈕（近畿）式	身部片2	突線文	溝（河道?）	庄内式	×	
大阪府八尾市	亀井遺跡	①突線鈕4（近畿Ⅲ）式か?／②扁平鈕式	①鰭端部1／②鈕片1	突線文／鋸歯文	①NR-3003／②SX-4001	①第Ⅴ-1様式（下限）／②須恵器（下限）	①②×	②は本来NR-3001に所属か（第Ⅵ-1様式下限）
奈良県田原本町	唐古・鍵遺跡（第77次）	扁平鈕or突線鈕1式	身部片1	袈裟襷文	包含層	第Ⅳ～第Ⅴ様式	×	青銅器工房区隣接。鋳造失敗品か?
奈良県桜井市	纒向遺跡	突線鈕3or4（近畿Ⅱ or Ⅲ）式	飾耳1	双頭渦文1／2	流路B上層砂層	7世紀末～8世紀前半	△（折断後研磨か?）	本来は庄内式期に所属か

和辻哲郎の「邪馬台国東遷説」

ここで思い出されるのは、かつて、哲学者の和辻哲郎が、その著書『日本古代文化』（岩波書店、一九二〇年刊）のなかでのべた「銅剣・銅矛・銅戈文化圏と銅鐸文化圏との対立図式」と、「邪馬台国東遷説」とである。

東京大学の古代史家、井上光貞は、和辻哲郎の説を、つぎのように要領よくまとめている。

「もし皇室が大和に興ったとすると、弥生時代の畿内の祭器であった銅鐸は何かの形で大和朝廷の祭祀や文化のなかに残っていてもよさそうなものである。ところが銅鐸は、山麓などで、まるで打ち捨てられたようにして出土する。その反対に、北九州系の鏡・玉・剣は皇室の皇位のシンボルにまでなった。これは九州の支配者が、銅鐸をもつ畿内の先住民を滅ぼしたことを物語っている。」（井上光貞『日本の歴史1　神話から歴史へ』中央公論社刊）

そして、井上光貞はさらにのべる。

「それでは、この九州の支配勢力とは何をさすのであろうか。和辻氏は、それを邪馬台国であるとした。」

「もっとも自然なのは、邪馬台国東遷なのである。

もちろん邪馬台国東遷説も、可能性のある一つの仮説にすぎないが、『北九州の弥生式文化と大和の古墳文化との連続性』また『大和の弥生式文化を代表する銅鐸と古墳文化の非連続性』という中山氏や和辻氏の提起した問題は、依然として説得力をもつと考えられる。

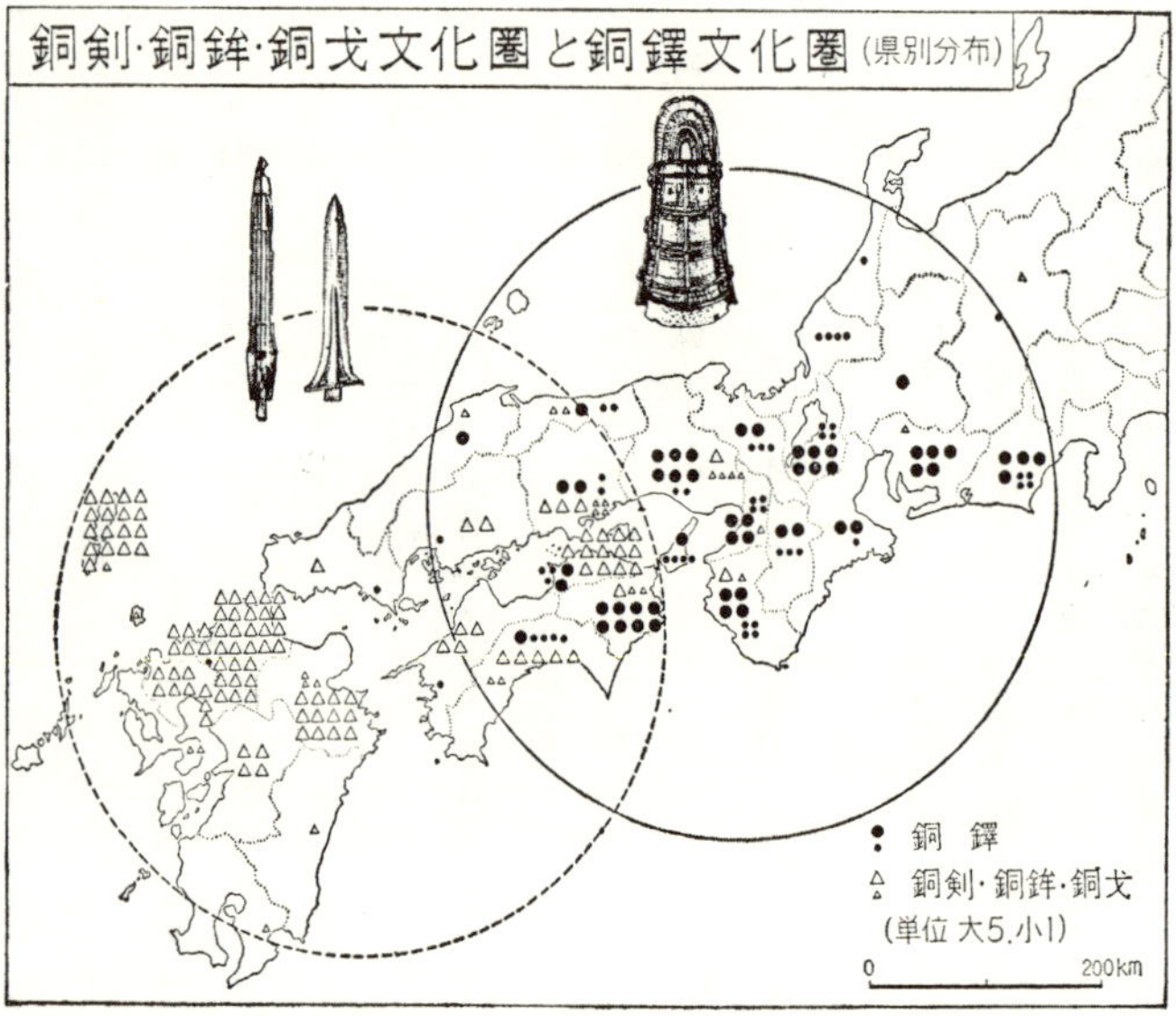

地図９　銅剣・銅矛・銅戈文化圏と銅鐸文化圏（県別分布）
（井上光貞著『日本の歴史１ 神話から歴史へ』［中央公論社刊］による。）

また、邪馬台国は、その女王壱《い》与《よ》が二六六年に晋《しん》に遣使した後、歴史の上から姿を消してしまった。いっぽう畿内の銅鐸も、二、三世紀の弥生後期にもっとも盛大となり、しかも突如としてその伝統を絶った。そして三世紀末、おそくとも四世紀はじめごろから古墳文化が畿内に発達して全国をおおっていくのである。邪馬台国東遷説は、この時間的な関係からみても、きわめて有力であるといってよいであろう。」

むかしの教科書や、古代史関係の本には、この和辻哲郎の説にもとづき、地図9のような図がよくのっていた。

銅剣・銅矛・銅戈の文化圏は、また、鏡の文化圏に重なる。

このように、寺沢薫氏は、むしろ、「邪馬台国東遷説」や、「邪馬台国九州説」に有利なようなデータを提示しながら、「卑弥呼の居処纒向説」や「邪馬台国大和説」を説いているのである。

土器年代全体をくりあげれば、……

では、つぎに、今回の纒向出土の桃の核は、庄内3式期のもので、西暦一三五〜二三〇年ごろのものであるとし、それにつづく二三〇年〜三〇〇年ごろは、布留0式の時期、または、布留式の時期のものとしては、どうであろうか。つまり、土器年代の全体を、寺沢薫氏の説よりも、より古い時代へと、くりあげてはどうであろうか。

じじつ、考古学者の白石太一郎氏などは、寺沢薫氏が布留0式期のものとする箸墓古墳を、卑弥呼の墓にあてるなどしている。

白石太一郎氏はのべる。

「最近、国立歴史民俗博物館の研究グループが実施した、箸墓古墳周辺の出土土器の付着物（おコゲや煤《すす》）の炭素年代測定の結果が報告されています〔春成ほか、二〇一一〕。それによると、箸墓古墳の造営期にあたる布留0式土器の年代は、西暦二四〇〜二六〇年代という数値がえられたということです。この年代は、さきに紹介した最近の大型前方後円墳の出現年代に関する多くの考古学研究者の想定と一致しており、こうした考古学的な年代想定が、自然科学的な年代決定法によっても支持されるものであることを示すものとして、私などはきわめて重要視しています」（「箸墓古墳と大市墓」『天皇陵古墳を考える』［学生社、二〇一二年刊］所収）

ここで注意すべきなのは、白石太一郎氏が重要視している炭素14年代測定値は、「土器付着炭化物」によって、測定して得られた結果による値であることである。

同じ遺跡から出土したものでも、「桃の核」ではかったばあいと、「土器付着炭化物」ではかったばあいとでは、年代が、系統的に、およそ百年違ってくる。「桃の核」ではかったばあいのほうが、「土器付着炭化物」ではかったばあいよりも、年代が系統的に新しくでる。

今回の纒向遺跡出土の桃の核にあわせて、箸墓古墳出土の「桃の核」で測定すると、箸墓古墳の築造年代は、およそ百年ずれて、四世紀を主とする年代になってしまう。この年代は、炭素14年代法による推定値以外にも、支持すべき根拠がある。

たとえば、「位至三公鏡」とよばれる鏡がある。中国で刊行されている『洛鏡銅華』（科学出版社、二〇一三年刊）には、「位至三公鏡」系の鏡が、十二面紹介されている。それらはすべて、西晋時代（二六五～三一六）のものとされている（『洛鏡銅華』は、日本語訳が『洛陽銅鏡』と題して、二〇一六年に、科学出版社東京から刊行されている）。「位至三公鏡」は中国では、しばしば、二八〇年～三〇〇年前後の墓誌とともに出土している。「位至三公鏡」は、炭素14年代法よりも、年代について、より信頼でき、より確実な情報をもたらしているとみられる。そして、「位至三公鏡」は、**表2**にみられる双頭竜鳳文鏡の仲間で、わが国では、庄内期の土器とともに出土している。つまり、庄内期は、三〇〇年前後までつづくのである。「位至三公鏡」は、わが国では、おもに、福岡県を中心とする北九州から出土する。西暦三〇〇年前後まで、鏡は北九州を中心に分布している。

そして、「三角縁神獣鏡」は、おもに、庄内式土器の時代のあとの、布留式土器の時代の遺跡から出土するのである。

また、『日本書紀』では、箸墓古墳は、第十代崇神天皇のころに活躍した倭迹迹日百襲姫《やまとととひももそひめ》の墓とされている。

そして古代の天皇の一代平均在位年数約十年説によれば、崇神天皇の活躍年代は、三五〇年ごろとなる。

このように白石太一郎説は、成立しなくなってしまうのである。

箸墓古墳は、布留0式期古相のものとされており、三点の桃核試料が出土している。そして、炭素14年代測定法による年代測定が行なわれている。

また、奈良県桜井市の東田大塚《ひがいだおおつか》古墳も、布留0式期古相のものとされている。東田大塚古墳からも、一点の桃核試料が出土している。やはり炭素14年代測定法による年代測定が行なわれている。

これらの布留0式期の桃の核による年代測定の結果は、四世紀の中ごろ以後、三六〇年～三八〇年ごろを中心とする年代を示している。これについては、拙著『邪馬台国全面戦争』（勉誠出版、二〇一七年刊）において、データを示し、くわしく論じている。

よく、箸墓古墳からの出土物の、炭素14年代法による年代測定結果は、卑弥呼の時代と重なるといわれる。そのような結果がでてくるのは、「土器付着炭化物」による年代測定の結果である。

同じ遺跡から出土したものでも、桃の核で測定したばあいと、土器付着炭化物で測定したばあいとでは、年代が大きく異なる。

土器付着炭化物で測定すると、年代が規則的に、大幅に古くでる。

今回の纒向遺跡出土の桃の核についての報道などでも、『産経新聞』などは、「桃の核」についての測定結果も、「土器付着炭化物」についての測定結果も、ごっちゃにして報道している。卑弥呼の年代とあうデータだけをとりあげて、報道している。

一貫性のない誤った報道というべきである。

纒向遺跡からは、卑弥呼の年代に合致する炭素14年代測定値がやたらに得られているような印象を与え、世の人の印象を間違った方向に誘導するものである。

今回の纒向遺跡の桃の核にあわせ、桃の核ではかれば、箸墓古墳は、四世紀中ごろ以後を中心とする年代となり、卑弥呼の時代と合致しない。

そして、そもそも、寺沢薫氏じしんは、邪馬台国や卑弥呼の時代を、庄内式土器の時代にあてている。

箸墓古墳を、庄内式土器の時代のつぎの、布留0式古相のものとし、西暦二七〇年以後のものとしている。このように、寺沢薫氏の年代観では、箸墓古墳は卑弥呼の墓ではないことになっているのである。

そして、今回の纒向遺跡出土の桃の核の測定結果は、卑弥呼の時代にあてるには、全体的にやや古めの年代値となっている。

以上のべてきたように、こちらを立てれば、あちらが立たない。あちらを立てれば、こちらが立たない。まことに建てつけの悪い建物のようである。ガタピシ無理に動かしていると、「邪馬台国＝ヤマト説」という建物そのものがつぶれてしまいそうになる。これはなぜなのか。

2　桃と大型建物

纒向の大型建物について

今回の纒向遺跡出土の桃の核の炭素14年代測定法による測定において、桃の核は、大型建物の近くから出土している。

そして、文献学的に見たばあい、桃の話や大型建物の話は、『魏志倭人伝』には、記されていない。

桃は、不老長寿や、神仙思想と結びつくから、卑弥呼と関係があるなどというのは、『魏志倭人伝』という基本文献に記されているわけではない。畿内説の方々が、しばしば行なう連想ゲームにすぎない。

纒向の大型建物を、卑弥呼の宮殿と結びつけたりするのも、また、連想ゲームの一種である。『魏志倭人伝』の記述と、きちんと照合させていない。

『魏志倭人伝』には、卑弥呼の「居処」について、つぎのように述べられている。

「宮室・楼観《ろうかん》（たかどの）、城柵《じょうさく》をおごそかに設け、つねに人がいて、兵（器）をもち守備している。」

纒向の大型建物のばあい、どこに楼観があるのか。どこに城柵があるのか。

たとえば、北九州の吉野ケ里遺跡では、防衛用の城柵も、楼観のあとらしいものも発見されている。

吉野ケ里遺跡のばあい外濠は、築造当時、幅十メートル、深さ四・五メートルていどであったであろうといわれている。濠の断面はV字形をしている。濠は、軍事的性格をもっていたとみられる。また、洪水を防いだり、灌漑の便をはかる治水の目的もあわせもっていたであろうといわれている。

深さ四メートルの濠の外に、掘り土を盛りあげ、材木で柵《さく》をその上に設置すると、落差は、六メートル以上となる。

この柵が、『魏志倭人伝』の記事の、「城柵」にあたるかといわれている。

吉野ケ里遺跡の発掘当時、考古学者の佐原真《まこと》は、およそ、つぎのような意見をのべている。

「もともと中国の『城』は、日本語の城、英語のカースル（castle）ではなく、日本語の囲い、英語のウォール（wall）である。しかも、古くは、それを土をつんで造った。だからこそ『土で成る』という字になっているとか。

『城《きず》く』という動詞もある。濠を掘る。弥生の村では、その土を、濠の内側ではなく、外側に掘りあげて土の囲いを盛りあげた。『土塁《どるい》』ともよんでいる。これは中国流では、『城』でよい。」（『月刊Ａｓａｈｉ』一九八九年六月号）

吉野ケ里遺跡の実物を見（あるいは、写真を見）、佐原真の説明をきけば、『魏志倭人伝』のいう「城柵」とは、なるほどそういうものであったのかと、なっとくできるように思える。「柵」なのであるから、英語のカースルではないのであろう。

「城」は、「土で成る」ものであり、「城《きず》く」ものである。また、『魏志倭人伝』に記されている卑弥呼の「居処」についての記述の文脈から見れば、「城柵」は「厳《おごそ》かに設けられており」、卑弥呼の居処を守衛するためのものとみられる。

寺沢薫氏は、その著『弥生時代国家形成史論』（吉川弘文館刊）において、

「纒向遺跡辻地区居館遺構では、城柵に囲まれた……」（傍点、安本）

などと記す（同書、１１５ページ）。

この大型建物が出土した当時、私は、桜井市の教育委員会の橋本輝彦氏に、お電話してたしかめたところ、出土した「柵」は、防衛用のものではなく、区画用のものである、とのことであった。

寺沢薫氏の記す纒向遺跡の「城柵」の、「城」にあたるものの実態が存在しているのであろうか。なんだか、言葉だけでディズニーランドのお城よりも簡単に、纒向の地に、「城」が出

来あがっているようにみえる。

また、吉野ケ里遺跡には、『魏志倭人伝』に記されている「楼観」のあとか、といわれている物見やぐらを思わせる建物跡がある。これは、門舎であるとする見解もある。

この建物跡について、大阪外国語大学の森博達《もりひろみち》助教授（当時。現、京都産業大学教授）は、つぎのようにのべている。

「『楼観』は、本来宮門の左右に築かれる一対の高台《たかどの》を指す。『後漢書』の〈単超伝〉や〈梁冀伝《りょうきでん》〉の用例から壮麗な高台であることがわかる。『楼櫓』のような単なる物見やぐらではない。吉野ケ里から高さ一〇メートル以上と思われる『物見やぐら』の遺構が発掘された。内濠の東側では出入口を挟んで左右に築かれている。楼櫓ではなく楼観に近いものと考えるべきである。」（『プレジデント』一九八九年七月号）

『魏志倭人伝』の記述は、宮室が内部にあり、環濠と土塁と、土塁の上の柵とがあり、物見やぐら風のたかどのなどがあって、そこで兵士が監視し、守衛しているというイメージの、吉野ケ里の状況などと、よく重なりあっているように思える。

また、吉野ケ里遺跡からは、『魏志倭人伝』に記されている「鉄の鏃」や、茜《あかね》で染めた絹や、鏡（後漢式鏡）や、勾玉などが出土している。纒向遺跡のばあい、楼観についての報告もない。

考古学者の森浩一は、つぎのようにのべている（文中の一部に、傍線を引き、その部分をゴシックにしたのは安本）。

「最近（二〇〇〇年一一月）、奈良県桜井市の纒向《まきむく》（巻向とも書く）遺跡で宮殿とみられる建物の跡が発掘され、女王卑弥呼の宮殿と**強弁**され、邪馬台国はヤマト説で決まったかのような印象を人々にあたえた。ぼくは太平洋戦争中の**大本営の発表**と人々が扇動されていったあの苦《にが》い歴史をおもいだした。今回の騒動に関与した考古学者たちは、発掘された事実から**解釈**をするうえで誤りをおかしていないか。」

「今回の『卑弥呼の宮殿がわかった』という報道がいかに唐突な騒ぎであるかが推察されるだろう。」

「最近のニュースから書いたのは、ヤマト説が有利になったとはぼくには毛頭おもえないからである。」（以上、『倭人伝を読みなおす』ちくま新書、筑摩書房、二〇一〇年刊）

ここでも、森浩一ののべるように、大本営発表を思い出させる「解釈」と「強弁」とがめだつのである。

なお、私は、福岡県の朝倉市の市域内に卑弥呼の宮殿があったであろうと考えているものである。朝倉市の平塚川添遺跡にも、「楼閣」とされる建物がある。これについては、福岡市教育委員会の久住猛雄《くすみたけお》氏が、「北部九州における弥生時代の特定環溝区画と大型建物の展開」

（『弥生の大型建物とその展開』［サンライズ出版、二〇〇六年刊］所収、１６３ページ）という文章のなかでとりあげておられる。

「邸閣」について

寺沢薫氏は、また、『魏志倭人伝』にみえる「邸閣」という語を、「豪壮な祭殿」とする（『弥生時代国家形成史論』［吉川弘文館刊］１０２ページ）。

しかし、「邸閣」は、「豪壮な祭殿」の意味であろうか。

九州大学の教授であった東洋史学者の日野開三郎《ひのかいさぶろう》は、論文「邸閣――東夷伝用語解の二――」（『東洋史学』六、一九五二年）をあらわし、『三国志』にみえる「邸閣」という語の用例についての調査結果を発表した。（この論文は、佐伯有清編『邪馬台国基本論文集Ⅱ』［創元社、一九八一年刊］にも、おさめられている。）『魏志倭人伝』以外の十一例について、くわしく検討し、つぎのようなことをあきらかにした。

⑴　大規模な軍用倉庫である。

⑵　糧穀の貯蔵を第一とするが、戦具や絹その他の資材を収めているものがある。

⑶　交通・軍事上の要地、政治・経済の中心地などにおかれている。

後漢末以来の戦乱のため、軍事が優先された結果、軍用倉庫の意味として定着したという。

『日本書紀』にも、「邸閣」の用例はある。

すなわち、「継体天皇紀」の八年三月の条に、つぎのような文がある。

「三月《やよひ》に、伴跛《はへ》（任那《みまな》の北部の代表的勢力）、城《さし》を子呑《しとん》・帯沙《たさ》に築《つ》きて、満奚《まんけい》に連《つ》け、烽候《とぶひ》、邸閣《や》を置きて、日本《やまと》に備《そな》ふ。」

岩波書店刊の「日本古典文学大系」の『日本書紀 下』のこの個所には、つぎのような頭注がついている。

「魏志、張既伝『置烽候邸閣』による。トブヒは国境に事変があるとき、煙をたてて通信するノロシ。烽候はノロシをあげる所。邸閣は兵糧を置く倉庫。」

『日本書紀』の用例も、軍用倉庫である。そして、「邸閣《や》」と読ませている。

今回の纒向遺跡出土の大型建物については、軍用倉庫的なイメージはとぼしいようにみえる。「邸閣」が、「軍用倉庫」であれば、その近くから、「鉄の武器」などが出土してもよさそうであるが、この地では、「鉄の武器」が、まず出土していないことは、すでに見たとおりである。

「城」や「楼観」「邸閣」などの例などに見られるところであるが、総じていえることは、寺沢薫氏の言説には、『魏志倭人伝』についての先人の文献的考察などを無視して、独自の「解釈」というか、勝手な「解釈」をする傾向がめだつ。

かくて、実際には、そこに存在していないものが、存在しているかのように、とりあつかわれる。

『古事記』神話のなかの桃の実

桃や大型建物の話は、『魏志倭人伝』には記されていない。これに対し、桃や大型建物のことを記している古文献が存在する。

それは、『古事記』である。『古事記』の出雲関係の神話のなかに、桃の話も、大型建物の話もでてくる。

たとえ、神話化した話であるにしても、なにも関連記事が記されていない『魏志倭人伝』と結びつけるよりも、関連記事のある『古事記』と結びつけるほうが、まだましであろう。

それに、出雲からは、『古事記』や『出雲国風土記』の記事をあてていどうらづけるかのように、大国主《おおくにぬし》の命《みこと》が活動したと伝えられているあたりから、大量の銅鐸や銅剣が、出土している。

また、シュリーマンの話のように、神話をもとにして発掘して、神話を裏づける事物が出てきた例もある。

そもそもギリシャ、ローマについての考古学や、聖書の考古学は、すべての考古学のはじまりであり、母胎であった。そして、その考古学は、神話・伝承といったものに、みちびかれたものであった。

この重要な事実を、忘れてはならないと思う。

「考古栄えて、記紀滅ぶ。」といわれる。資料のとりあつかい方に、バランスの回復が必要である。

森浩一は、のべている（傍線を引き、その部分をゴシックにしたのは安本）。

「後藤（守一）先生は「三種の神器の考古学的検討」という論文を雑誌『アントロポス』に発表し、翌年には『日本古代史の考古学的検討』（山岡書店）という冊子風の単行本にその論文を収めた。先生の知識の豊かなことや自由な発想に、当時十八歳の僕は驚嘆した。もちろん先生の勇気にも感心した。

僕は考古学だけでは歴史にせまれないことを、この本によってさらに痛感した。神話をも含め『古事記』や『日本書紀』からも信頼できる文献資料を見いだし、考古学資料と総合した時に初めて本当の歴史は描ける。」（『森浩一の考古交友録』朝日新聞社、二〇一三年刊、137ページ）

考古学だけで、邪馬台国の問題などが解けると思っている人は、材料が不足しているにもかかわらず結論を出すわけであるから、かならず独断と強弁におちいる。

まず、桃についての話は、『古事記』神話のつぎのような場面にでてくる。

「女神の伊耶那美《いざなみ》の命《みこと》がなくなる。そして、出雲の国（現在の島根県の東部）と伯伎《ほうき》の国（現在の鳥取県の西部）とのさかいの、比婆《ひば》の山《やま》にほうむられた（地図10参照）（これは、もともと、伊耶那美の命の出身地が出雲方面で、出身地の近くにほうむられたものか）。

夫の伊耶那岐《いざなき》の命《みこと》は、妻の伊耶那美の命にあいたいと思って、出かけて行く（これは九州方面からでかけたものか）。

でてきた伊耶那美の命に、この世に帰ってきてほしいと交渉する。

すると、伊耶那美の命がいう。

『残念だわ。私はあの世の食べ物をたべてしまいました。だから帰れない。けれどもせっかくあなたがおいでになったので、あの世の神と、相談してきましょう。そのあいだ、私を見ないで下さい。』

ところが待つ時間が、長くなってしまった。

伊耶那岐の命は、髪にさしていた櫛《くし》の太い歯《は》を一つ折り取って、それに火をつけて喪屋《もや》のなかを見た。

すると、伊耶那美の命の死体には、蛆《うじ》がむらがりわいていて、ごろごろと音をたてていた。

そして、頭や、胸や、腹や手足には、八種の雷神《いかずちがみ》がいた。

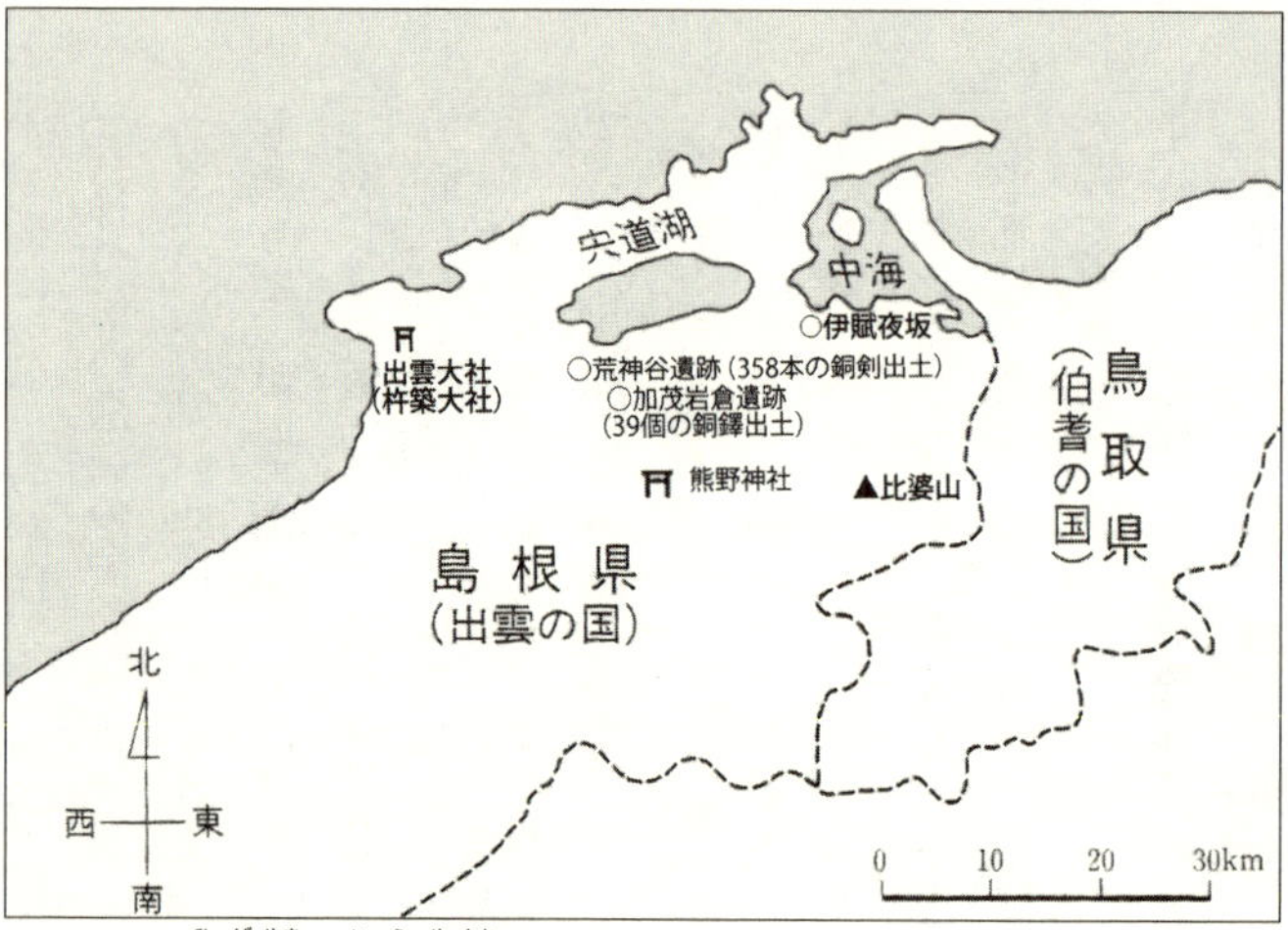

地図10　比婆山《ひばやま》、伊賦夜坂《いふやさか》などの場所

伊耶那岐の命は、おどろいて逃げだした。

伊耶那美の命は、『私に、恥《はじ》をかかせましたね。』といって、つぎつぎと追手《おって》をくりだした。

最後に、八種の雷神に、千五百の軍をつけて追わせた。

出雲の国の意宇《おう》郡の伊賦夜坂《いふやさか》（**地図10**参照）まできたとき、伊耶那岐の命は、その坂のふもとにあった桃の木の実を三つとり、それをぶつけて、追手をおいはらった。

伊耶那岐の命は、その桃の実に、意富加《おおか》牟豆美《むずみ》の命《みこと》という名を与えて、感謝の意をあらわした。」

ここに、桃の実がでてくる。これは邪気《じゃき》をはらう、魔よけの働きをしているようにみえる。

『古事記』神話のなかの、大きな建物

つぎに、大きな建物についての話は、出雲神話のつぎのような場面にでてくる。大国主《おおくにぬし》の神《かみ》は、高天《たかま》の原《はら》勢力に国譲《くにゆず》りをする。そのさいに条件を出す。隠退後の住居として、高天《たかま》の原《はら》にとどくほどの千木を高々とあげているような、壮大な宮殿をつくってほしい、と。天照大御神は、その要求をうけいれる。そのようにして作られた宮殿が、現在の出雲大社のはじまりであるという（**地図10**参照）。

二〇〇〇年四月二十九日（土）の朝刊各紙は、出雲大社の巨大神殿跡から三本の部材を合わせた直径三メートルの柱などが出土したことを報じている。

これは、十一世紀～十三世紀（平安時代の末期～鎌倉時代の初め）の巨大神殿（本殿）の跡とみられる。

本居宣長の『玉勝間《たまかつま》』の十三の巻の、「同社（出雲大社）金輪の造営の図」の条に、つぎのように記されている。

「出雲大社の神殿の高さは、上古には三十二丈あり、中古には十六丈あり、今の世のは八丈である。いにしえの時の図を、『金輪《かなわ》の造営の図』といって、今も千家《せんげ》国造《くにのみやつこ》（出雲国

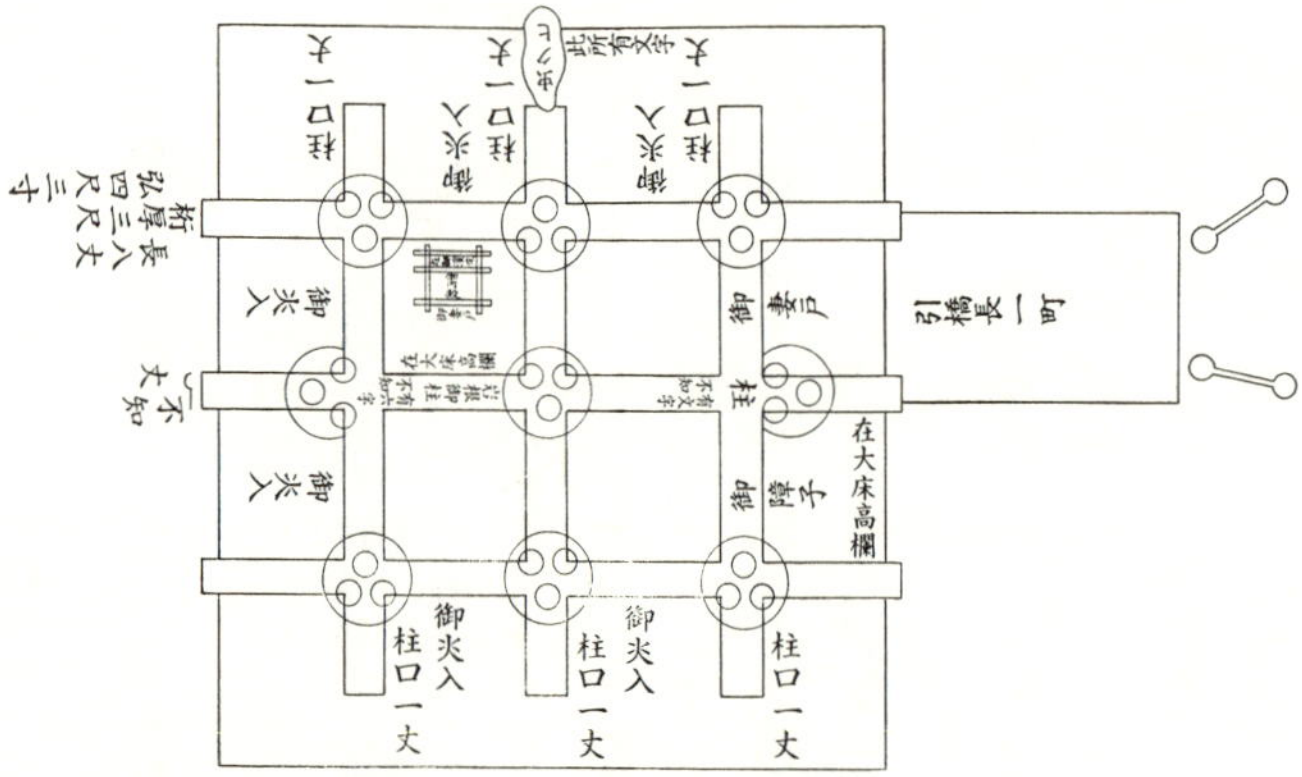

図22　金輪《かなわ》の造営の図

造の一つ。代々出雲大社の宮司）の家で、伝えて持っている。その図は、上に記すとおりである（図22）。この図は、千家国造の家のものを、写し取った。理解しがたいことばかりが多いが、今はただもとのままに記す。

今の世の宮殿も、おおかたの構造は、この図のようであるということである。」（現代語訳は安本。もとのテキストは、筑摩書房刊『本居宣長全集　第一巻』による。）

この図をみると、「柱口一丈（約三メートル）」とある。二〇〇〇年に出土した柱と寸法はあっている。『金輪造営図』の「金輪」とは、三本の柱を金輪で束ねたということであろうか。

出雲大社の高さについては、『古代出雲大社の復元』（大林組プロジェクトチーム編著、学生社刊）のなかで、京都大学の教授であった建築史家の福山敏男が、つぎのようにのべている。

「室町時代の本殿の大きさについては資料がほとんどない。ある記録に、景行天皇の時の本殿は高さが三十二丈あり、その後十六丈になり、つぎに八丈になり、今は四丈五尺になってしまったと記す。高さ四丈五尺というのは室町初期のありさまであろう。平安時代までさかのぼると、本殿が非常に高大であったという記録が見出される。明治四十一（一九〇八）～四十二年（一九〇九）の『神社協会雑誌』の誌上で、山本信哉博士と伊東忠太博士が出雲大社本殿の高さについて数回にわたって論争されたことがある。その際山本博士によって引用されたのが『口遊《くちずさみ》』の記事である。社伝の三十二丈説は疑わしいものとして両博士とも採用されない。十六丈説は伊東博士は常識的には考えられないとして拒否されるが、山本博士は東大寺七重塔を造る場合には高い足場をかまえるのであるから、十六丈の本殿は造ることができるはずと主張された。

『口遊』というのは、『三宝絵詞《さんぼうえことば》』の作者　源　為憲《みなもとのためのり》が天禄元年（九七〇）に書いた本で、有名なものを暗記するための言葉を集めてある。そのうち、大屋《たいおく》については「雲太《うんた》、和二《わに》、京三《きょうさん》」（出雲太郎、大和二郎、京三郎の意味）の語を出して『雲太とは出雲国城築明神の神殿をいい、和二とは大和国東大寺大仏殿をいい、京三とは京の大極殿をいう』という説明が加えてある。これによるとこの本が書かれた頃には、日本の大建築として、出雲大社らの本殿は平安宮の大極殿には勿論のこと、東大寺大仏殿にもまさるものであったと信じられていたことがわかる。高さだけでいえば当時の東大寺の東塔は大仏殿より大きかったはずであるが、殿屋ではないので除外されたのであろう。また面積の点では大仏殿や大極殿の方が大社の本殿より大きかったはずであるが、その点はしばらく考えないで、棟高だけを問題にしたのであろう。当時の大仏殿の棟高については諸説あって一致しないが、一番古い記録に十五丈とあるのを採っておこう。そうすると、『口遊』によると大社の本殿の棟高は十五丈以上ということになる。これは社伝に昔は十六丈であったというのを、裏書きしているようにみえる。

また大社の本殿は、平安時代の中期から鎌倉時代の初期にいたる二百余年の間に七度も倒壊している。普通の神社ではこのような現象は見られない。これは大社の本殿が特別に不安定な倒れやすい構造をもっていたことを語っており、それは常識では考えられないくらいの長い柱で造られていた結果であろう。天仁三年（一一一〇）、丹波守藤原家保が大社の造営にあたったとき、大木百本が社辺の海岸に流れつき、この材木で本殿をつくったので、『寄木の造営』とよばれた。この造営の余木で長さ十五丈、直径一丈五尺の大木一本が因幡国に漂着したという。大社の本殿としてはこのように長大な材料が必要であったと信じられていた点に注意すべきである。」

『日本の神々　神社と聖地 7 山陰』（白水社刊）には、出雲大社の大きさについて、くわしい説明があり、「当社の神殿が古今を通じて『天下無双の大厦《たいか》（大きい建物）』であることは動かない。」と記している。

大和の国の地のかつての支配者

『古事記』は、大国主の神（八千矛《やちほこ》の神《かみ》）が地方に行くことを、「幸行《いでます》」（天子がでかけることをいう敬語）と記し、大国主の神の正妻の須勢理毘売《すせりびめ》（須佐之男《すさのお》の命《みこと》の娘）のことを、「后《きさき》」と記している。天皇なみのあつかいがされている。

『古事記』神話には、また、大国主の神が出雲から大和《やまと》（倭）へ行く話や、大和の三諸山《みもろやま》（三輪山）に、大国主の神の和魂《にきみたま》（おだやかで、柔和なほうの側面の魂・神霊。大物主《おおものぬし》の神《かみ》という）をまつった話が記されている。それは、大神《おおみわ》神社の鎮座起源の話である。

『日本書紀』には、大国主の神の別名を「大物主の神」というとある。つまり、奈良県の大神神社の起源は、神代の出雲神話の時代にさかのぼることになっているのである。

『日本書紀』の「崇神天皇紀」に、「大和《やまと》の国を造成された大物主《おおものぬし》の神《かみ》」（原文は、「倭成《やまとな》す大《おほ》物主《ものぬし》」）とある。畿内の大和の国を作ったのは、大国主の神であるような言い方である。また、『日本書紀』の「垂仁天皇紀」では、大国主の神のことを、「倭《やまと》の大神《おおかみ》」「大倭《やまと》の大神《おおかみ》」などと記している。「崇神天皇紀」ではまた、「倭《やまと》の大国魂《おおくにたま》の神（大国玉の神とも記す。大国主の神のこと）」を、はじめ、崇神天皇の宮殿のなかに祭っていたことを記している。やはり、「大国魂の神（大国主の神）」に、「倭《やまと》の」という形容詞がついている。畿内大和のもともとの領有者が、大国主の神であることを示しているような書き方である。『出雲国風土記』の意宇《おう》郡母理《もり》の郷《さと》の条には、つぎのような文がある。

「天の下を造成された大神である大穴持《おおなもち》の命《みこと》がのべた。

『私が造り、領有統治する国は、皇孫《すめみま》の命《みこと》（天神の子孫）が平らかにお治めになるようにと、統治権をおゆずり申しあげましょう。』」

大国主の神は、統治権を皇孫にゆずるまでは、かなり広い地域の、天皇的存在だったのではないか。

のちに、第一代の神武天皇は、東征して、大和の地にはいったのち、『古事記』では、大物主の神（大国主の神）の娘の富登多多良伊須須岐比売《ほとたたらいすすきひめ》の命《みこと》を大后《おおきさき》とし、第二代の綏靖《すいぜい》天皇が生まれたとされている。

『日本書紀』では、神武天皇は、大物主の神の子の事代主《ことしろぬし》の神《かみ》の娘の媛蹈韛五十鈴媛《ひめたたらいすずひめ》の命《みこと》を皇后としたという話をのせている。

ここで思いだされるのは、大正〜昭和時代の女性史の研究家、高群逸枝《たかむれいつえ》がその著『母系制の研究』（全集第1巻、理論社、一九六六年刊）などのなかで説いた「両系相続（双系相続ともいう）」という概念である。

「両系相続」というのは、つぎのようなものである。

「身分の高い（貴種の）皇子などが、他の土地へ行く。その土地の支配者の娘を妻とし、その間に生まれた子が、やがて、その土地の支配者になる。

このように結婚を通じて、貴種の一族は、支配権をひろげて行く。

大国主の神なども、多くの地の女性と結ばれることによって、支配権をひろげていったとみられる節《ふし》がある。

天皇家も、しばしばこの方法をとって支配権をひろげていった。

たとえば、『新撰姓氏録』の「山城国神別《やましろのくにしんべつ》」をみると、秦忌寸《はたのいみき》という氏族は、饒速《にぎはや》日《ひ》の命《みこと》の子孫であると記されている。秦忌寸は、本来、渡来系で、秦《しん》の始皇帝の子孫とされている。天孫族系の饒速日の命の子孫では、ありえないように思える。

しかし、それは、父系相続のみを考えるから、奇異な印象を与えるのである。

秦氏の娘を、饒速日の命の子孫がめとり、そのあいだに生まれた子が、その氏族の長となれば、饒速日の命の子孫でありながら、渡来系の氏族の長であるということがおきるのである。

ふつう私たちは、ある祖先からはじまって、子孫の数がふえて行く図式を考える。しかし、父系、母系の両方を考える両系相続では、むしろ、さかのぼるにつれて、先祖の数がふえて行く図式が考えられる。」

小説家の陳舜臣氏の『中国の歴史』（平凡社刊）に、つぎのような文章がある。

「春秋時代もけっこう戦争は多かったのですが、完全亡国はあんがいすくなかったようです。完全に国をほろぼすと、祭祀をうけない祖神が崇《たた》るとおそれられました。だから、周は殷《いん》をほろぼしても、殷の後裔《こうえい》を宋《そう》に封じて、祭祀をつづけさせたのです。春秋時代、虢《かく》という国が晋にほろぼされましたが、これも完全亡国ではなく、小虢と呼ばれる小国が存在を許されています。」

『古事記』『日本書紀』によれば、崇神天皇の時代に、流行病がはやり、大国主の神の子孫の意富多多泥古《おおたたねこ》をさがしだして祖神を祭らせたという話がみえる。

これは、周が殷をほろぼしても、殷王朝の子孫に、祖神を祭らせたのと同じような考え方によるのであろう。

かつてのその土地の支配者、大国主の神のたたりをおそれたものであろう。

このようにみてくると、大国主の神は、国譲りをするまで、出雲地方から大和の国にいたる広い地域（銅鐸の分布地域に重なるとみられる）の、支配者的、主権者的な存在であったことがうかがえる。

そのようなことをうかがわせる伝承が、『古事記』『日本書紀』に記されているのである。纒向の桃の核が、三世紀という年代を示すとし（この年代については、あとで検討する）、その近くの大型建物も、三世紀に建てられたものとすれば、それは『魏志倭人伝』や卑弥呼と結びつけるよりも、むしろ、『古事記』や大国主の神と結びつけるべきであろう。神話には、桃の話も、大型建物の話もでてくるのである。これに対し、『魏志倭人伝』には、桃の話も、大型建物の話も、でてこないのである。

神戸大学教授の建築史家、黒田龍二氏は、纒向出土の大型建物（あとの161ページの**図24**の建物Ｄ図）について、「高床建物」であり、「内部の間取りは出雲大社に類似する」こと、「出雲大社本殿類似の平面形式」であることなどを指摘しておられる。

黒田龍二氏はのべる。

「現存出雲大社本殿と強い親近性がある。また、出雲大社の江戸時代以前の祭儀、および古代の文献史料からも出雲大社との親近性が指摘できる。」（『邪馬台国と纒向遺跡』学生社、二〇一一年刊、78ページ）

全国の大型建物

「大型建物」跡の出土ということだけでは、『魏志倭人伝』の記述と結びつくことにはならない。全国のあちこちで、古い時代の「大型建物」の跡が出土している。

今回の纒向遺跡の「大型建物」のばあい、発掘によって確認された部分は、長辺が十九・二メートル、短辺が六・二メートルである。面積にして一一九平方メートル（十九・二×六・二＝一一九・〇）である。これを、「確認面積」とよぼう。

また、復元長（これだけの長さはあったであろうとみられる推定値）と、それにもとづく復元（推定）面積とは、つぎのとおりである。

長辺……………………十九・二メートル

短辺部分の復元長…………十二・四メートル

復元（推定）面積…………二三八平方メートル

以下この値を「復元面積」とよぶ。

いっぽう、縄文時代の青森県の三内丸山遺跡《さんないまるやまいせき》では、長辺三十二メートル、短辺九メートル、面積二八八平方メートルの、纒向遺跡の大型建物の「復元面積」よりもずっと大きな竪穴住居跡が出土している。

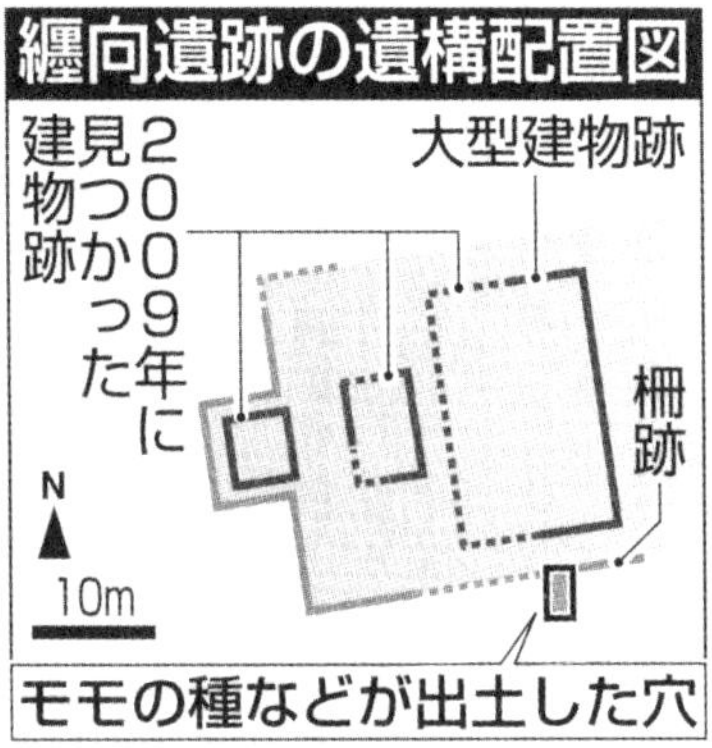

図23　桃の種などが出土した穴
（『産経新聞』2018年5月15日［火］朝刊による。）

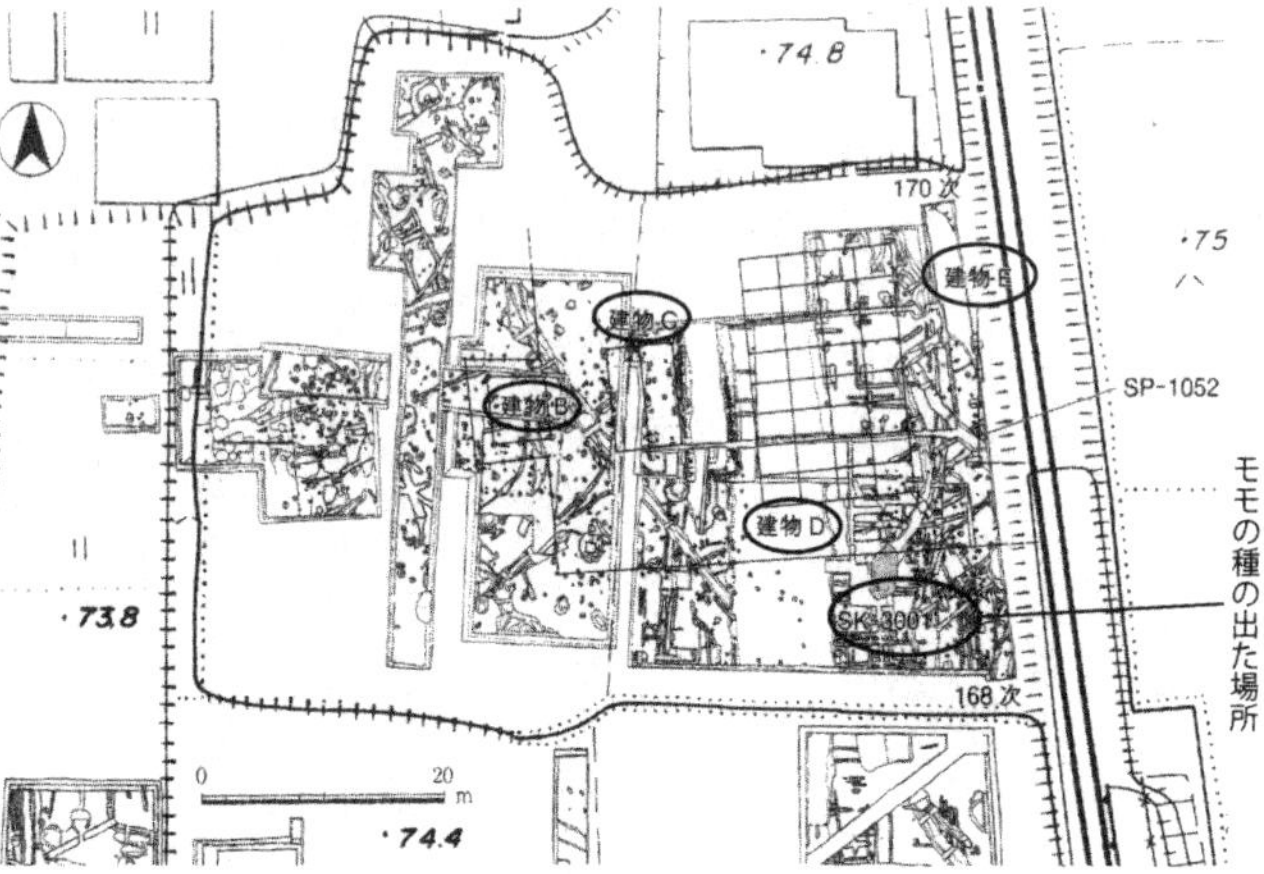

纒向遺跡第168次　SK-3001　第170次　SP-1052　位置図（1/600）

図24　桃の種などの出た場所
（近藤玲「纒向遺跡出土の桃核ほかと土器付着炭化物の炭素14年代法による年代測定について」［『纒向学研究センター研究紀要 纒向学研究』第6号、2018年刊］による。）

また、神奈川県横浜市森戸原の弥生時代の遺跡からは、長辺十七・八メートル、短辺十三・七メートル、面積二四四平方メートルの大型住居跡が出土している。これも、纒向遺跡の大型建物の「復元面積」よりも大きい。

「確認面積」で、今回の纒向遺跡の「大型建物」をこえるものは、全国では、相当数になる。たとえば、福岡県西区の弥生時代の吉武高木《よしたけたかき》遺跡からは、十四メートル四方、面積一九六平方メートルの大型建物跡が確認されている。「確認面積」では、纒向遺跡の大型建物よりも、かなり大きい。

吉野ケ里遺跡からは、十二・五メートル四方の、ほぼ正方形の高床式の大型建物が出土している。面積にして、一五六平方メートルである。「確認面積」では、纒向遺跡の大型建物よりも大きい。

大阪府の池上曽根遺跡でも、今回の纒向遺跡の建物あとに近い規模の大型建物あとが出土している。纒向遺跡よりも、ずっと時代の古いものである。当時、「最大級の高床建物跡」などと報じられたものであった。

一応、手もとにある資料で、今回の纒向遺跡の大型建物の「確認面積」をこえる大型建物についての表をつくってみた（**表7**）。しかし、これは、統一規格で、網羅的に調査したものとは、とうてい、いいがたい。

表7をもとに、都府県別の頻度をみると、**表8**のようになる。神奈川県の九例が目立つ。神奈川県、東京都、千葉県、埼玉県の関東の都県が十四例で、全例数三〇例のうちの半数近くをしめる。

そのため、奈良県では、きわめてめずらしい大型建物が、神奈川県では、さほどめずらしくないというような現象がおきている。

しかし、これは、たまたま私の手もとに、『弥生の大型建物とその展開』（サンライズ出版、二〇〇六年刊）という本があったからである。この本には、「東日本の弥生時代～古墳時代前期のおもな大型住居一覧表」がのっている。

これは、東日本の大型建物について、かなりくわしく、統一的な規準でまとめた表である。他の地域についても、おなじようにくわしく調査されたならば、状況がかなり変ってくる可能性がある。

岡山県出土の桃の核

桃の核などでも、桃太郎の吉備団子《きびだんご》でしられる岡山県などでは二十二遺跡から、一万三千個をこえる桃の核が出土している（**表9**参照）。

倉敷市からは、九六〇八個の桃の核が出土している。岡山市からは、三七二四個以上の桃の

表７　確認面積で、今回の纒向の大型建物をこえる面積をもつ大型建物

No.	県市名	遺跡名	時期	長辺×短辺（m）	面積規模（m^2）
1	青森県青森市	三内丸山	縄文	32×9	288
2	神奈川県横浜市	森戸原	弥生Ⅴ	17.8×13.7	243.9
3	福岡県福岡市	吉武高木　２号新	弥生中期後半	16×13 以上　以上	200以上
4	滋賀県守山市	伊勢74次・81次	弥生１期（Ⅴ-3）	―	185
5	神奈川県三浦市	赤坂	弥生Ⅳ	15.0×12.2	183.0
6	埼玉県東松山市	番清水	弥生Ⅷ	13.8×12.8	176.6
7	千葉県市原市	大厩	弥生Ⅳ	14.5×12.1	175.5
8	福岡県福岡市	比恵２次	弥生中期末～後期前葉	16.8×10.2 以上　以上	172以上
9	神奈川県横浜市	三殿台	弥生Ⅳ	15.2×11.3	171.8
10	神奈川県横浜市	朝光寺原	弥生Ⅵ	14.4×11.8	169.9
11	静岡県浜松市	大平	弥生Ⅶ	13.2×12.4	163.7
12	神奈川県横浜市	三殿台	弥生Ⅳ	13.8×11.8	162.8
13	佐賀県鳥栖市	柚比本村　終回	弥生中期後半	16.6×9.8	162.7
14	愛媛県松山市	樽味四反地８次	庄内(新)並行	14.2×11.4	162
15	東京都世田谷区	堂ヶ谷戸	弥生Ⅶ～Ⅷ	13.2×12.2	161.0
16	佐賀県吉野ケ里町	吉野ケ里　北内郭	弥生後期末～古墳	12.7×12.5	158.8
17	神奈川県横浜市	朝光寺原	弥生Ⅵ	13.6×10.0	136.0
18	大阪府和泉市	池上曽根　建物1	弥生中期後半	19.6×6.9	135.2
19	神奈川県横浜市	朝光寺原	弥生Ⅳ	12.8×10.4	133.1
20	愛知県甚目寺町	阿弥陀寺	弥生Ⅲ	12.5×10.6	132.5
21	神奈川県横須賀市	泉	弥生Ⅳ	12.5×10.5	131.3

22	愛媛県松山市	樽味四反地６次	庄内(新)並行	12.7×10.1	129
23	東京都板橋区	赤塚氷川神社北方	弥生Ⅵ～Ⅶ	11.7×11.0	128.7
24	佐賀県鳥栖市	柚比本村　４回目	弥生中期後半	13.0×9.5	123.5
25	福岡県福岡市	吉武高木　２号古	弥生中期後半	12.6×9.6	121.0
26	神奈川横浜市	朝光寺原	弥生Ⅳ	12.6×9.6	121.0
27	千葉県市原市	大厩	弥生Ⅳ	11.5×10.5	120.8
28	福岡県福岡市	久保園　１号	弥生中期後半	14.1×8.5～8.74	119.9～123.2
29	福岡県筑紫野市	貝元（下層）	弥生中期末	15×7.9	119
30	奈良県桜井市	纒向（大型建物D）	構築 庄内式古相段階 廃絶 庄内３式期	確認長 19.2×6.2以上 （復元長 19.2×12.4）	確認面積 119.0以上 （復元面積 238.1）

大型建物についての、**表７**作成のための参考文献

[おもに参考にした文献]
⑴『弥生の大型建物とその展開』(広瀬和雄・伊庭功編、サンライズ出版、2006 年刊)
⑵『弥生時代国家形成史論』(「大形建物考」[54 ページ以下]、寺沢薫、吉川弘文館、2018 年刊)
⑶『大型建物から見えてくるもの』(滋賀県立安土城考古博物館、2009 年刊)

[その他の参考文献]
⑴『シンポジウム　大型建物から考える邪馬台国の時代と近江』(皇子山を守る会、1994 年刊)
⑵『池上曽根シンポジウム　弥生王国の宮室』(史跡池上曽根遺跡整備委員会、1995 年刊)
⑶『桜井市纒向学研究センター東京フォーラムⅣ 卑弥呼の居処』(桜井市纒向学研究センター、2016 年刊)
⑷『特別展　むきばんだ弥生の王国』(鳥取県立博物館、2000 年刊)
⑸『弥生の環濠都市と巨大神殿』(池上曽根遺跡史跡指定 20 周年実行委員会、1996 年刊)
⑹『奴国の首都　須玖岡本遺跡』(春日市教育委員会、吉川弘文館、1994 年刊)
⑺『加茂遺跡』(日本の遺跡 8)(岡野慶隆、同成社、2006 年刊)
⑻『吉野ケ里遺跡』(日本の古代遺跡を掘る 2)(七田忠昭・小田富士雄、読売新聞社、1994 年刊)
⑼『最古の王墓　吉武高木遺跡』(シリーズ遺跡を学ぶ㉔)(常松幹雄、新泉社、2006 年刊)
⑽『日本古代史　都市と神殿の誕生』(広瀬和雄、新人物往来社、1998 年刊)
⑾『邪馬台国』(水野正好・白石太一郎・西川寿勝、雄山閣、2010 年刊)
⑿『よみがえる弥生の都市と神殿』(乾哲也、批評社、1999 年刊)
⒀『独立棟持柱建物と祖霊祭祀』(設楽博己、『国立歴史民俗博物館研究報告』第 149 集所収、2009 年刊)

表７の作成にあたっては、「邪馬台国の会」の理事の笛木亮三氏から、多くの教示と、資料の提示をいただいた。記して、謝意を表する。

核が出土している。

とくに、倉敷市の上東《じょうとう》遺跡からは、一遺跡で九六〇八個の桃の核が出土している。弥生時代〜古墳時代のころのものである。

岡山市の津島遺跡からは、二五一五個の桃の核が出土している。そのうち、弥生時代後期のものが、二三五九個をしめる。

岡山県の人工河川（旭川の放水路）の河川敷の下で発見された百間川《ひゃくけんがわ》遺跡では、総数で、一二六六個の桃の核が出土している。

桃の核が、特別に重要な遺物とは思われず、特に炭素14年代測定などは、行なわれていない

表８　大型建物の都府県別例数

県　名	例数
神奈川県	9例
福岡県	5
佐賀県	3
愛媛県	2
東京都	2
千葉県	2
埼玉県	1
大阪府	1
奈良県	1
滋賀県	1
愛知県	1
静岡県	1
青森県	1
計	30

表９　岡山県での桃の核の出土

遺跡名	出土総数	出土数 (弥生時代〜古墳時代)
上東《じょうとう》遺跡（倉敷市）	9608 個	9608 個
津島《つしま》遺跡（岡山市）	2415	2415
百間川《ひゃくけんがわ》沢田遺跡（岡山市）	460	460
百間川米田遺跡（岡山市）	400	242
百間川今谷《いまだに》遺跡（岡山市）	384	384
鹿田《しかた》遺跡（岡山市）	33	7 以上
百間川原尾島《はらおじま》遺跡（岡山市）	22	22
雄町《おまち》遺跡（岡山市）	10	10
南方《みなみかた》遺跡（岡山市）	多数	多数

・倉敷市　9608 個
・岡山市　3724 個以上
・百間川《ひゃくけんがわ》遺跡　1266 個

ようである。もし、炭素14年代測定を行なったならば、倉敷市の上東《じょうとう》遺跡などは、桃の種の数の多さからみて、単年生のもの（ある特定の一年に実ったものであること）を、否定するような結果がでてくる可能性もある。

大型建物にしても、桃の核にしても、わが国の全都道府県での出土状況を、同じ規準で、公平にしらべて比較することが行なわれていない。奈良県の例だけをとりだして強調し、マスコミにとりあげさせて騒ぐというようなことがくりかえされている。しかも、基本文献である『魏志倭人伝』から、はなれたところで騒いでいる。

このような方法でよいとすれば、九六〇八個の桃の核の出土した倉敷市には、重要な弥生時代末期（後期後葉）の墳丘墓のある楯築《たてつき》遺跡などもある。『吉備邪馬台国東遷説』（吉備人出版、二〇一四年刊）などの著書のある岡将男氏の説くように、邪馬台国吉備説などは、さらによく成立することにならないか。楯築墳丘墓＝卑弥呼の墓説なども成立しそうである。（ただし、楯築墳丘墓からは、木槨が出土している。『魏志倭人伝』の、「棺あって槨なし」の記述にあわない。）

「桃の核」と「大型建物」との関係は？

さらにつぎのような問題もある。

伊勢神宮では、二〇年ごとに新殿をつくり、神体（八咫鏡《やたのかがみ》）を移す。いわゆる「式年遷宮」である。

また、古代の天皇は、ほとんど代ごとに、宮殿を移している。

このようなことが行なわれる理由の一つとして、建物の耐用年数の問題があげられる。

土中にうずめられた柱は、腐食しやすい。（空中にある木材は、長い時間いたまず、しばしば、再利用が可能である。）

奈良県の纏向遺跡や岡山県の上東《じょうとう》遺跡、津島遺跡などの大量の桃の種は、はたして、単年生のもの（ある特定の一年に実ったもの）なのであろうか。なんらかの理由により、かなり長年月にわたって廃棄された桃の核なのではないか。この点については、あとで、データにもとづいて、ややくわしく考察する。

たとえば、桃の種の方は、百年ていどの、かなりな長期間にわたって廃棄され、近くの大型建物の耐用年数の方は、長くて三〇年ていどとすると、桃の種の方は、坑《あな》にすてられているが、近くに大型建物は存在しなかった期間がかなりあることになる。大型建物と桃の種とのあいだに、直接的な関係があったとほんとうにいえるのか。この点でも疑問が生じる。

また、岡山県の大量の桃の種は、もっぱら、溝や河道や、井戸などから出土している。

纏向の大型建物や桃の核の出土したところも、旧河川にはさまれた河道付近のところである

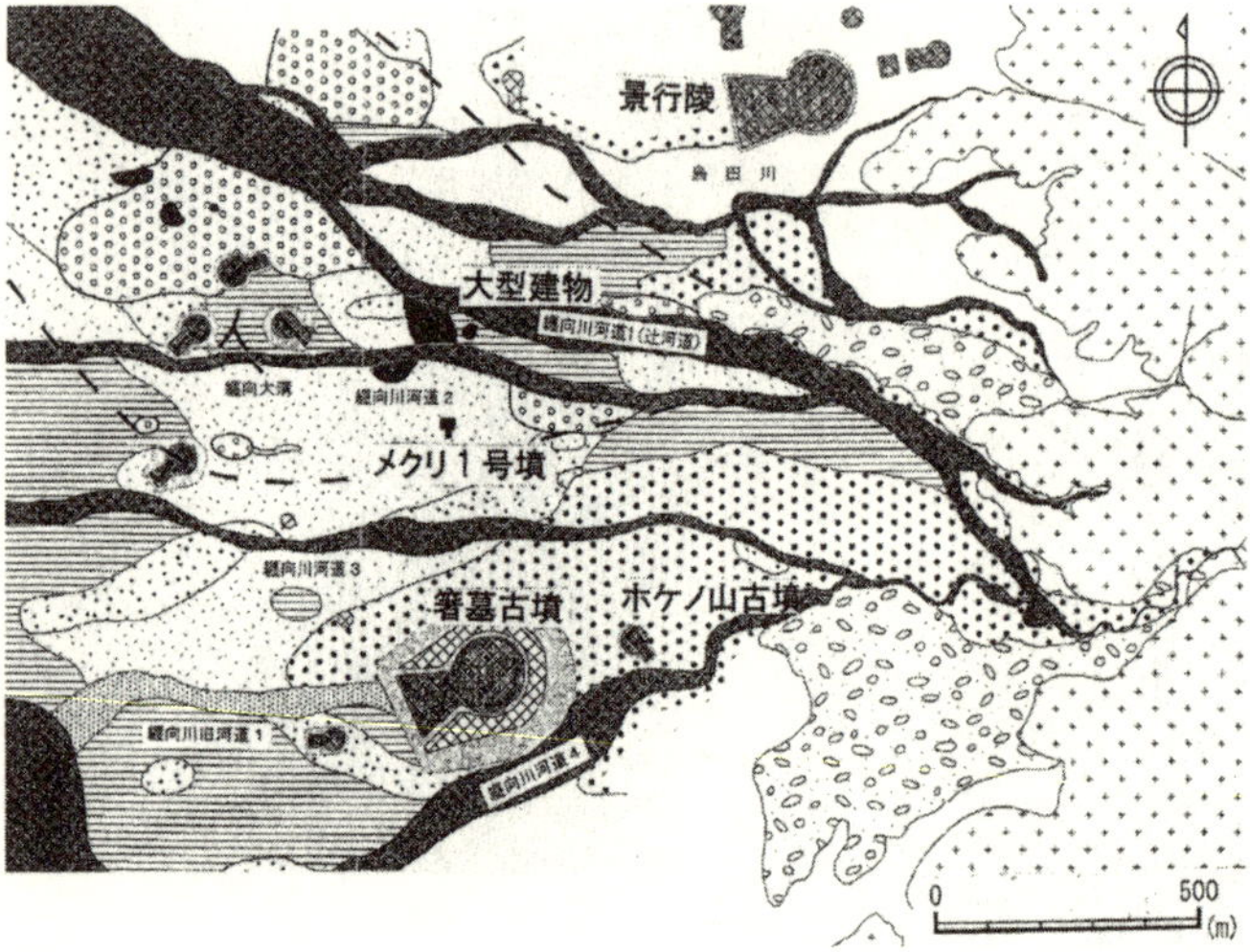

地図 11　纒向遺跡周辺の古地理図
(関川尚功「邪馬台国大和説 箸墓古墳・纒向遺跡」[『季刊邪馬台国』134号、2018 年刊] による。)

（地図11参照）。岡山県のばあいと、出土地の条件が似ている。

祭祀遺跡か、市か？

纒向遺跡のあるところは、奈良時代の城上郡《しきのかみのこおり》の大市《おおいち》郷の地である（『和名抄』）。

『日本書紀』にも、「大市《おおち》」と書かれている。纒向遺跡からは、「大市」と書かれた墨書土器も出土している。

とすると、纒向の地の大型建物や、いくつかの建物は、あるいは、「市場」関係の建物ではなかろうか。市を管理する「市司《いちのつかさ》」の官舎や、市場そのものなどの建物などの可能性もあるのではないか。

纒向遺跡の大型建物を、祭祀遺跡とする見解については、奈良県立図書情報館館長の千田《せんだ》稔《みのる》氏が、つぎのような疑問を呈しておられる。

「わたしのかつての同僚の井上章一氏（建築史家。国際日本文化研究センター教授）が、『考古学者が池上曽根遺跡を祭祀施設とか、神殿であるという根拠はどこにもないではないか。井戸があって、なぜそれが聖なる水であるといえるのか。たとえば共同体の集会所であってもいいわけだから、あまり考古学の先生がたがなんでも祭祀遺跡といってしまうのはいかがなものか』という意見をいったことがあります。これはもっともであって、よほど遺跡というものをきちっと見ていかないと、それが神祭りの場であるかどうかというのは、やはり問題があると思います。」（『邪馬台国と纒向遺跡』学生社、二〇一一年刊、182ページ）

大古墳、応神天皇陵古墳などのある大阪府の「古市古墳群《ふるいち》」のある場所も、『和名抄』の記す「古市《ふるち》郡古市《ふるち》郷」の地である。『日本書紀』の「景行天皇紀」は、「旧市邑《ふるいちのむら》」と記す。この地には、「餌香市《えがのいち》」という古来著名な市《いち》があった。

纒向遺跡の大量の桃の核は、長年にわたり、集積され、消費され、種が捨てられ続けたものである可能性があり、単年生のものであることに疑いをもたせる。

このように、纒向遺跡出土の大型建物は、市場関係の建物である可能性なども残るのである。

卑弥呼の宮殿とも、祭祀とも、とくに関係をもたないとすれば、桃の核や大型建物を卑弥呼や邪馬台国と結びつけるのは、文献や地名などにもとづく根拠などもとくにもたず、単なる一つの「解釈」であり「連想ゲーム」でしかないことになる。

より確実な方法をさておいて、なお不安定な要素の多い、炭素14年代測定法で、卑弥呼に近い年代が出るごとに騒ぐという方法によっている。そろそろ、そのような発表方法をくりかえす機関じたいを、強く疑うべき段階に達している。

奈良県の地にも福岡県の地にも、島根県の地にも、神奈川県の地にも、ひとしく、かつて、三世紀という時代はあったのである。奈良県から、三世紀のものらしい遺跡、遺物がでるたびに騒いでいるが、問題は、その遺跡、遺物が卑弥呼や邪馬台国と関係があるといえるかどうか、ということである。

大型建物であれば、神奈川県のほうが、奈良県よりもたくさん出ている。桃の種であれば、岡山県のほうが奈良県よりもたくさん出ている。

そのなかには、三世紀のものもあるであろう。

奈良県のばあいだけ、なぜ、とくにとりあげて騒ぐのか。

「瑠璃《るり》も玻璃《はり》も、照らせば光る」というではないか。フットライトをあてれば、なんだって光る。

奈良県から、犬のフンの化石がでてきて、それを炭素14年代測定をして、三世紀の年代がでれば、卑弥呼がそこにいたり、邪馬台国がそこにあったりすることになるのか。じじつ、纒向遺跡から、犬の骨が出てきたことまで、新聞報道されていた（二〇一八年七月七日）。

下の年代からのつみあげエビデンス（証拠）も必要

炭素14年代測定法によって得られた結果は、さまざまな原因により、真の年代からは、はなれている可能性がある。とかく、古い年代が出がちである。

したがって、下の年代からのつみあげの、エビデンス（証拠）によってどのような条件のもとで、どれだけ真の年代からはなれるか、などをしらべて検討しておく必要がある。

ここで、下の年代からのつみあげのエビデンスが必要というのは、つぎのようなことをさす。たとえば、銘文のある鉄剣の出土した埼玉県の稲荷山古墳や、熊本県の江田船山古墳、そしてまた、真の継体天皇とみられるもので、すでに発掘されている大阪府の今城塚《いましろづか》古墳など、あるていど築造年代がわかっている古墳などがある。

このような古墳などからの出土物について、炭素14年代測定法によって年代を測り、たしかに妥当な年代が得られているのか、あるいは、もし、ずれているとすれば、どのような理由により年代のずれが生じたのかなど、下の年代から証拠や検討をつみあげた上で、上の年代、古い年代にせまって行くという方法をとることが必要である。

そのような下の年代からのつみあげがなく、いきなり、古い邪馬台国や、縄文時代のはじまりの年代や、弥生時代のはじまりの年代をとりあげ、これは炭素14年代法で測定したのだから正しいはずです、信じて下さい、といわれても、ちょっと困ってしまう。

炭素14年代測定法の結果は、他の、より確実とみられるデータから得られた年代と合わないことが、しばしばある。

たとえば、数理考古学者の新井宏氏は、その著、『理系の視点からみた「考古学」の論争点』（大和書房、二〇〇七年刊）のなかで、中国の戦国墓などから出土した遺物を、炭素14年代測定法で測定してえられた年代が、実年代とみられるものより、二〇〇年ほど古く出ている例などを示しておられる。

名古屋大学名誉教授の中村俊夫氏によれば、湖水、河川水、地下水などに含まれる炭素は、陸上の堆積物中の古い炭素の影響を受けている可能性が高いという（淡水リザーバー効果）。陸水産生物では、現生のものでも、一万年前より古い炭素14年代を示すことがあるという（中村俊夫「放射性炭素法」［長友恒人編『考古学のための年代測定学入門』所収］古今書院、一九九九年刊）。

そこでは、カタツムリの殻の例などがあげられている。

気になるのは、桃の核の出土したのは、纒向川の河道のあたりであることである（170ページ、**地図11**参照）。

桃の核が、河川水、地下水などに長時間ひたされたりしたばあい、その影響をうけることはないのであろうか。その点についての検討やチェックは、する必要はないのであろうか。

いずれにせよ、炭素14年代測定法は、現在、完成された形で存在しているのではない。確実に正しい年代を、ピタリと示してくれるようなものではない。

その方法によって得られる年代が、さまざまな条件によって、客観年代と、どのように違ってくるのかを探究し、方法を修正し、改善して行くべき発展途上にあるものである。

矛盾には、目をつむり、安直に結論を下し、安直にマスコミ発表にもちこむ姿勢には、そうとうに問題がある。物議をかもしだすもとになっている。

以上を要するに、纒向学研究センター（実質は、寺沢薫氏の見解とみられるが）は、炭素14年代測定法によるもの以外に、邪馬台国＝大和説の確実な考古学的根拠を、なにも提出していない。

一面の確実な鏡の出土すら示されていない。

ハダカの王様というか、およそ実態のない、空虚にして空疎な議論をくりかえしている。

奈良県からは、邪馬台国と結びつく遺物は出土していない

ウソも、百回くりかえせば真実になるといわれるが、意図的、作為的な大報道などに、だまされてはならない。

奈良県に、邪馬台国と直接結びつくものは、じつは、砂漠といってもよいほど、なにもない。そのことは、何人もの、事態を直視することのできる畿内と関係のある考古学者たちが率直にのべている。

奈良県桜井市の教育委員会の文化財課長をされ、纒向遺跡の発掘調査をされた考古学者、清水真一氏は、のべている。

「　大和には〝巨大ムラ〟がない

私は二十年間、大和の中央部・桜井市で、『邪馬台国は何処《いずこ》』とのテーマを持って、発掘調査に従事してきた。その結果として、邪馬台国が成立して、女王卑弥呼を擁立するまでの弥生時代中・後期に、大和には他地域を圧倒するような『ムラ』や『墓』が見られないことに気付いた。

代表的なムラである唐古・鍵遺跡も、畿内の同時期の池上曽根遺跡や田能《たの》遺跡などと比較して、飛び抜けて大きいムラと思えなかった。逆に、墓に関しては、西日本各地と比べて

遅れた地域との思いも抱いたことだった。
であれば、その次の古墳時代に入って、纒向の地に百メートル以上もの巨大古墳が、なぜ突如として築造されるのか。これは、大和の地に別の地域の人々が入って来たと考えざるを得ない状況であるとみた。では、誰が何処からきたのか？　考古学の資料からは、特定の地域が限定できない。となれば、卑弥呼の邪馬台国は、北九州のどこかではないかと思われる。」（『佐賀新聞』二〇〇五年九月二十六日［月］。「新・吉野ケ里シンポジウム＝邪馬台国への道・九州説に理あり」での発表要旨）
八〇〇ページをこえる厖大な報告書『纒向』の土器の部分を執筆された橿原考古学研究所の考古学者、関川尚功《せきがわひさよし》氏ものべる。
「三十年以上、奈良の発掘を見てきましたが、三世紀の邪馬台国に結びつくものはいまだに出てこないんです。私は、箸墓古墳は四世紀のもので、卑弥呼とは関係ないと思っています。」（『週刊文春』二〇〇九年十月二十二日［木］号）
「大和の弥生遺跡と纒向遺跡をみても、邪馬台国のあった地域の遺跡とは思えない。大陸系の遺物もほとんど出ないし、古墳の起源になるような墳丘墓もみられない。
このようなところに北部九州『奴国』や『伊都国』を統属して、中国王朝と盛んに交流を行ったという邪馬台国があったはずはないし、またこのような国が大和において自然に現れてくるということは、まず考えられないわけです。」（関川尚功「邪馬台国大和説と箸墓古墳・纒向遺跡」『季刊邪馬台国』134号、二〇一八年刊）

関西外国語大学教授の考古学者、佐古和枝氏はのべる。

『魏志』倭人伝では、倭人の武器に矛《ほこ》や鉄鏃《てつぞく》が挙げられている。この時期、畿内には矛に相当する武器はないし、畿内の鉄器の出土総数は、北部九州や山陰の一遺跡の出土数にも及ばないほど貧弱である。さらに、諸国を監察する『大率』が伊都国に常駐すること、女王国の東に海を渡ると倭種の国があることなどをみれば、『魏志』倭人伝にいう『倭人』や『倭国』、『女王国』は北部九州社会のことと考えるのが妥当であろう。東の海の向こうにいる倭種の話ではないから（『倭人伝』）。そう考えれば、『倭国乱』も『邪馬台国』も、北部九州での事柄だということになる。

邪馬台国の所在地は、考古学的な事実関係と『魏志』倭人伝との整合性のなかで考えるべきである。」

纒向学研究センターは、すくなくとも、宣伝に前のめりになりすぎている。名のみことごとしいが研究機関ではなく、実態のない、「纒向＝卑弥呼の居処説」を標傍し、宣伝する宣伝機関になっている。私たちは、そのことを、強く意識すべきである。

３　別種の分析法で分析すれば、別の結果がでてくる

『毎日新聞』の記事

つぎに、炭素14年代測定法で分析したばあいでも、別種の分析法で分析すると、別の結果がでてくるという問題点をとりあげよう。

これについては、すでに『毎日新開』の記者の伊藤和史氏が、問題点を、要領よくまとめておられる。まず、その記事を、つぎに紹介する。

☆『毎日新開』二〇一八年六月十八日（月）夕刊「今どきの歴史」欄の記事

纒向遺跡（奈良県桜井市）のモモの種

真の年代はどこに？

「JCal（ジェイカル）はどうなっている?」。邪馬台国の候補地といわれる纒向《まきむく》遺跡（奈良県桜井市）で出土したモモの種の年代を知り、疑問がわいた。

先月出た「纒向学研究 第6号」によれば、放射性炭素（C14）年代測定の結果、西暦135～230年（中村俊夫・名古屋大名誉教授）、同100～250年（近藤玲《りょう》・徳島県教委社会教育主事）ごろという。種は遺跡の大型建物跡脇の穴から出た。この建物を邪馬台国の中核施設とみれば、女王卑弥呼《ひみこ》（248年ごろ没）に結びつくが。

■　■

話は2009年にさかのぼる。同じ纒向地域にあって卑弥呼の墓説をもつ箸墓《はしはか》古墳の築造年代について、国立歴史民俗博物館（歴博）の研究グループが240～260年と発表し、賛否が渦巻いた。

今の最大の疑問は、その時と今回の年代を導いた根拠が違うことだ。

C14年代測定は、死んだ生物の体内では炭素（C12、C13、C14）のうちC14だけが時間と共に一定割合で減少する特徴を利用する。ただ、大気中のC14の比率は太陽活動などで変化するため、測定で得た理論上の数値「炭素年代」を実際の年代に補正する。

補正用に国際標準のグラフが公開されており、今回も使われた。年代がわかる樹木の年輪をC14年代測定し、その炭素年代と実年代を対応させて補正する。だが西欧や北米の樹木のため、日本産樹木に基づく補正とはズレがある。特に、弥生～古墳時代移行期、1～4世紀のズレが大きい。

そこで09年当時、歴博グループは日本産樹木で補正グラフをつくり、箸墓の年代を出した。国際標準のＩｎｔＣａｌ（イントカル）に対してＪＣａｌと呼ばれ、さらなる整備

付近からモモの種が見つかった纒向遺跡の大型建物跡（手前）。奥は箸墓古墳＝奈良県桜井市で５月14日、本社ヘリから三村政司撮影

の必要性が研究者の共通認識になっていたはずだ。しかし今回、ＪＣａｌの出番はなかった。

ＪＣａｌ整備に努める坂本稔・歴博教授（文化財科学）に聞くと、「（精度が上がったものが）できていない」。信頼度を高める検証が進まず、09年段階で止まっていた。とすると、国際標準と日本産樹木のズレはどうなっているのか、との疑問もわくが、傍証も複数あり、ズレは明らかという。ならば、今回公表されたモモの年代が変わる可能性の方を問わねばならない。

というのも、近藤論文には「議論を深める材料に」とＪＣａｌのグラフも参考に掲載され、今回の炭素年代を当てはめると、実年代で4世紀を考える必要が出てくる。卑弥呼の時代ではない。

真の年代はどこに？ 坂本さんは今回の実年代が変わる可能性を指摘の上、「注目の高い時期だけに、いつまでたっても年代が決まらない、というわけにはいかない。日本産の樹木できちんと測り、整備しなければと意識している」と話す。

この点で今、ＪＣａｌ整備に追い風が吹いている。Ｃ14年代測定の補正を支える年輪年代だが、日本では根拠となるデータに未公開部分があり国際的な承認を得ていない。しかし、10年代に入り研究が劇的に進展。年輪の幅を計測する従来の測定法に対し、年輪に痕跡が残されている各年の降水量の多寡を測定し、その変動パターンから年代を導く「酸素同位体比年輪年代法」が新たに開発された。

この先端分野を担う一人、箱崎真隆・歴博特任助教（文化財科学）は「現在、紀元前３０００年まで、データを伸ばしつつある状況。論文が発表されてデータがオープンになれば、日本の年輪年代の信頼度も確保されます」と説明する。

年代測定では、研究者相互の資料提供や議論、検証が重要だ。酸素同位体比年輪年代法は、従来法と違い樹種を問わないため、資料数が格段に増える可能性がある。ＪＣａｌ再始動の条件が急速に整ってきた。

■　■

「ＩｎｔＣａｌも数年に一度変わり、実年代も変わる」と坂本さんが言うように、Ｃ14年代測定はさらなる精度向上の余地がある点で「発展途上の技術」（箱崎さん）という認識が測定する自然科学側にはある。使う考古学の側もその視点が必要だろう。その上で、進化版ＪＣａｌにより今回の実年代が検証される日を待ちたい。【伊藤和史】

同じ遺跡から出土した遺物でも、炭素14年代測定法によって測定したばあい、測定対象や較正（補正）方法によって、年代にかなりな違いが生じる。

測定対象では、土器付着炭化物で測定したばあいは、年代が古くでる傾向がある。桃の核やクルミで測定したばあいは、年代が新しくでる傾向がある。

また、最終の西暦推定年代をだすまえに較正という補正を加える必要があるが、国際較正曲線を用いて較正したばあいは、年代が古くでる傾向がある。日本産樹木による較正曲線を用いたばあいは、年代が新しくでる傾向がある。

右の『毎日新聞』の記事において、「ＪＣａｌ（ジェイカル）」とあるのは、この、「日本産樹木による較正曲線（Japanese local calibration curve)」、「日本版較正曲線」といわれるものをさす。

これに対するものが、「ＩｎｔＣａｌ（イントカル）」で、これは、「International radiocarbon calibration curve」のことである。「国際版較正曲線」といわれる。「国際版較正曲線」のほうは、ヨーロッパと北アメリカの樹木によって、補正のグラフをつくったものである。「日本版較正曲線」のほうは、日本産樹木によって、補正のグラフを作ったものである。

「国際版較正曲線」を用いて補正したばあいと、「日本版較正曲線」を用いたばあいとでは、結果が変ってくる。

このことは、たとえば、考古学者の白石太一郎氏がすでに二〇〇九年に、つぎのようにのべているとおりである。

「北米やヨーロッパの木材を用いたＩＮＴＣＡＬ《イントカル》98と日本産木材の測定データの比較から1～3世紀頃の日本産木材の炭素年代には大きなずれがあることは早くから指摘されていた。」（白石太一郎「炭素年代法による古墳出現年代をめぐって」〔『日本文化財科学会第26回大会研究発表要旨集』二〇〇九年七月刊所収、特別講演要旨〕）

今回の纒向遺跡で出土した桃の核については、「国際版較正曲線」によって補正が行なわれている。さきの『毎日新聞』の記事は、そのことを問題にしているのである。「日本版較正曲線」による較正のほうは、どうなったのか、と。

当然の疑問である。さすが、旧石器捏造事件のことを、最初に報道した『毎日新聞』だけのことはある、と思った。ただ、じつは、今回の桜井市の纒向学研究センターの桃の核についての報道のもとになっている論文を読んだとき、私が最初にいだいた疑問は、さきの『毎日新聞』の記事を執筆した伊藤和史氏と同じものであった。

なお、「較正《こうせい》 calibration《キャリブレーション》 [kæ̀ləbréiʃən]」は本来、「目盛り調べ」の意味である。「calibrate《キャリブレイト》 [kǽləbrèit]」という動詞がある。辞書で意味をしらべると、「銃身などの口径を測定する。目盛りをする」などの意味がのっている。また「較」という漢字は、「比較《ひかく》」などのばあいのよ

表10　「測定対象」「較正方法」によって、得られる年代は異なる

	測定対象	較正方法
年代が古くでる傾向がある	土器付着炭化物	国際版較正曲線による(Int-Cal)
⬆ ⬇		
年代が新しくでる傾向がある	桃核・クルミ	日本版較正曲線による(J-Cal)

したがって、なにを、どのように測定するのか、
条件をそろえて比較する必要がある。

うに、「カク」とも読むが、「コウ」とも読む。「較」は、「くらべる。つきあわせてしらべる」などの意味である。

炭素14年代測定法のばあい、「較正」は、「年代の目盛りを、しらべ調整する」という意味とみてよいであろう。ほぼ「補正」とみてよい。

纒向遺跡のばあい、さまざまな測定対象や、較正方法などによって得られたさまざまな年代（百年単位で年代が異なる）のうち、卑弥呼や邪馬台国の年代にあわないものにはふれず、あったものだけをとりあげて、くりかえしマスコミ発表されている傾向がある。

針小棒大、羊頭狗肉、我田引水、チェリーピッキング、大本営発表の傾向があり、世を誤らせるものである。

桃の核で測定することで一貫させれば、今回の纒向出土の桃の核では三世紀になる可能性があるが、箸墓古墳出土の桃の核では、四世紀を中心とする年代となる。箸墓古墳＝卑弥呼の墓説は、成立しなくなってしまう。

逆に土器付着炭化物ではかれば、箸墓古墳の年代は三世紀になりうるが、今回の纒向遺跡出土の桃の核は、卑弥呼の時代よりも、かなり前になってしまう。

それら異質のものを一緒にし、年代のあうものだけをとりだし、炭素14年代測定法によるとき、箸墓古墳の年代も三世紀になり、纒向遺跡出土の桃の核も三世紀になっている、などの報道が行なわれる。

ほとんど、滅茶苦茶というべきである。観光地奈良県を宣伝するためのフェイク（偽の）ニュースの一種である。

文化庁が京都にうつれば、状況は、もっとひどいことになるのかな。とすれば、文化庁が非文化庁になる危険性がある。

いずれにせよ、炭素14年代測定法によるとき、現在のところ、とかく、真実の年代よりもかなり古めの年代が発表されがちであることを、強く心にとめておいた方がよい。

炭素14年代測定法の基本原理

ここで、炭素14年代測定法について、復習をしておこう。

炭素はどこにでも存在する。現在、環境汚染が問題になっている炭酸ガスは炭素と酸素の化合物であるし、砂糖は炭素と酸素と水素の化合物である。動植物の構成要素であり、エネルギー源である炭水化物も、炭素と酸素と水素からなる。タンパク質を構成するアミノ酸も炭素をもつ。

形は異なるが、石炭もダイヤモンドも炭素の塊といえる。炭素をもたない生物はいない。炭素原子の粒《つぶ》も、ほかの原子の粒と同じように原子核と電子とからなる。

わかりやすいのは、原子核と電子とを、太陽とその周りを巡る惑星にたとえる太陽系原子模型である（**図25**）。太陽系原子模型は、イギリスの物理学者ラザフォードなどがとなえた。原子核は、太陽のように原子の粒の中核をなす。原子核は陽子と中性子とが結合してできている。

ところが、炭素としての性質はまったく変わらないのに、原子核を構成する中性子の数の多い炭素と少ない炭素とがある。

そのため、原子の粒の重さ（正確には質量数）の異なる炭素がある。炭素の大部分、およそ九十九％を占めるのは、重さ「12」（陽子六個、中性子六個）の炭素である。炭素全体の一％ほどを占めるのが、重さ「13」（陽子六個、中性子七個）の炭素である。そして、ほんのごくわずか、炭素12の一兆分の一ほどを占めるのが、重さ「14」（陽子六個、中性子八個）の炭素である。

重さの異なる原子を、同位体という。重さ12、13、14の炭素は、炭素の同位体である。以下、これらを「炭素12」「炭素13」「炭素14」と呼ぶ。

この三つの炭素のうち、炭素14だけは放射線（β《ベータ》線）を出して壊れていく。そして、別の物質の窒素に変わってしまう。炭素14が壊れて窒素になっていく速さは、その炭素がおかれた環境に関係なくほぼ一定である。およそ五七三〇年で、元の量の半分になる。放射性元素の原子数が、崩壊により半分に減るまでの時間を「半減期」という。

炭素14の半減期は、五七三〇年である。五七三〇年たったのちに、さらに五七三〇年たてば元の量の半分の半分で、四分の一になる。さらに五七三〇年たてば元の量の八分の一になる（あとの192ページの図26参照）。

したがって、元の炭素14の量がわかっていて、現在の炭素14の量がわかれば、その間に経過した時間を求めることができる。

しかし、地球上のすべての炭素14がこのような経過をたどれば、やがて地球上から炭素14がなくなってしまうはずである。

ところが、たえず新しい炭素14が作られ、補給されている。地球の大気圏の上層で、宇宙から放射線（宇宙線）が降り注ぎ、その働きで地球の大気中で、新しい炭素14が作られている。

炭素14の崩壊する速さと作られる速さとは、だいたいはバランスがとれている。そのため、大気中の炭素14がなくなることはない。ただ、大気中の炭素14の量（正確には濃度）は一定で

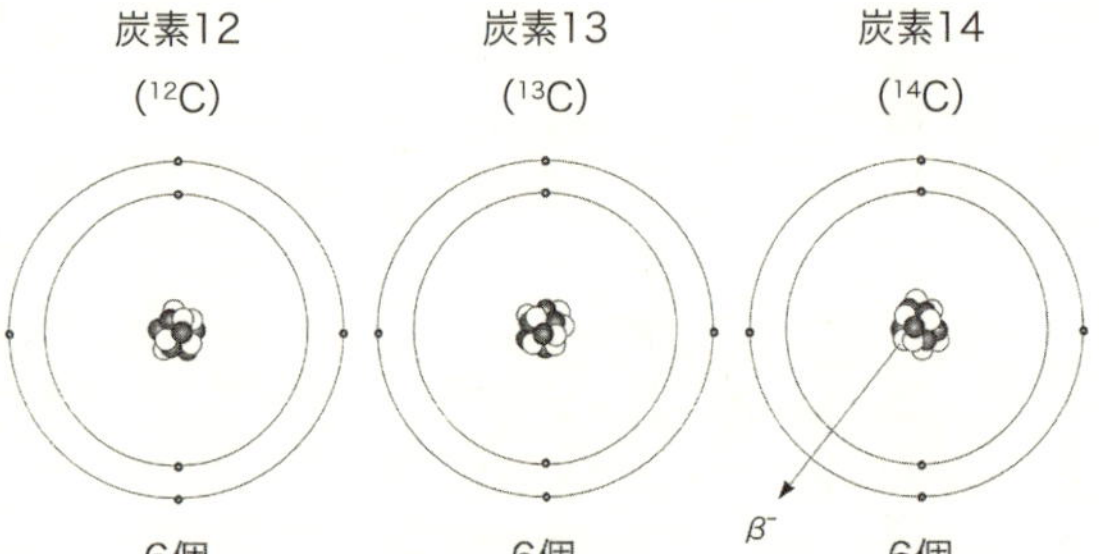

	炭素12	炭素13	炭素14
電子(・)	6個	6個	6個
陽子(●)	6個	6個	6個
中性子(○)	6個	7個	8個
存在度	1	1/100	1/1,000,000,000,000

図 25　炭素 12、13、14 の原子構造
（図は、坂本稔「炭素 14 年代法の原理」［西本豊弘編『弥生時代の新年代』雄山閣、2006 年刊］による。）

はないことが明らかになっている。

植物は光合成《こうごうせい》を行なう。光のエネルギーを用いて、二酸化炭素（炭酸ガス）と水分を取りいれ、無機物から有機化合物を合成している。かくて、大気中の炭素14は、植物に固定される。動物は植物を食べる。あるいは、植物を食べた動物を食べる。

生物が生きているとき、生物中の炭素14の量は、大気中の炭素14の量と同じである。

生物が死ぬと、新しい炭素は取り入れられなくなる。炭素14も取り入れられなくなる。死体中の炭素14は、崩壊していくだけである。

したがって、現在残っている炭素14の量を測れば、そこから、その生物が死んだ年代、つまり、生物が新しい炭素を取り入れなくなった年代を求めることができる。

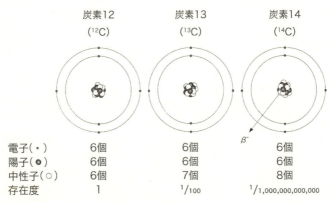

もし、大気中の炭素14の量（濃度）がいつも一定なら、現在生きている生物の炭素14の量と生物遺存体の炭素14の量とを比較すると、その生物が死んでから現在までの経過年数を、原理的には知ることができることになる。しかし、過去の大気中の炭素14の量は一定ではない。

生物が死んだときに、もともとあった炭素14の量がはっきりとはわからないのである。もしそれがわかれば、現在残っている量から、崩壊して失われた量を求めることができ、それに対応する経過年数を求めることができる。

大気中の炭素14の量（濃度）が一定ではない。したがって、もともとあった炭素14の量が正確にはわからないので、樹木の年輪の測定で得られた年代によって、ズレを修正する。この修正を較正《こうせい》（calibration《キャリブレーション》）という。

樹木は毎年、年輪を刻んでいく。その年輪にはその年の大気中に含まれていた炭素14と同じだけの量の炭素14が固定されていく。

年輪年代学を併用すれば、西暦何年に刻まれた年輪か（暦年代・実年代）を決定することができる。その年輪層に含まれている炭素14の量を測定することによって、炭素14の量と暦年代・実年代との関係が求められる。

過去の大気中の炭素の量（濃度）が一定であったという仮定のもとで、一応の年代「炭素14年代ＢＰ」といわれる値を求め、さらに、それを較正し、暦年代・実年代に換算修正してい

長友恒人編『考古学のための年代測定入門』（古今書院、1999年刊）の「第1章　放射性炭素年代測定法」（中村俊夫氏執筆）に、**図26**のようなグラフがのっている。

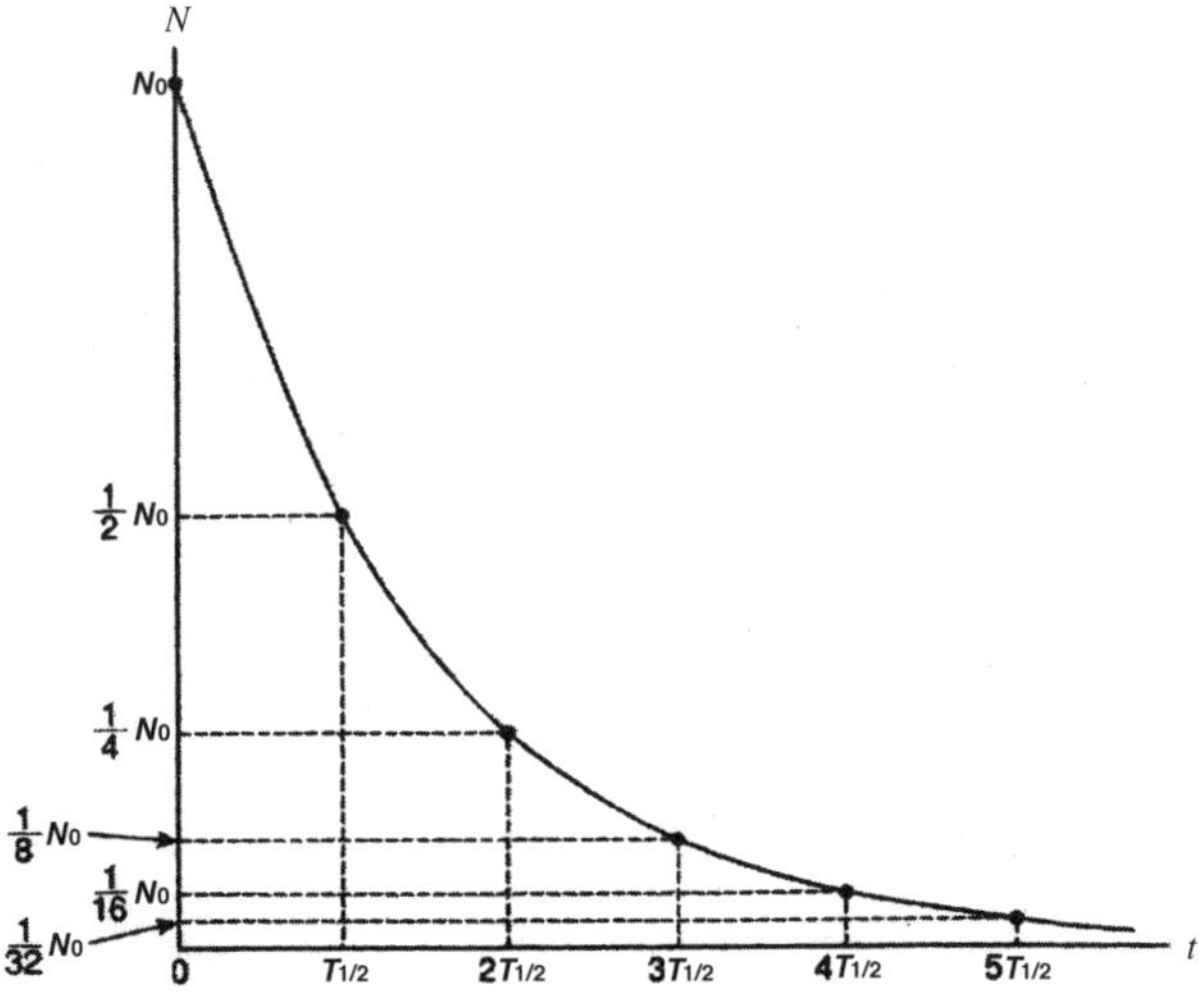

図26　放射性同位体の個数（N）の減少と経過時間（t）との関係

この**図26**をご覧いただきたい。

最初の時間がゼロのときの、炭素14の原子の個数をN_0とする。半減期を$T_{1/2}$とする。$T_{1/2}$たつごとに、N_0の値は半分ずつになっていく。これは、典型的な指数曲線のグラフである。（指数曲線は、一定の時間間隔ごとに、一定の割合で、減少または増大していく曲線。等比数列的に、減少または増大する曲線。）

く。

「炭素14年代BP」の「BP」は、「Before Present《ビフォアー プレズント》」（現在以前）の略とも「Before Physics《ビフォアー フィズィクス》」（物理年以前）の略ともいわれ、一九五〇年を基準とし、そこから何年さかのぼるかを、示す値である。

炭素14の量の測定には、誤差を伴う。また、炭素14の量で測定された年代（炭素14年代BP）と、暦年代・実年代との関係は、簡単な直線や曲線で表されるものではなく、凸凹《でこぼこ》をもち、波を打つような曲線である。この凸凹の変動は、地磁気の変動、太陽活動、環境中の炭素循環の変化などに結びつけて説明されている（図27）。

なお、炭素14年代BPを求めるのに、炭素14年代の半減期として、五七三〇年ではなく、五五六八年を用いることになっている。これは、かつて、半減期は5568±30（年）と考えられていた時代があったためである。その後、より正確には、5730±40（年）であることがわかった。五五六八年としていた時代のデータの蓄積もあり、五七三〇年に変更すると、議論に混乱を生じるので、五五六八年を用いるのである。

たとえば、箸墓古墳からの出土物のばあい、図28に見られるように、木材（ヒノキ）で測定すれば、西暦1年〜100年ごろの年代が得られる。土器付着炭化物ではかれば、西暦100年〜200年ごろの年代がかなり得られる。桃の核ではかれば、西暦300年〜

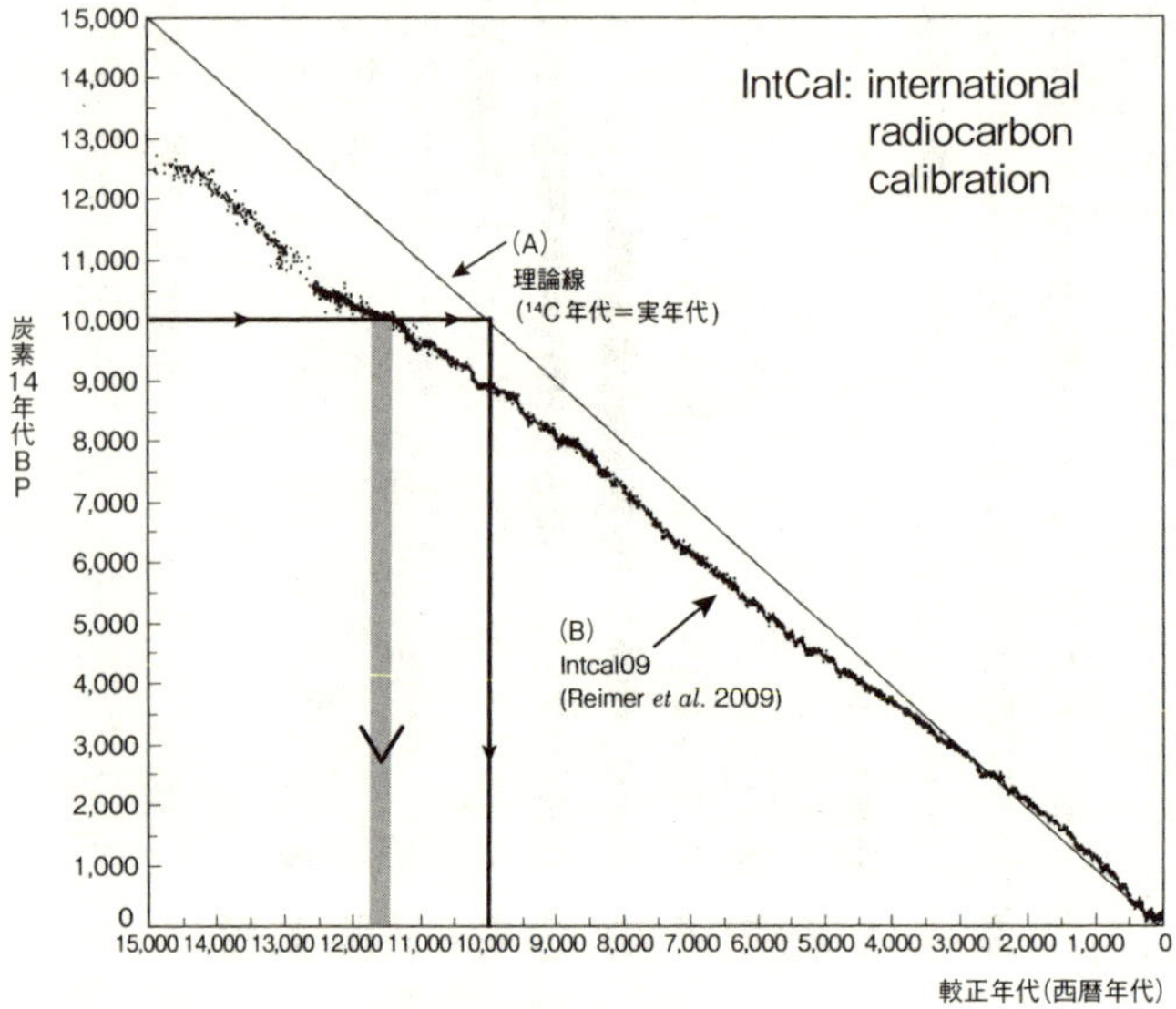

図27　較正曲線 IntCal09 と縄文土器の大別編年の年代域
（工藤雄一郎著『旧石器・縄文時代の環境文化史　高精度放射性炭素年代測定と考古学』［新泉社、2012年刊］所収のものを、一部改変）

縦軸が炭素14年代BP、横軸が較正年代。いずれも、西暦1950年を基点として、そこからさかのぼった年代（BP）である。（小林謙一他編『縄文はいつから！？』［新泉社、2011年刊］による。）

もし、較正の必要がないのであれば、縦軸の示す値と横軸の示す値とは、一致するはずである。つまり、**図27**のグラフの（A）の理論線で示されるような関係になるはずである。しかし、実際は（B）のような変動をもつ線で示されるような関係となる。たとえば縦軸が10000年（前）のとき、（A）の理論線で求めれば、横軸の較正年代も、10000年（前）のままであるが、（B）の線で較正すれば、11000年（前）をこえるころ（灰色の縦線）となる。

表 11　纒向遺跡出土桃の核の ^{14}C 年代と較正暦年代

試料番号	$d^{13}C$	^{14}C 年代		1 標準偏差	較正暦年代（cal AD）
	(permil)	(y BP)		(± 1*s*)	2*s* の範囲と確率
MOMO-1	−25.5	1814	±	23	AD 130−252（94.8%） AD 307−310　(0.6%)
MOMO-2	−24.7	1831	±	23	AD 126−242（95.4%）
MOMO-3	−25.5	1821	±	23	AD 128−246（95.4%）
MOMO-4	−25.5	1817	±	23	AD 128−250（95.4%）
MOMO-5	−27.6	1839	±	23	AD 90−100　(1.8%) AD 124−240（93.6%）
MOMO-6	−26.7	1806	±	23	AD 131−256（90.0%） AD 298−318　(5.4%)
MOMO-7	−26.5	1820	±	23	AD 128−248（95.4%）
MOMO-8		*			
MOMO-9		*			
MOMO-10	−28.1	1865	±	17	AD 84−216　(95.4%)
MOMO-11	−25.7	1826	±	17	AD 133−235（95.4%）
MOMO-12	−27.2	1807	±	17	AD 132−251（95.4%）
MOMO-13	−26.3	1833	±	17	AD 130−234（95.4%）
MOMO-14		*			
MOMO-15	−27.0	1808	±	17	AD 132−250（95.4%）
平均値**	−26.4	1824	±	6	AD 136−232（95.4%）

* AMS−^{14}C 年代測定のために調製したグラファイトの不良により除外した。
** 12 個の ^{14}C 年代値の平均値であり、誤差は各年代値の誤差から伝播則を用いて求めた。
遺跡名：纒向遺跡　第 168 次調査　　遺物層位：最下層上部
地区名：大型土坑 (SK−3001)　　発掘年月：2010 年 09 月

中村俊夫氏の「纒向遺跡出土のモモの核の AMS ^{14}C 年代測定」（『纒向学研究センター研究紀要　纒向学研究』第 6 号［桜井市纒向学研究センター、2018 年 3 月刊］）による。

400年ごろの年代が、かなりな比重をしめる。

このように、なにを測定対象とするかによって、得られる年代が何百年も異なる。

そして、そのそれぞれの年代値がまた、国際版較正曲線によって較正するか、日本版較正曲線によって較正するかによって、変ってくるのである。

今回の纏向遺跡出土の桃の核のばあいの測定結果は、名古屋大学の中村俊夫教授の論文「纏向遺跡出土のモモの核のAMS^{14}C年代測定」（『纏向学研究』第6号）によれば、**表11**のようになっている。

十二個の桃の核の平均値にもとづく、推定西暦年代の分布（較正暦年代の分布）は、すでに、113ページの**図19**で示した。

中村俊夫氏は、測定した十二個の桃の核のそれぞれについても、同様な推定西暦年代の分布を示しておられる。

推定西暦年代は、平均値で見たばあい、たしかに、ほぼ西暦一三五年～二三〇年のあいだに収まる形になる。

ただ、これは、測定した桃の核がすべてある特定の一年に実ったもの（単年生のもの）であると考え、国際版較正曲線によって較正したばあいの結果である。

日本版較正曲線によって較正したばあいの結果はどうなるのか。

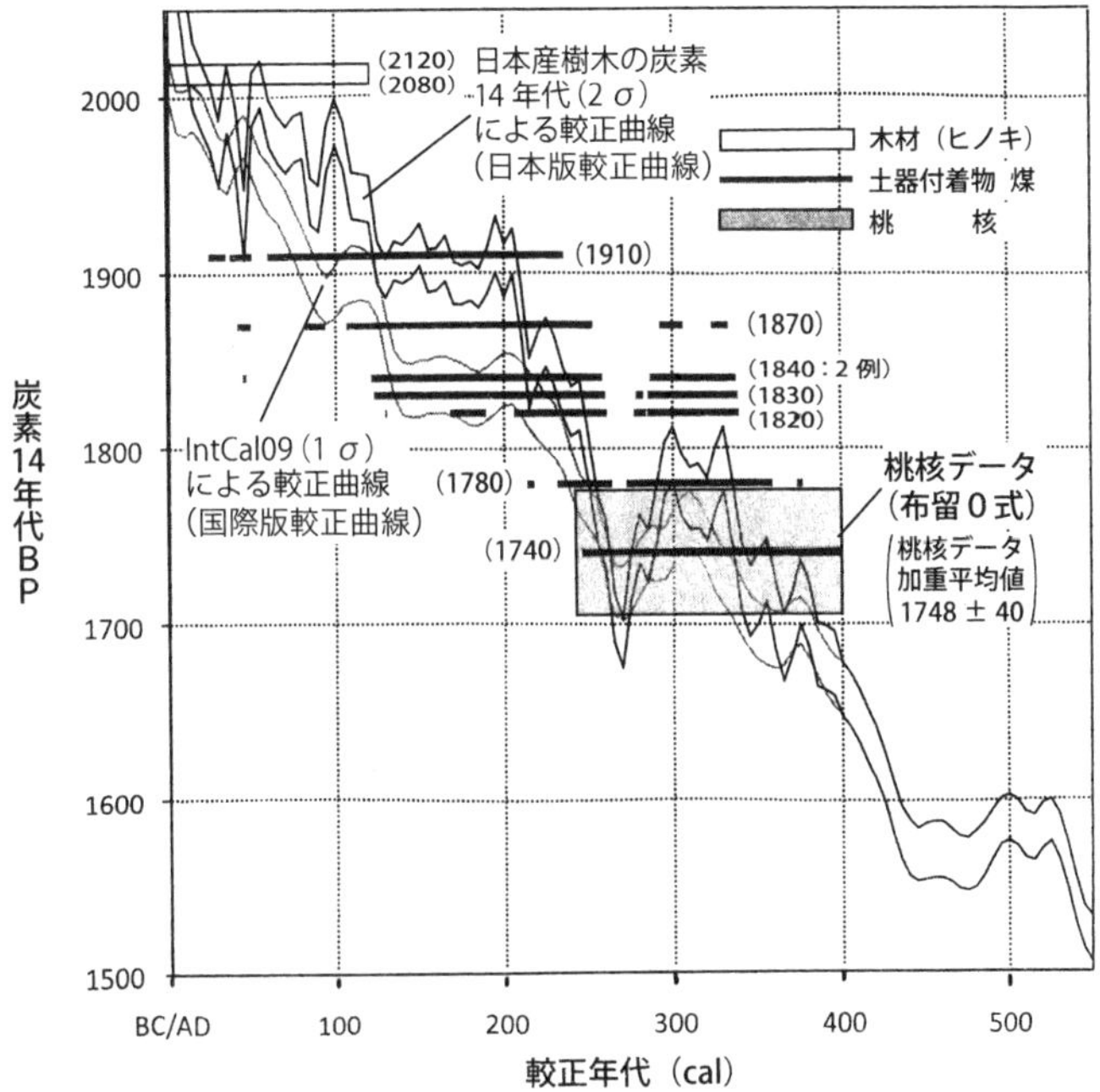

図28　箸墓古墳出土試料による図
（『国立歴史民俗博物館研究報告』第163集、2011年3月刊にもとづく。
ただし、桃核データは安本の書きいれ。）

数理考古学者（元・韓国国立慶尚大学教授）新井宏氏からのお手紙の一部（下線を引いたのは安本）

> 12件の個別データのグラフを作って見ました。
>
> ご覧いただくとわかりますが、平均値でグラフを作ると、AD300～350の部分のグラフはほとんど強調されませんが、**個別のデータによると12件中8件で、AD300～350のデータがかなりしっかりと表示されています。**
>
> 簡単に言えば、Momo-10とMomo-13のデータが無ければ、AD300～350の可能性もかなり高い感じです。

数理考古学者の新井宏氏が、日本版較正曲線によった較正する計算をして下さった。

その結果は、**図29**～**図41**に示すとおりである。この結果について、新井宏氏は、上のようなコメントをつけておられる。

西暦三〇〇年～三五〇年も、考慮にいれなければならない結果がえられている。

また、纒向出土の桃の核が、すべてある特定の一年に実ったものなのか、単年生といえるのかについても検討する必要があるようにみえる。

図29～図41　日本産樹木にもとづく較正曲線による推定年代の分布
（計算は、新井宏氏による）

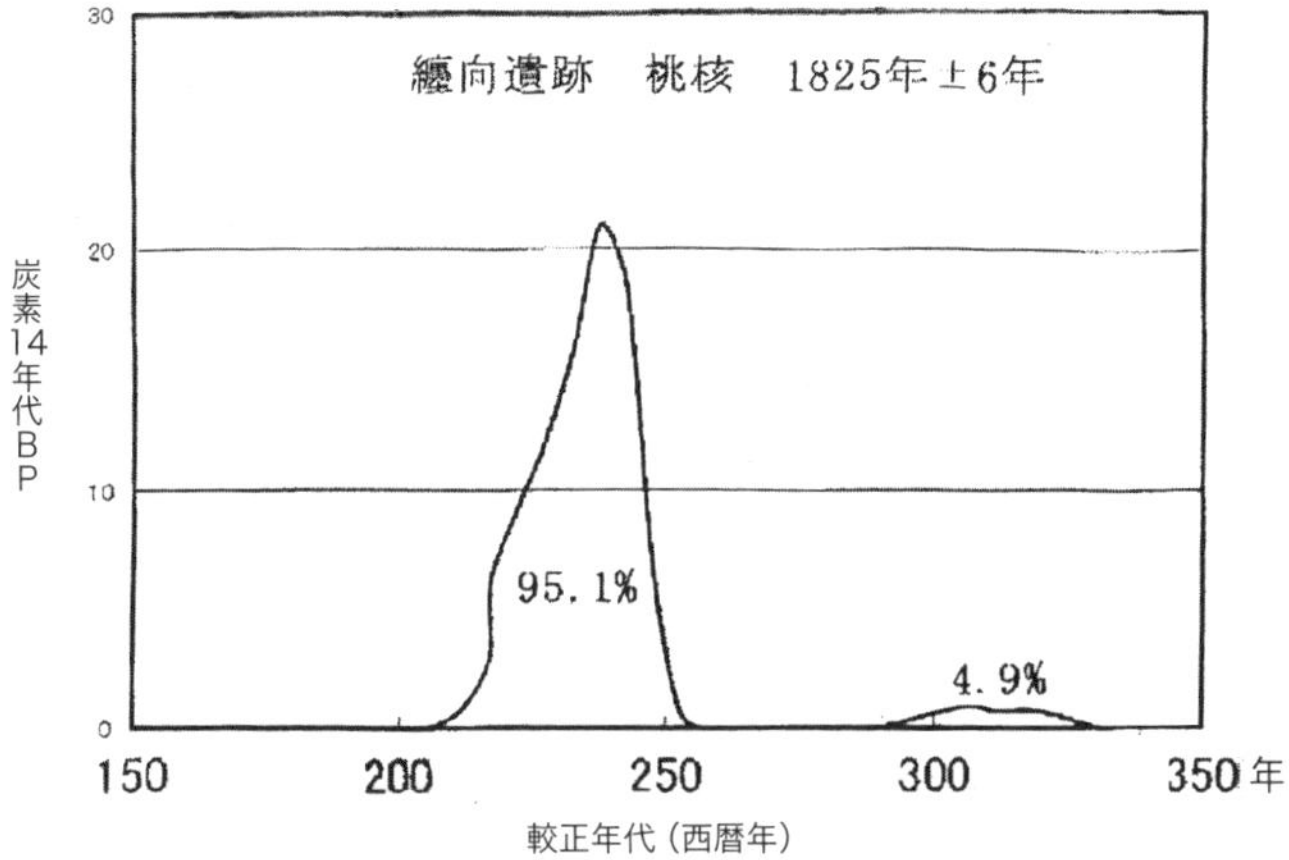

図29　12個の桃の核の平均値による推定年代の分布

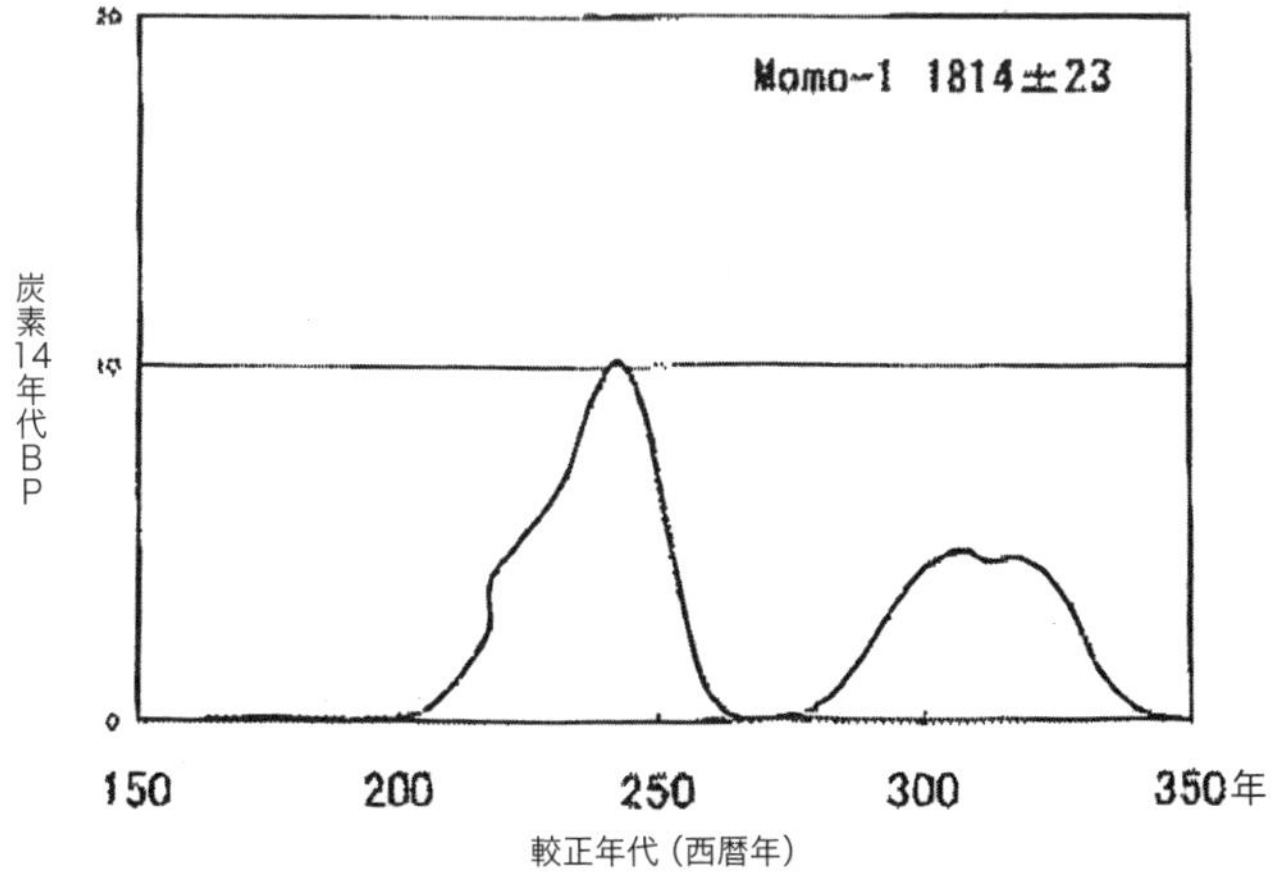

図30　試料番号１の桃の核による推定年代の分布

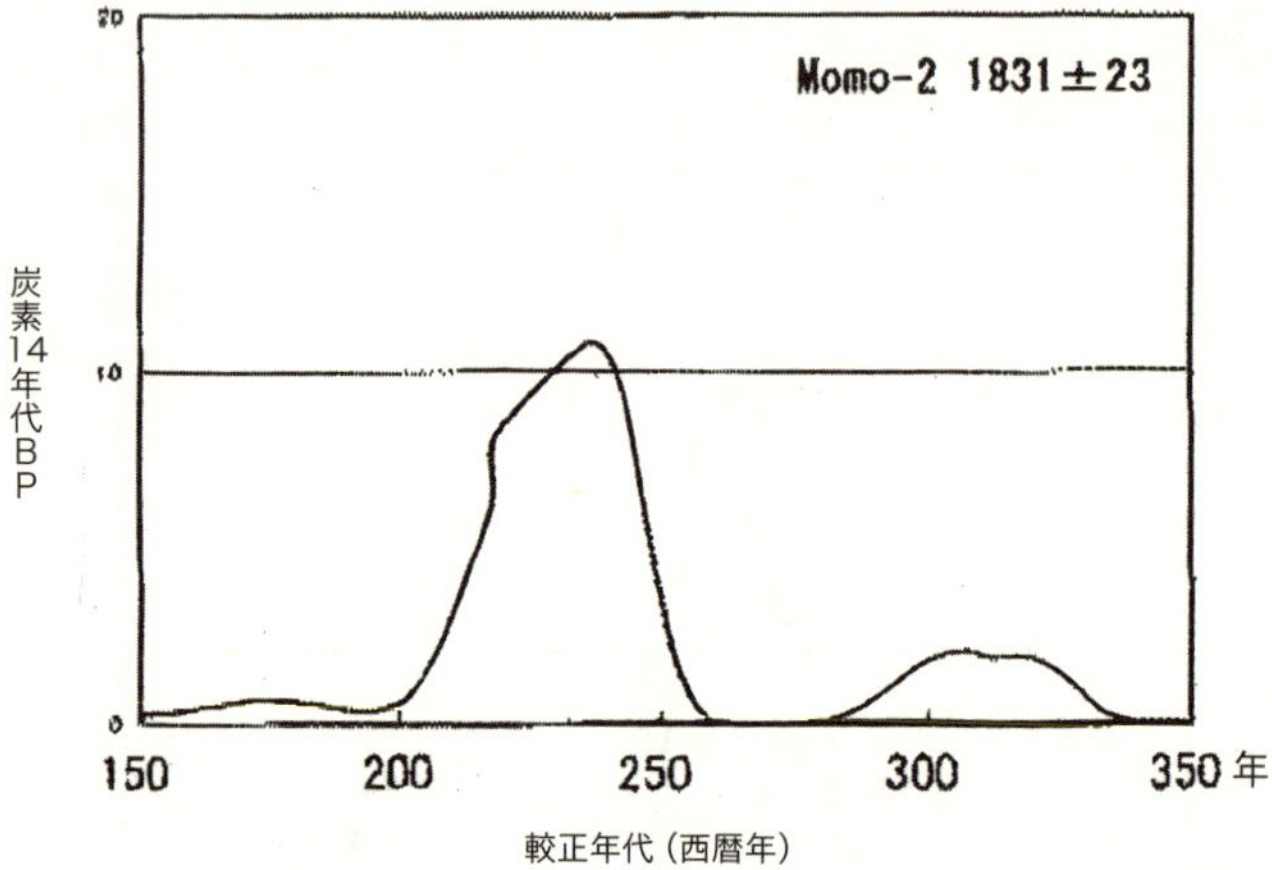

図 31　試料番号 2 の桃の核による推定年代の分布

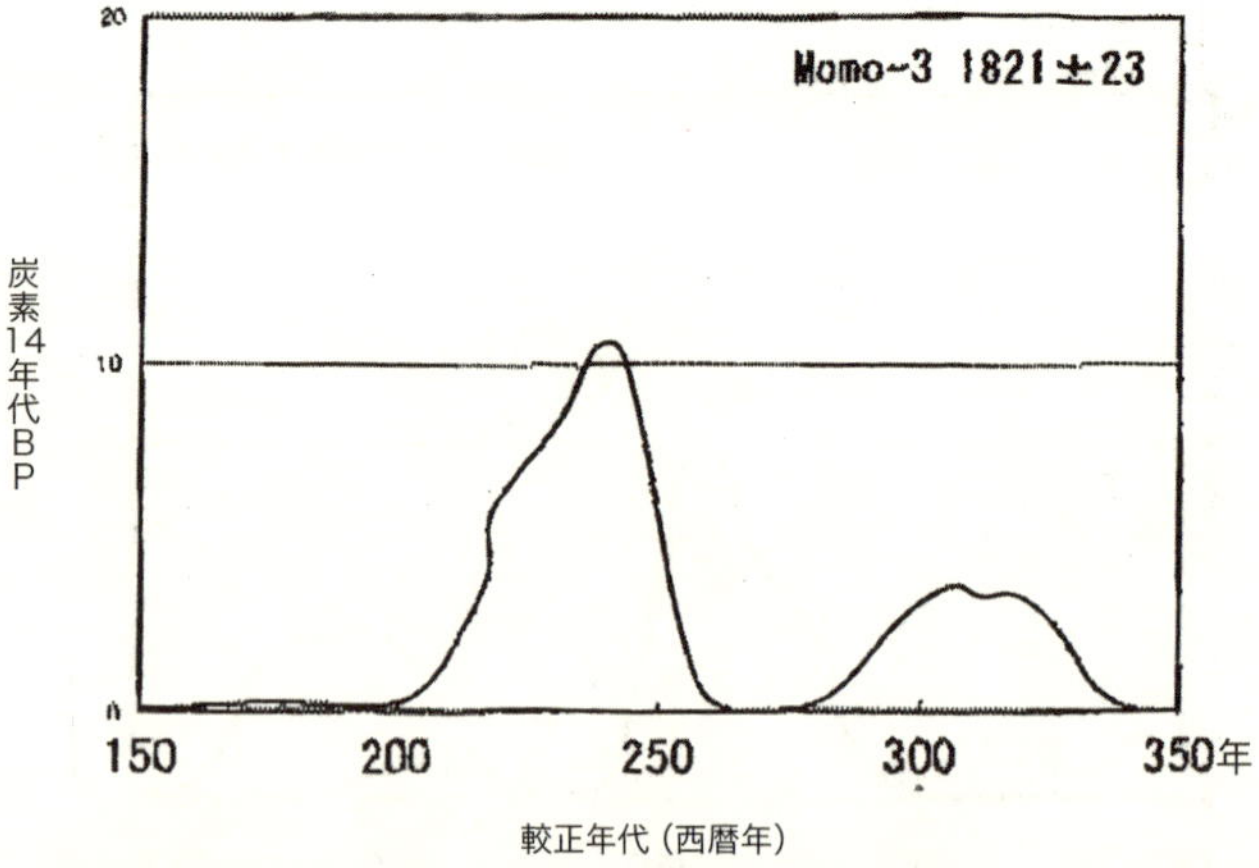

図 32　試料番号 3 の桃の核による推定年代の分布

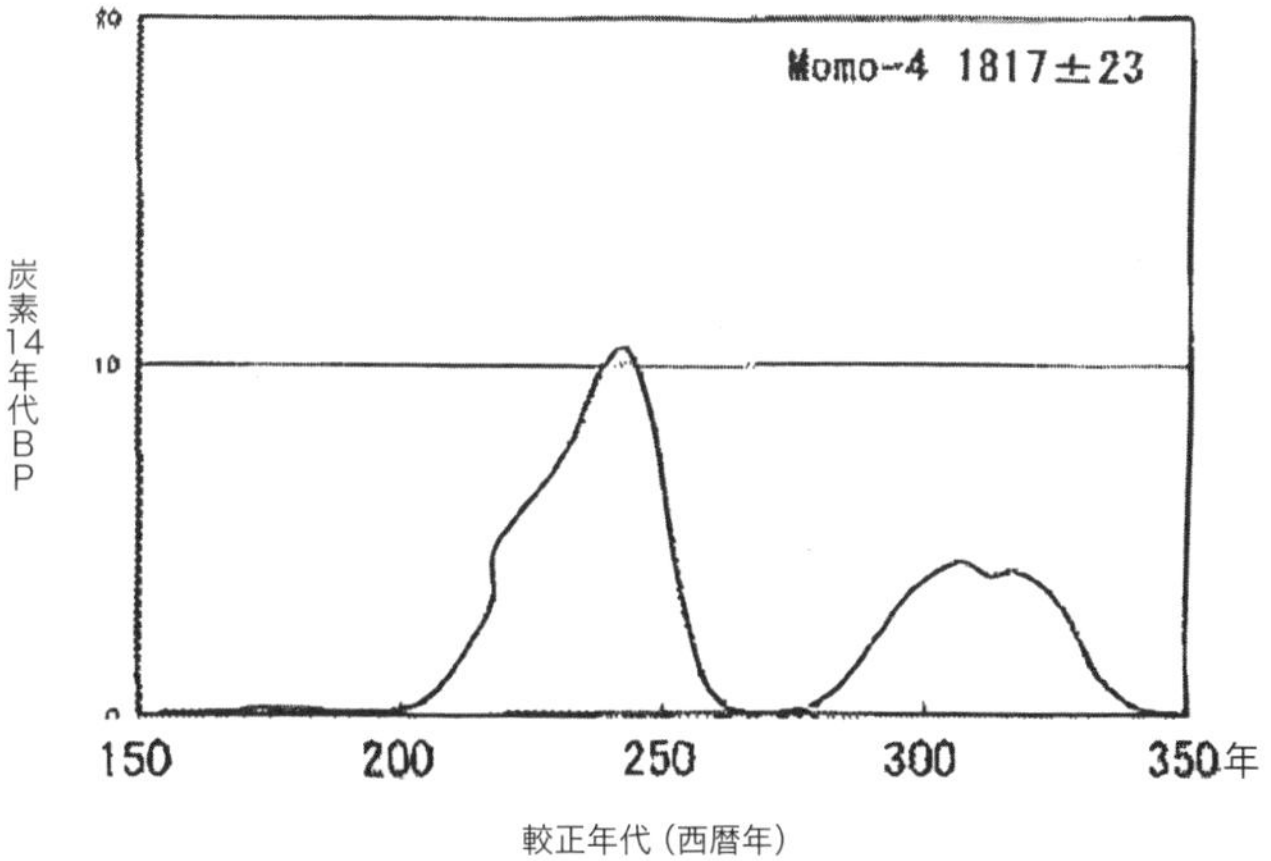

図33　試料番号４の桃の核による推定年代の分布

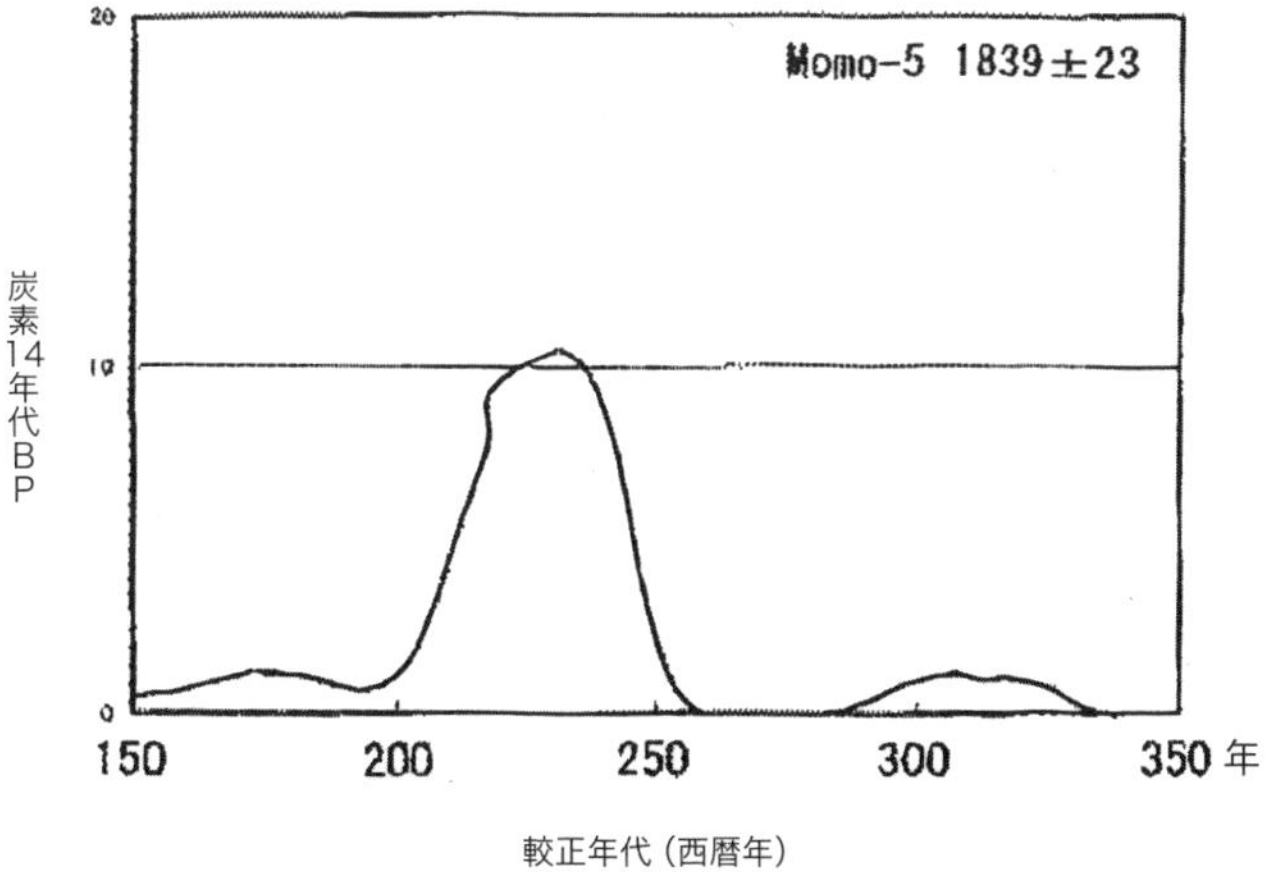

図34　試料番号５の桃の核による推定年代の分布

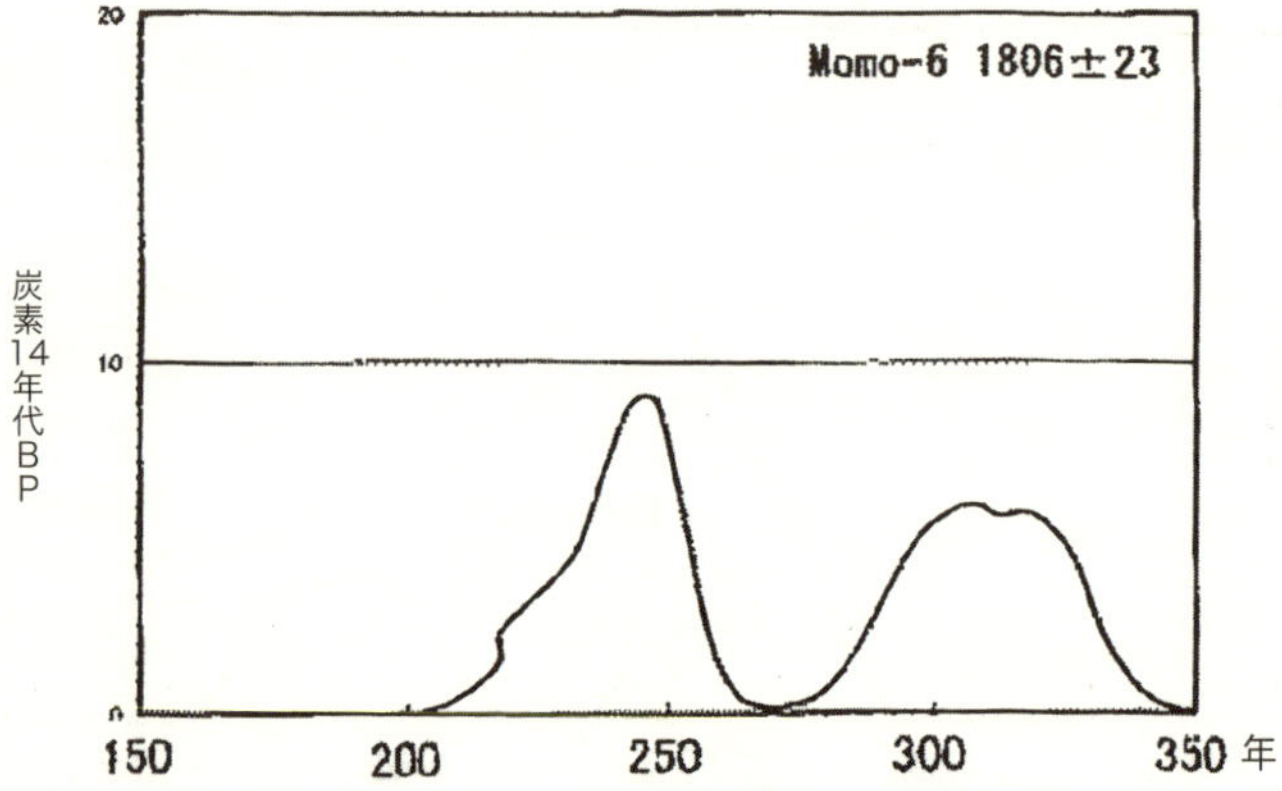

較正年代（西暦年）

図35　試料番号6の桃の核による推定年代の分布

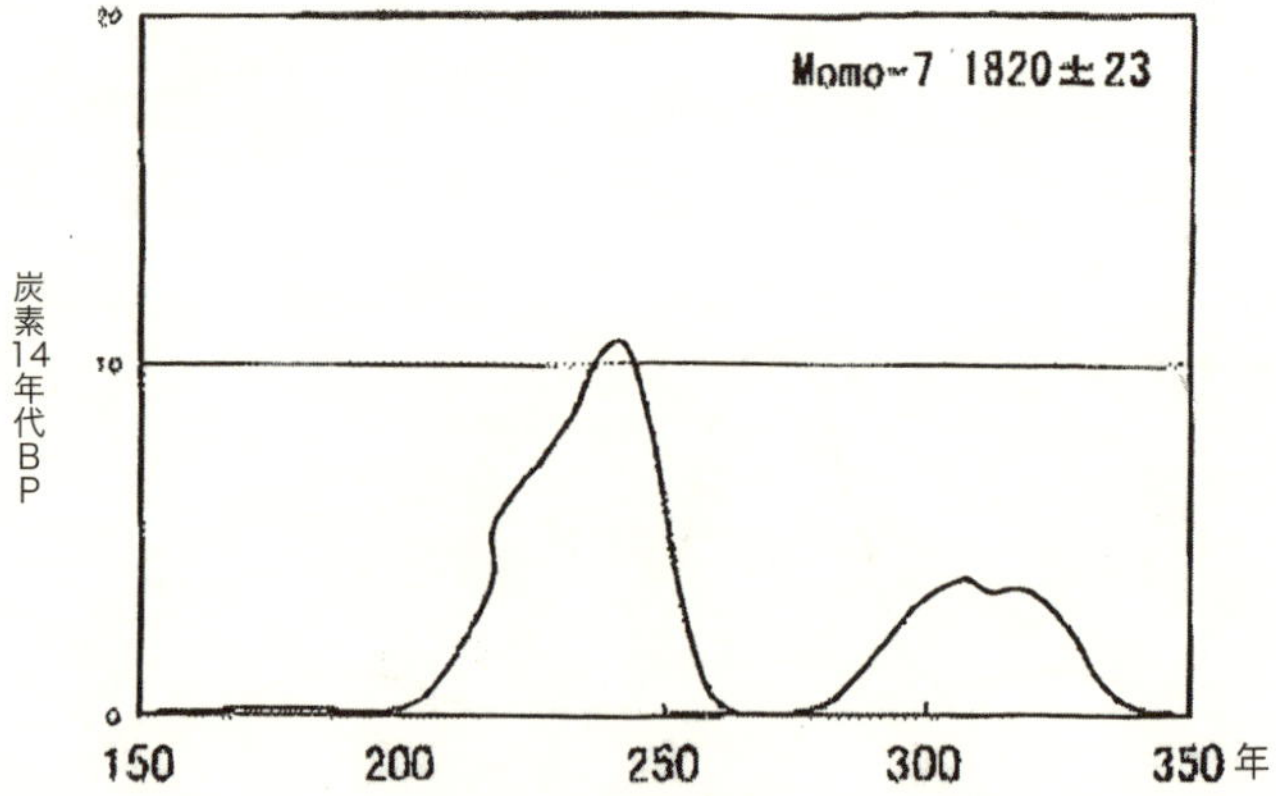

較正年代（西暦年）

図36　試料番号7の桃の核による推定年代の分布

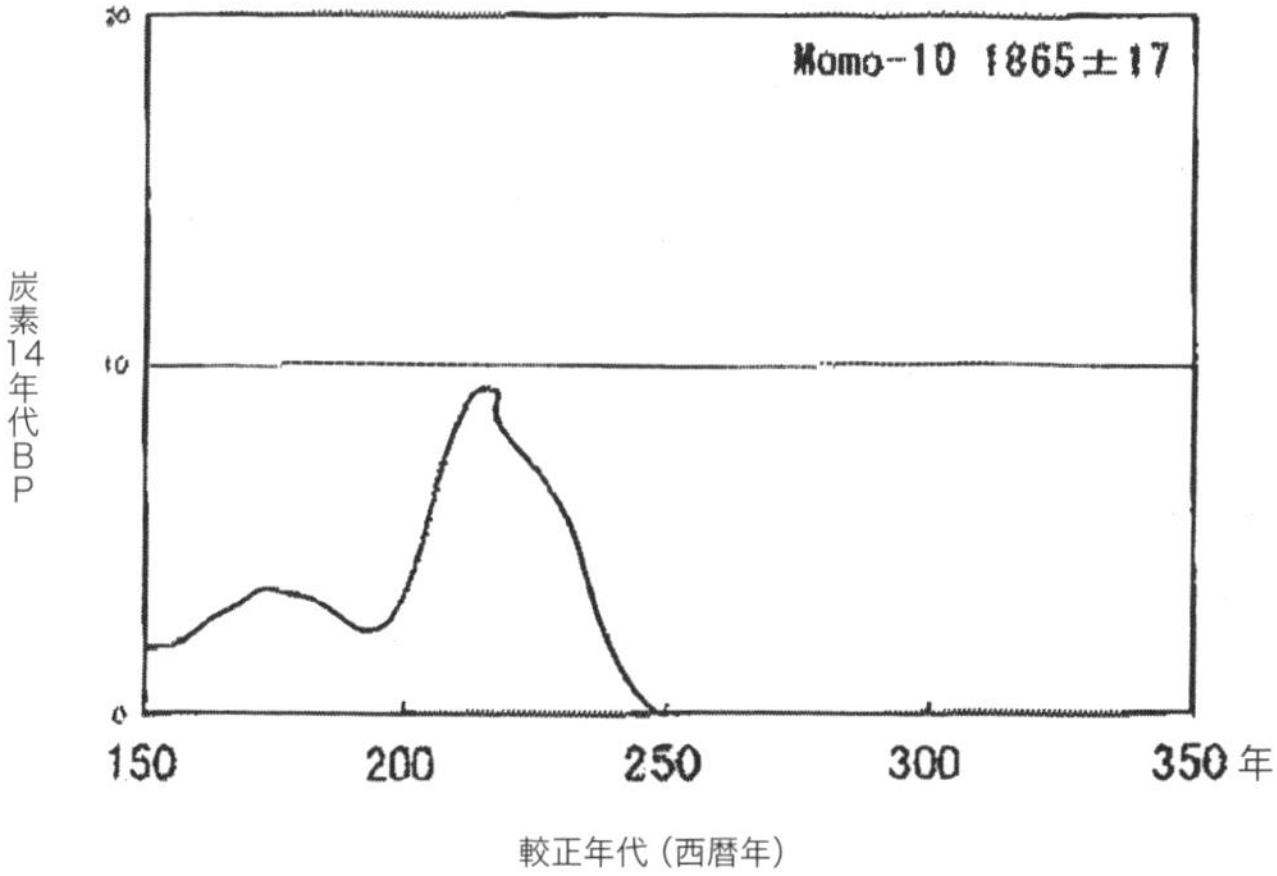

図 37　試料番号 10 の桃の核による推定年代の分布

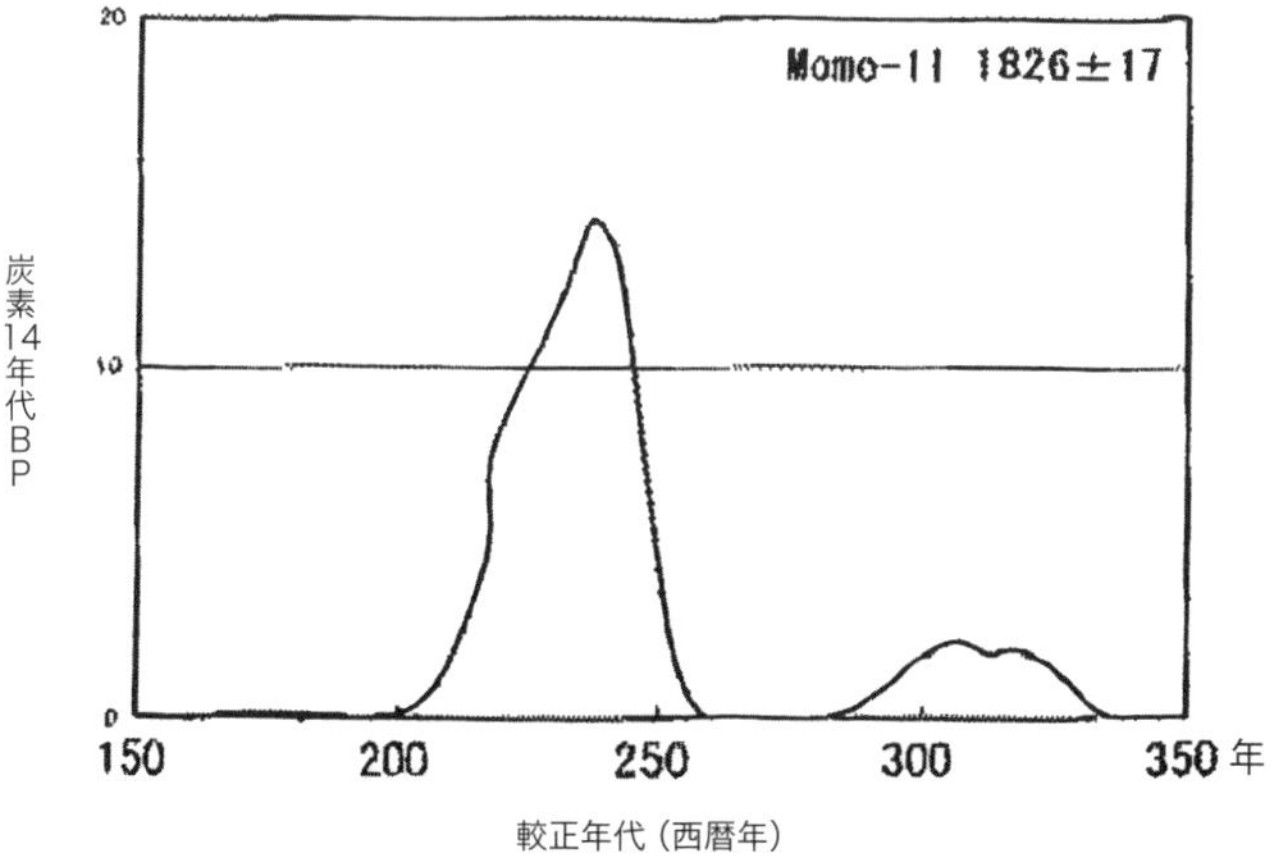

図 38　試料番号 11 の桃の核による推定年代の分布

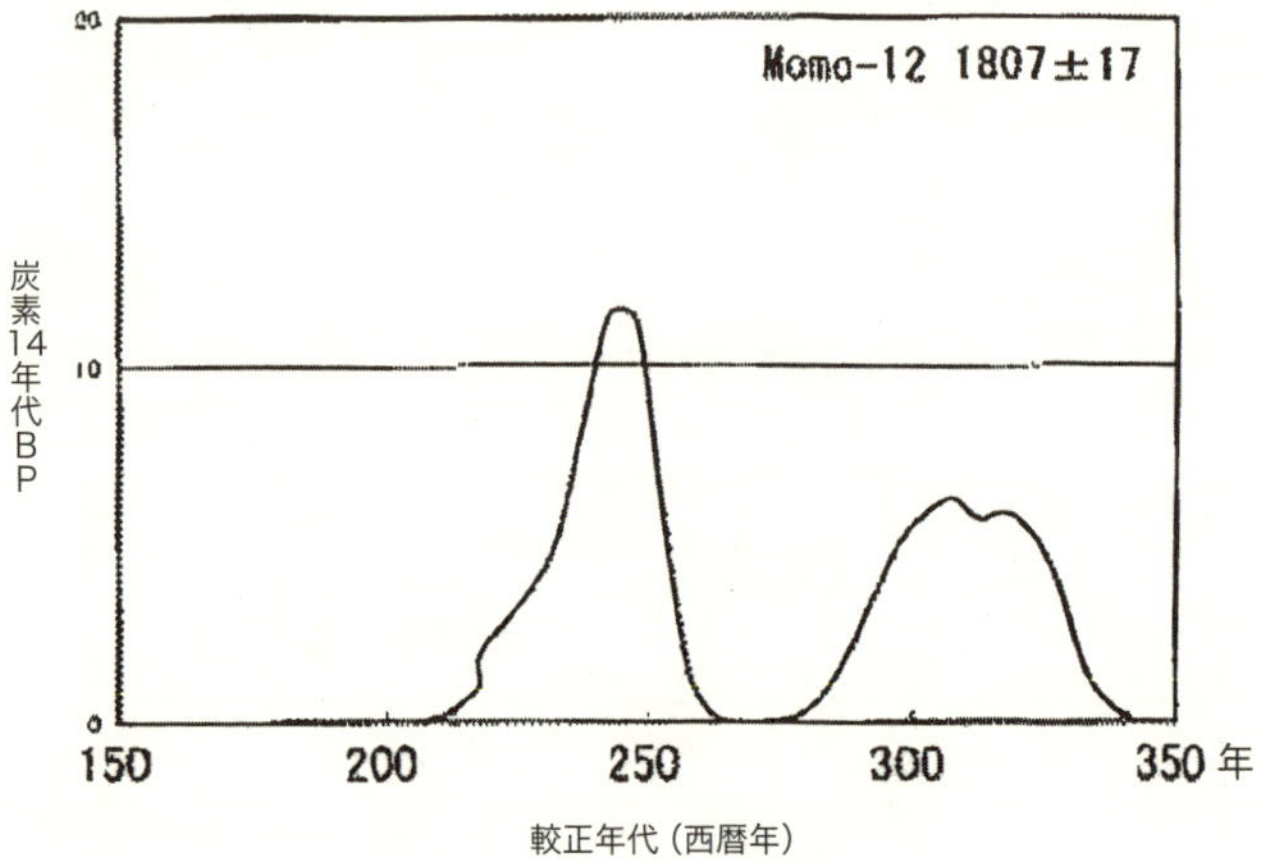

図39　試料番号12の桃の核による推定年代の分布

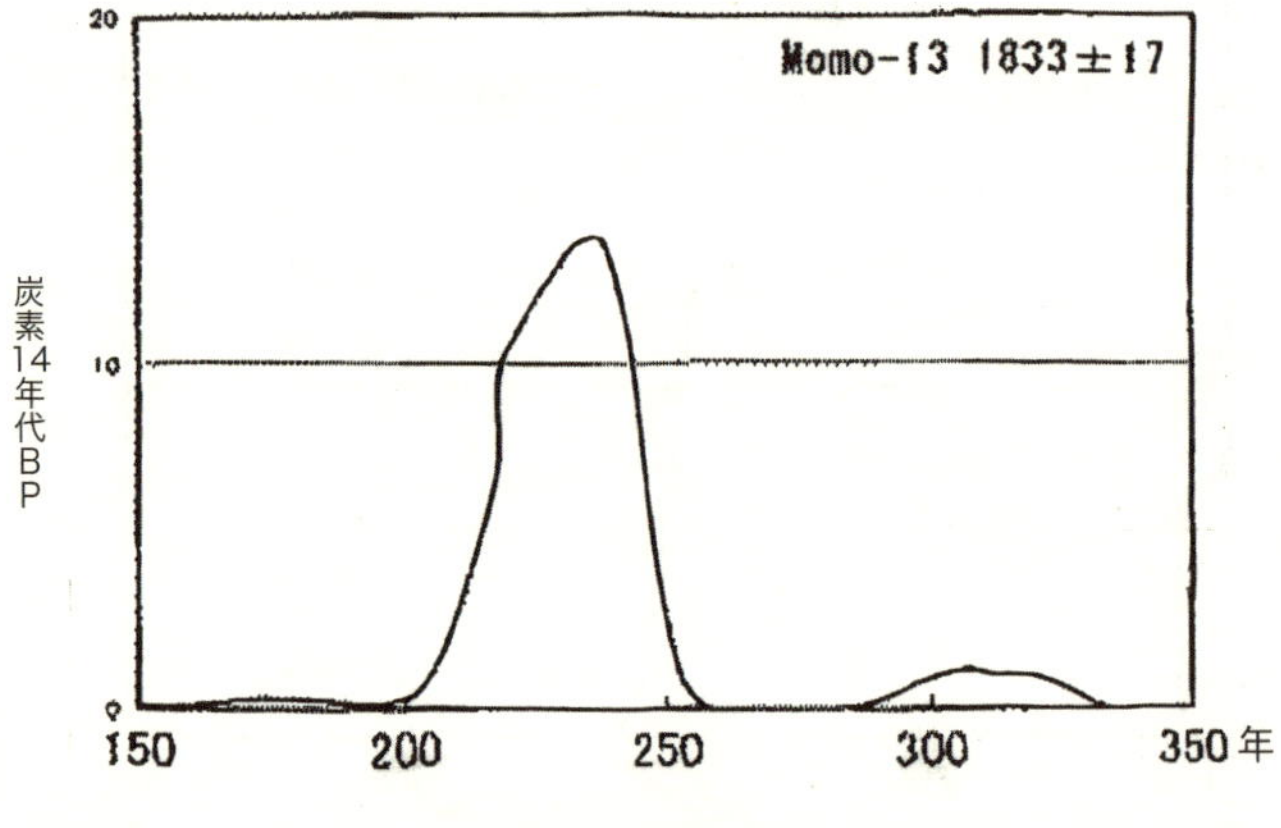

図40　試料番号13の桃の核による推定年代の分布

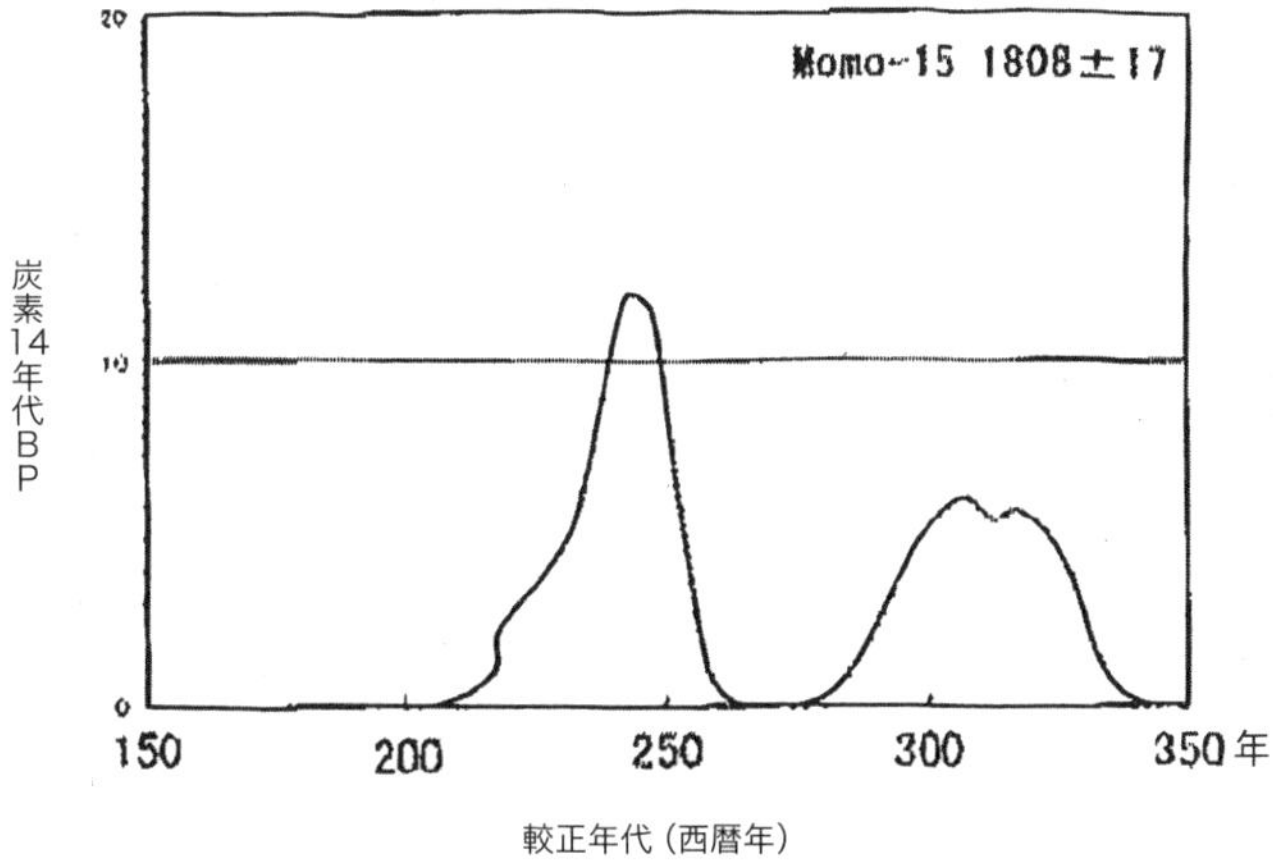

図41　試料番号15の桃の核による推定年代の分布

旧石器捏造事件発覚前夜の状況に似てきている

炭素14年代測定法は、古代の年代を知る上で、有効な手がかりを与える。このことは、確かである。

ただ、今回の纒向遺跡出土の桃の核は、日本版較正曲線によって較正することがのぞましいものである。そして、日本版較正曲線で較正したばあい、たまたま、較正曲線が、やや面倒な形をしている部分にあたっている。

三世紀を主にする年代か、四世紀を主とする年代か、判別がつきにくい個所にあたる。

いずれにせよ、纒向学研究センターのように、なにを、どのような形ではかるか、測定方法についての慎重な検討なしに、みずからが、あらかじめもっている年代に合致する年代が得られたときは、マスコミ発表にもちこみ、そうでないばあいは、いろいろな理由をつけて、マスコミ発表を行なわない、沈黙を守るという方法は、科学の方法として、基本的に大きな誤りをおかしているというべきである。

私は、庄内3式期とされたホケノ山古墳の小枝試料などが、四世紀を中心とする年代を示していたことから、今回の纒向遺跡出土の、庄内3式期の桃の核も、四世紀を主とする年代を示すであろうと予想していた。

もし、今回の纒向出土の桃の核が、四世紀を主とする年代を示していたならば、纒向＝女王の居処説、ひいては、邪馬台国＝畿内説は、確実な年代的根拠を、なに一つもたないことになる。壊滅的打撃をうけるはずであった。

そのようなこともあり、私は、纒向の桃の核の年代測定が行なわれることを期待していた。しかし、桃の核の年代測定の結果は、三世紀の可能性を、かなり残すものであった。この点は、私の期待というか、予想どおりではなかった。

古い時代の桃の核がふくまれていたためであるか、あるいは、淡水リザーバー効果などの他の原因もありうるのか。

今回の結果は邪馬台国＝九州説の方が成立しないことを、もちろん意味しない。畿内説が壊滅をまぬがれたというだけの話である。邪馬台国＝九州説や、邪馬台国＝福岡県説の根拠は、桃の核の年代測定とは、まったく別のところに存在している。

『魏志倭人伝』に記されている鏡・鉄・勾玉・絹などが、圧倒的に九州から出土しているという事実は、纒向出土の桃の核の年代測定の結果とは、なんの関係もない。

こちらの事実のほうが、纒向の桃の核よりもはるかに直接的に、『魏志倭人伝』と結びつくものである。

今回の纒向遺跡出土の桃の核についての炭素14年代測定については、よく分析してみれば、九州説になんらの痛痒を与えるものではない。むしろ、纒向説の寺沢薫氏の年代説が、矛盾だらけであることを示すものである。

すでにのべたように、邪馬台国＝九州説の立場から、今回の桃の核の測定結果を、解釈・理解することは、十分に可能である（図42参照）。

邪馬台国＝畿内説をとる考古学関係の方々は、『魏志倭人伝』に記されている事物が、圧倒的に、九州、とくに福岡県から出土している事実から、目をそらしている。それに対する反証をこそ、示さなければならない。

客観的な判定が必要である。

くりかえされるマスコミ宣伝の方法は、証明にならない。科学的にみて、誤った方法をとっているとみるべきである。

日本ボクシング連盟の当時の会長が、奈良県の関係者であったから、判定にもちこまれた試合はとにかく奈良県の勝ちとされたという話があった。日本ボクシング連盟なみの感覚で、学問に関係する問題がとりあつかわれては困るのである。

ここには、日本ボクシング連盟よりも、さらに多額の公金が注がれているのである。

旧石器捏造事件において、事があきらかになる前夜に、五〇万年前、七〇万年前という、今からみれば途方もない年代が、マスコミで大宣伝された。状況は、それとよく似ている。

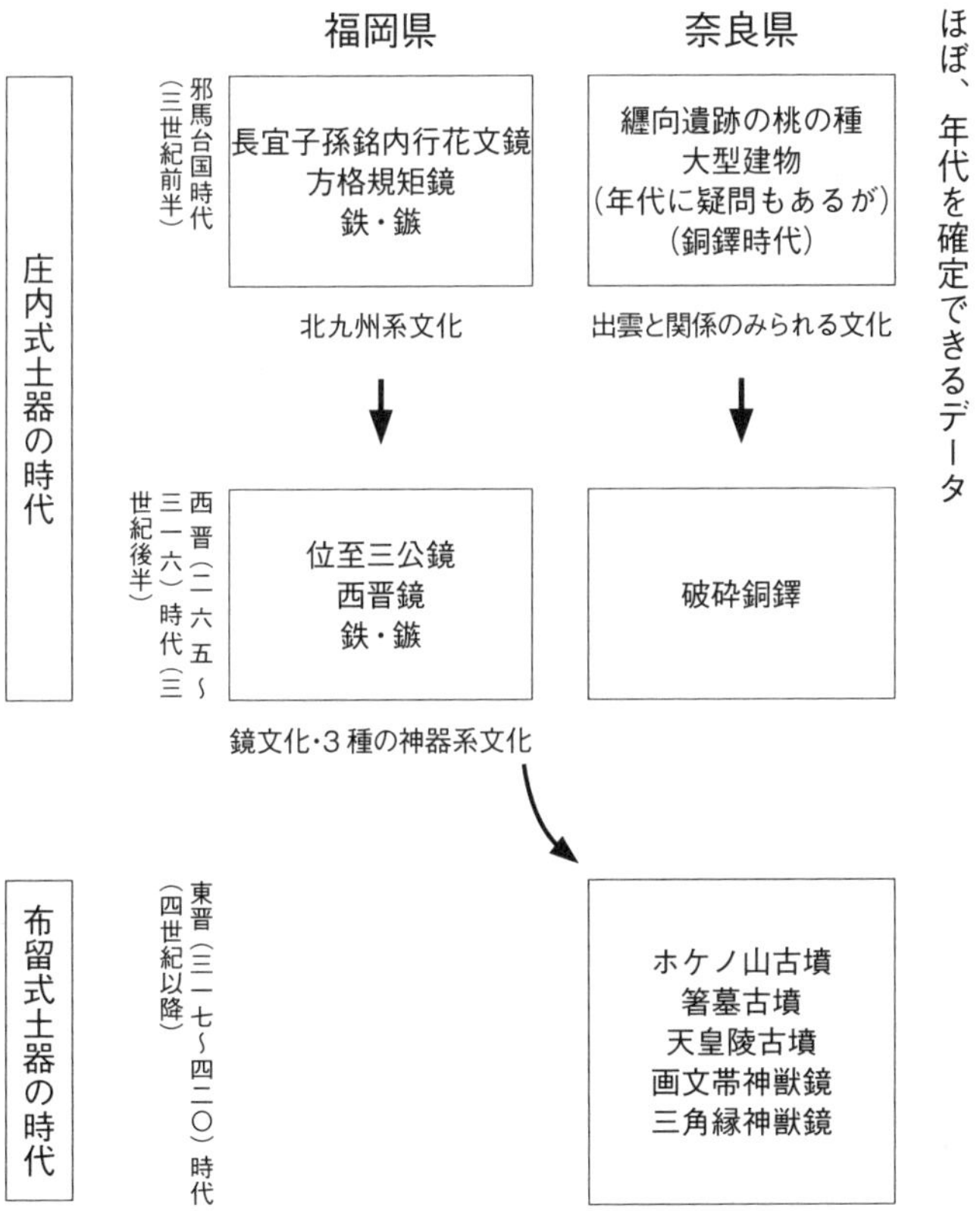

図42　庄内式土器、布留式土器の時代の福岡県と奈良県の状況
ただし、纒向遺跡の桃の核や大型建物が、3世紀後半以後、4世紀のものである可能性もかなりある。

ただ、すでにみた『毎日新聞』の伊藤和史氏の記事のように、旧石器捏造事件以後、マスコミの風むきも、すこし、変ってきている。

報道に慎重な姿勢が、マスコミのなかにもうかがえる。

そこに、希望の光がみえている。

科学上の先達、ガリレオにならって、つぶやこう。

「それでも、九州説は、成立する。統計的観測という望遠鏡、望古代鏡によって得られたデータを見よ。」

マスコミによって立つものは、マスコミによって滅ぶ。

この章のおわりに

この章で検討した結果を、まとめておこう。

(1) 纒向遺跡出土の桃の核は、単年生（ある特定の一年に実ったもの）とは、かぎらないようにみえる。

(2) 今回の測定値によるばあい、日本版較正曲線による較正の結果では、庄内3式期の年代推定値の年代幅としては、西暦二〇〇年~三五〇年ぐらいが考えられる。

ただ、寺沢薫氏の土器編年の、庄内1式、庄内2式、庄内3式、布留0式古相、布留0式新相などの、土器様式の分け方については、こまかく分けすぎであるとの見解がある。考古学者の河上邦彦氏、関川尚功氏などは、寺沢薫氏ほどは、土器の様式を、こまかくわけておられない。

庄内期は、大きくみて、西暦二〇〇年前後から、西暦三〇〇年前後の、大略、邪馬台国の時代にあたるとする見解と、今回の測定結果は、とくに矛盾しているとはいえない。

(3)　ただ桃の種については、邪馬台国と結びつくという確実な根拠はない。桃のことは『魏志倭人伝』には、記されていない。『古事記』神代の巻に記載がある。邪馬台国の位置について、考古学的に議論をするのならば『魏志倭人伝』に記載のある事物の出土状況を優先して検討すべきである。

(4)　大型建物についても、『魏志倭人伝』には、とくに記載はない。奈良県の纒向遺跡出土の大型建物がなんであるかについては、さまざまな解釈の余地がある。

(5)　「纒向＝邪馬台国説」は、毎度、大さわぎをするわりには、実質がない。いつも、確実な根拠は、なにも提出されていない。短絡反応による空さわぎというべきである。公共の機関は、人件費も発掘費も、公費によってまかなわれている。公共の機関が、狼少年であっては困る。旧石器捏造事件から、なにも学ばないようであっては困る。

第5章　「朱」と「卜占関係遺跡遺物」

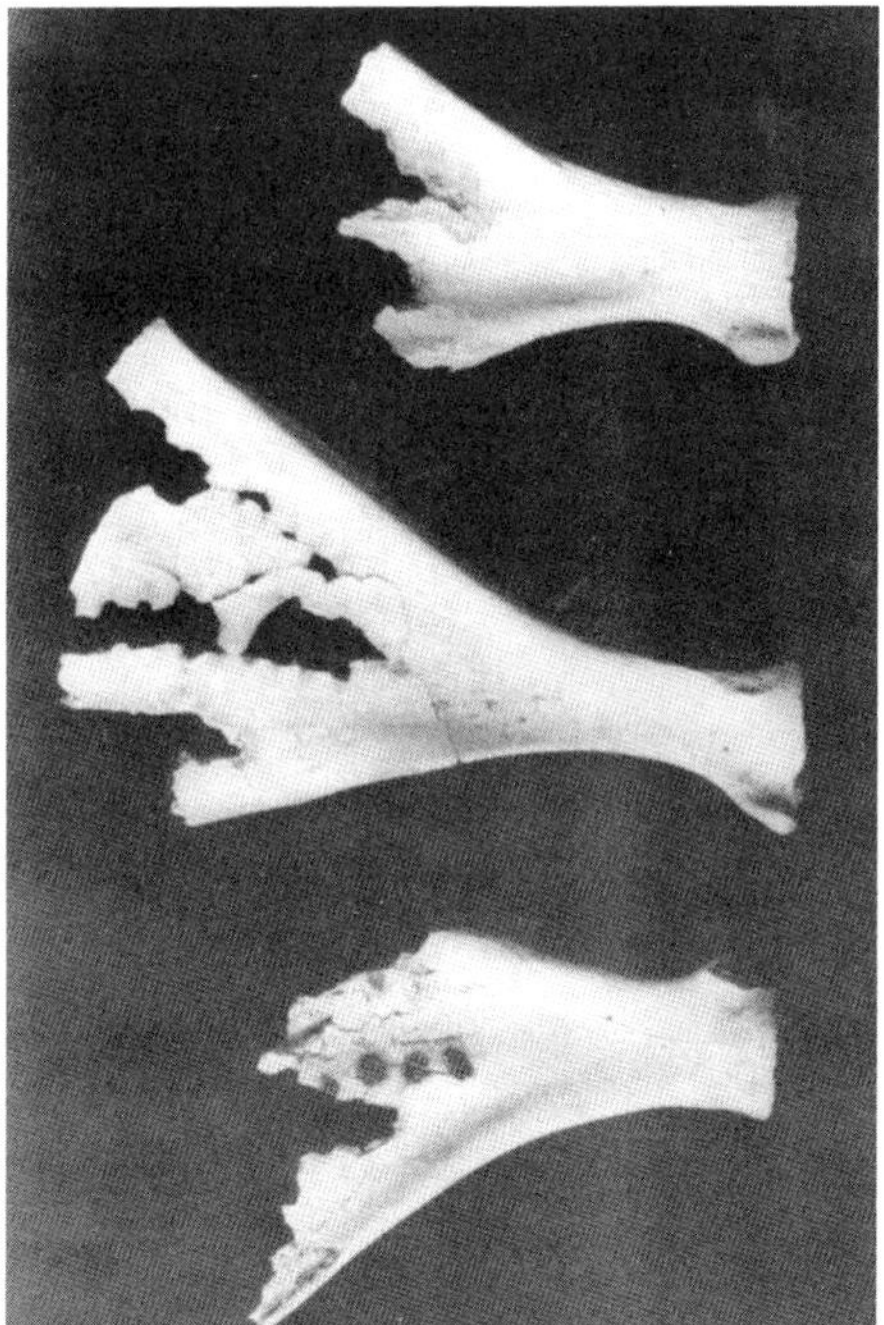

壱岐（一支国）カラカミ遺跡出土の卜骨
『魏志倭人伝』に、「骨を灼《や》いて卜《ぼく》し、吉凶を占《うらな》う。」とある。

『魏志倭人伝』に記されている事物で、文献的、考古学的に、あるていどたどれる事物として、なお、「朱」と「卜占関係遺物」とがある。この章では、この二つをとりあげる。

現在、鳥取県の青《あお》谷《や》上《かみ》寺《じ》地《ち》遺《い》跡《せき》の約二五〇点の卜骨の出土数が「卜占関係遺物」の出土量として、大きく他の地を圧倒している。

1　「朱」を検討する

『古事記』の「神武天皇紀」の「朱」の記述

『魏志倭人伝』から出発することに、たちもどろう。

「鉄鏃」や、「鏡」や、「絹」や、「勾玉」のように、各都府県別の出土データなどを、かなりキチンとした形で示すことができるわけではないが、『魏志倭人伝』に記されている事物で、「奈良県＝邪馬台国の所在地説」にとって、かなり有利になりそうな材料がある。それは、「朱」である。

『魏志倭人伝』には、「朱」に関して、つぎのような記事がある。

(1)　朱丹をその身体にぬることは、(ちょうど)中国(人)が粉《おしろい》を用いるがごとくである。

(2)　その山には、「丹(あかつち)」がある。

(3)　丹を、(魏の皇帝に)上献した(たてまつった)。

この朱丹と関係するとみられる記事が、『古事記』『日本書紀』の「神武天皇」の条にみえる。

神武天皇は、南九州から出発し、奈良県の地に、南の和歌山県の熊野の方向から進攻する。

まず、『古事記』の記述をみてみよう。

「神倭伊波礼毗古《かむやまといわれびこ》の命《みこと》（神武天皇）は、高木《たかぎ》の神（高御産巣日《たかみむすひ》の神《かみ》）の教えさとしたとおりに、（熊野から出て）八咫烏《やたからす》のあとをついて行くと、吉野河の下流にいたった。そこに筌《やな》（魚をとる道具）をふせて、魚を取る人がいた。

そこで、天つ神の御子（神武天皇）は、

『お前は誰《だれ》か。』

とたずねた。すると、

『私は、国つ神で、名は贄持《にえもつ》の子といいます。』

と答えた。これは、阿陀（奈良県五条市東阿太・西阿太・南阿太の地）の鵜養《うかい》の祖先である。阿陀から進んで行くと、尾のはえた人が、井戸のなかからでてきた。その井戸には、光があった。そこで、

『お前は誰《だれ》か。』

とたずねると、

『私は国つ神で、名は井氷鹿《いひか》（『日本書紀』は、井光《いひか》と記す）といいます。』

と答えた。これは、吉野の首《おびと》らの祖先である。そこから、吉野の山に入ると、また尾のはえた人に会った。この人は、巌《いわお》を左右に押しわけて出てきた。そこで、

『お前は誰《だれ》か。』

とたずねると、

『私は国つ神で、名は、石押分《いわおしわく》の子といいます。いま、天つ神の子（神武天皇）がおいでになったと聞きましたので、お迎えにまいったのです。』

と答えた。これは、吉野の国巣《くにす》の祖先である。そこから、山坂道を穿《うが》ちこえて、宇陀に行った。それで、（そこを）宇陀の穿《うかち》（奈良県宇陀《うだ》市菟田野宇賀志《うたのうかし》）という。」

この伝承について、市毛勲氏は、『新版 朱の考古学』（雄山閣出版、一九九八年刊）のなかで、およそ、つぎのようにのべる。

「（早稲田大学の教授などであった）松田寿男《ひさお》博士は、『井光《いひか》（井氷鹿《いひか》）』とは水銀採掘坑の形容で、自然水銀が坑壁や底で光る。『尾生《おふ》る人（尾のはえた人）』とは腰に尻当《しりあて》を紐でぶらさげた水銀採鉱者と理解された。卓見と言えよう。この吉野の伝承もまた辰砂《しんしゃ》（天然水銀朱・水銀の原料。赤色）産出を伝えているにほかならない。」

藤堂明保編『学研 漢和大字典』（学習研究社刊）で「丹」という字を引くと、そこの「解字」の項で、つぎのように説明されている。

「土中に掘った井型のわくの中から、あかい丹砂があらわれ出るさまを示す会意文字で、あかい物があらわれ出ることをあらわす。」

これらをまとめれば、、つぎのようになる。

「土中に井戸を掘る。その中の、あかい丹砂を採取する。『丹』をとる。自然水銀が、坑壁や底で光る。」

伊波礼毘古《いわれびこ》の命《みこと》（神武天皇）は、さらに、宇陀の穿《うかち》で、兄宇迦斯《えうかし》、弟宇迦斯《おとうかし》の兄弟を平らげようとした（地名の穿《うかち》は、人名の宇迦斯《うかし》と関係あるとみられる）。そのとき、兄宇迦斯《えうかし》は反抗し、はかりごとによって、神武天皇を殺そうとした。しかし、神武天皇軍の道《みち》の臣《おみ》の命《みこと》らによって、兄宇迦斯はみずからかけたわな（押機《おし》）によって死んだ。

そこで『古事記』は、つぎのように記す。

「（兄宇迦斯《えうかし》を）控《ひ》き出して、斬り散らした。それで、そこを、宇陀の血原《ちはら》という。」

市毛勲氏は、『新版 朱の考古学』のなかで、つぎのように記す。

「血が赤いことは言うまでもなく、血原とは血のように赤い色の土地と言う意味で、おそらく、宇陀の地域には辰砂粒《しんしゃりゅう》が散在していた時期があり、それは血が散った結果と理解され、血原の地名起源伝承を生んだものと考えられる。」

『万葉集』の巻七の一三七六番の歌に、つぎのようなものがある。

「大和の宇陀の真赤土《まはに》のさ丹著《につ》かばそこもか人吾《われ》を言《こと》なさむ（大和の宇陀の真赤土《まはに》の赤い色が着物についたならば、そのことで、人たちは、私のことを［私が、宇陀のあなたのところへ通っていると］あれこれと、うわさの種にするだろうか）。」

市毛勲氏は、『新版 朱の考古学』のなかで、この歌を引用し、つぎのようにのべる。

「大和の南部丘陵地の宇陀地方は、文字通りの赤土地帯と解釈すべきではなく、『真赤土』の産出地であって、それは辰砂《しんしゃ》を意味し、宇陀辰砂が平城京貴族に広く知られていたことを示している。松田寿男博士は『真赤土』を辰砂を意味するマソホと訓むべきと指摘している。この宇陀地方は施朱の風習下にあっては生命蘇生力を有する神聖な赤の地域であり、そこに生育する野草は薬猟の対象とされた。」

『日本書紀』の記述

『日本書紀』にも、『古事記』とほぼ同じ話がのっている。

『日本書紀』の「神武天皇紀」には、「丹生川《にうがわ》」（吉野川の支流の小川）の名が、三度でてくる。

「丹生」という地名について、市毛勲氏は、『新版 朱の考古学』のなかでつぎのようにのべる。

る。

『丹生』は地名として今日に残っているほかに、河川・渓谷・山岳・神寺・氏族などに冠せられて、沖縄・北海道を除く各地に分布している。

『丹生』をそのまま解釈すれば、丹が生まれる（丹を生む）ことで、辰砂の産出を意味していると言えよう。丹生地名を有する地域は、かつて辰砂が産出していたもので、その事実が地名以外にも冠せられることになった。

『豊後風土記』丹生《にふ》の郷条《さと》の『昔時《むかし》の人《ひと》、この山の沙《すなご》を取りて朱沙《に》に該《あ》てき。因《よ》りて丹生《にふ》の郷《さと》といふ（むかしの人は、この山の砂をとって、朱沙《に》［朱色の顔料とする砂土］に充当した。それで丹生の郷《さと》という）。』の史料が『丹生』すなわち辰砂《しんしゃ》の産出を如実に物語っている。」

「丹生・丹生川・丹生谷・丹生神社などの分布は辰砂の産出を見た地域に残る名称で、この土や岩石は鉄鉱石や砂鉄ではない。」

地図12、**地図13**にみられるように、吉野郡に丹生《にう》川上神社の、上社、中社、下社などがあり、宇陀市榛原《はいばら》に、丹生《にう》神社がある。

以上のようなことから、吉野川の流域から宇陀の地が、水銀の産地であることがうかがわれる。市毛勲氏の『新版 朱の考古学』には、**地図14**がかかげられている。

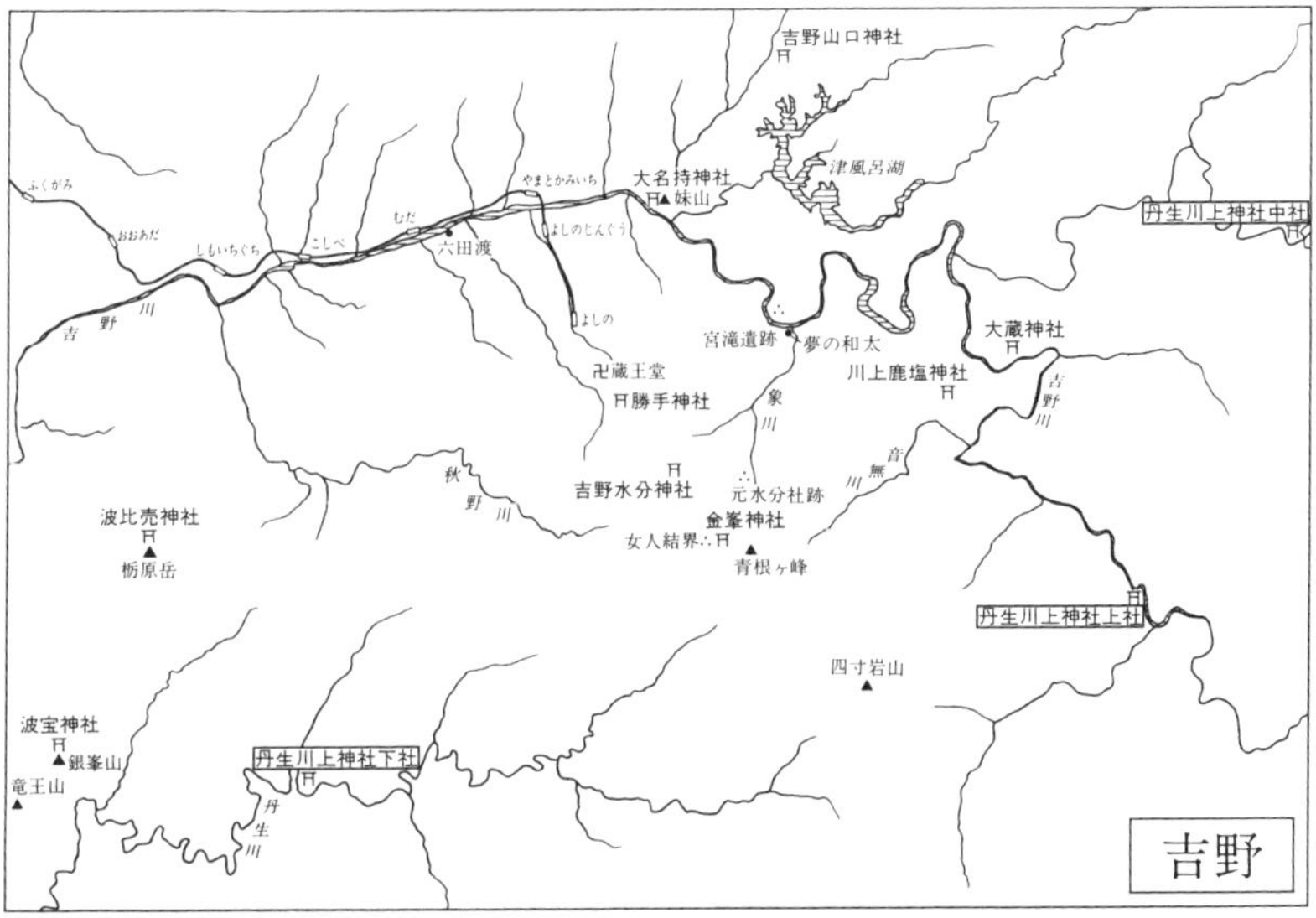

地図12　吉野の丹生《にう》川上神社の上社、中社、下社
（『日本の神々 4 大和』［白水社刊］による。）

地図14をみれば、吉野川の流域から宇陀の地にかけてが、「大和水銀鉱床群」に属していることがわかる。『古事記』『日本書紀』などの記す朱丹関係の伝承は、**地図14**にみられる大和水銀鉱床群の存在地域と、よく合っているようにみえる。

奈良県に、有力な朱丹の産地があった。

なお、**地図14**にも、落ちているものがあるようである。松田寿男氏の『古代の朱』（学生社、一九七五年刊）に、岡山県の「吉備の中山は高品位の朱砂の産地である」とされている。しかし、**地図14**に記されていない。

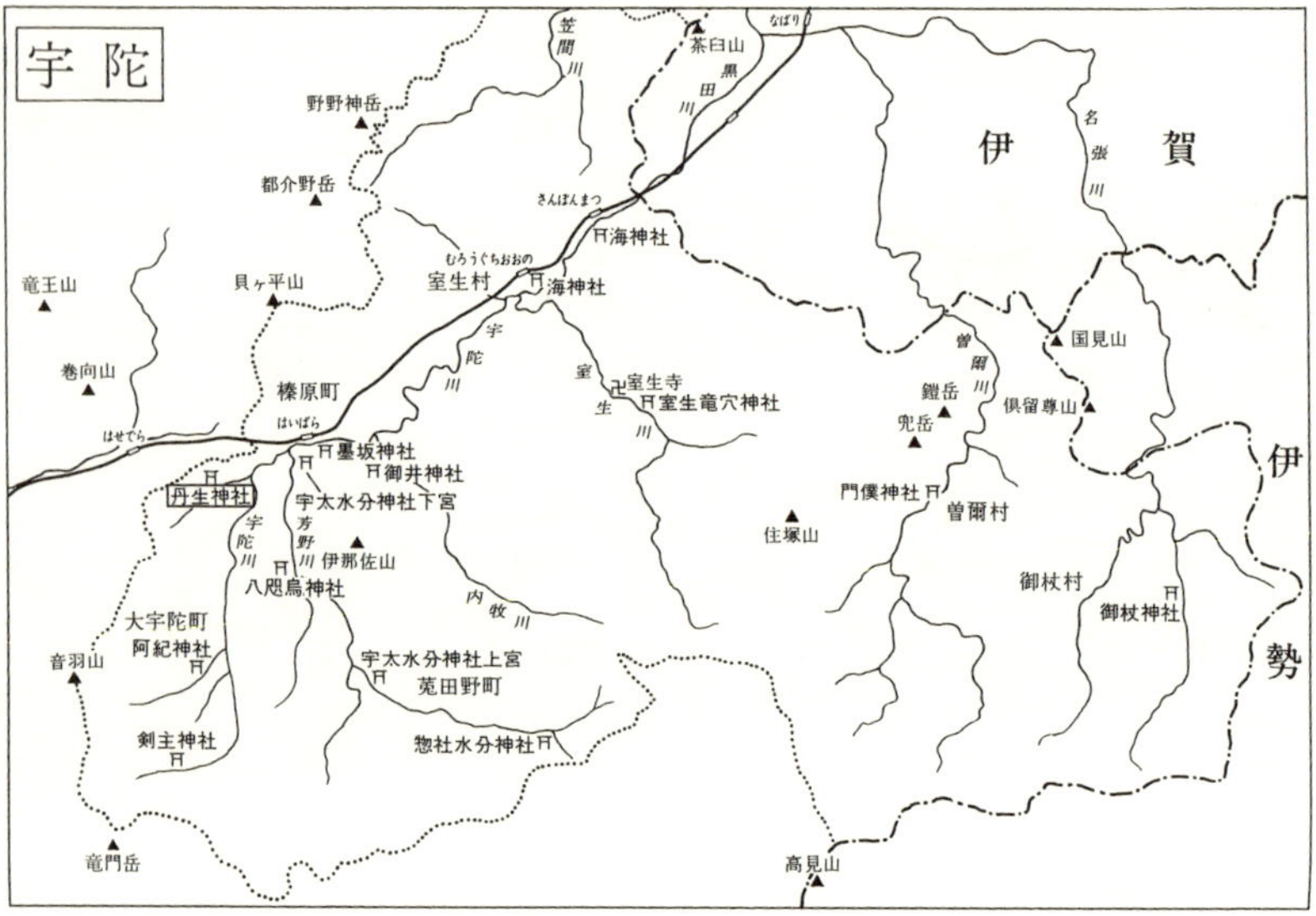

地図13　宇陀の「丹生神社」
（『日本の神々４大和』［白水社］刊による。）

「井光《いひか》」の地はどこか

岡山県の楯築弥生墳丘墓から、三十二〜三十三kgの水銀朱（辰砂）が、出土している。一遺骸あたりの使用量全国最大の例である。

なお、「井光」の地がどこかについては、つぎの二つの説がある（以下、**地図15・地図16**参照）。

(1)　奈良県吉野郡吉野町飯貝《いひかひ》。本居宣長が、『古事記伝』のなかで説いている。「井光《いひか》り」を、「伊比加比《いひかひ》」と訛ったのであろうという。

(2)　吉野郡川上《かわかみ》村井光《いかり》・碇《いかり》。橿原神宮宮司の菟田《うだ》茂丸《いかしまろ》（『橿原の

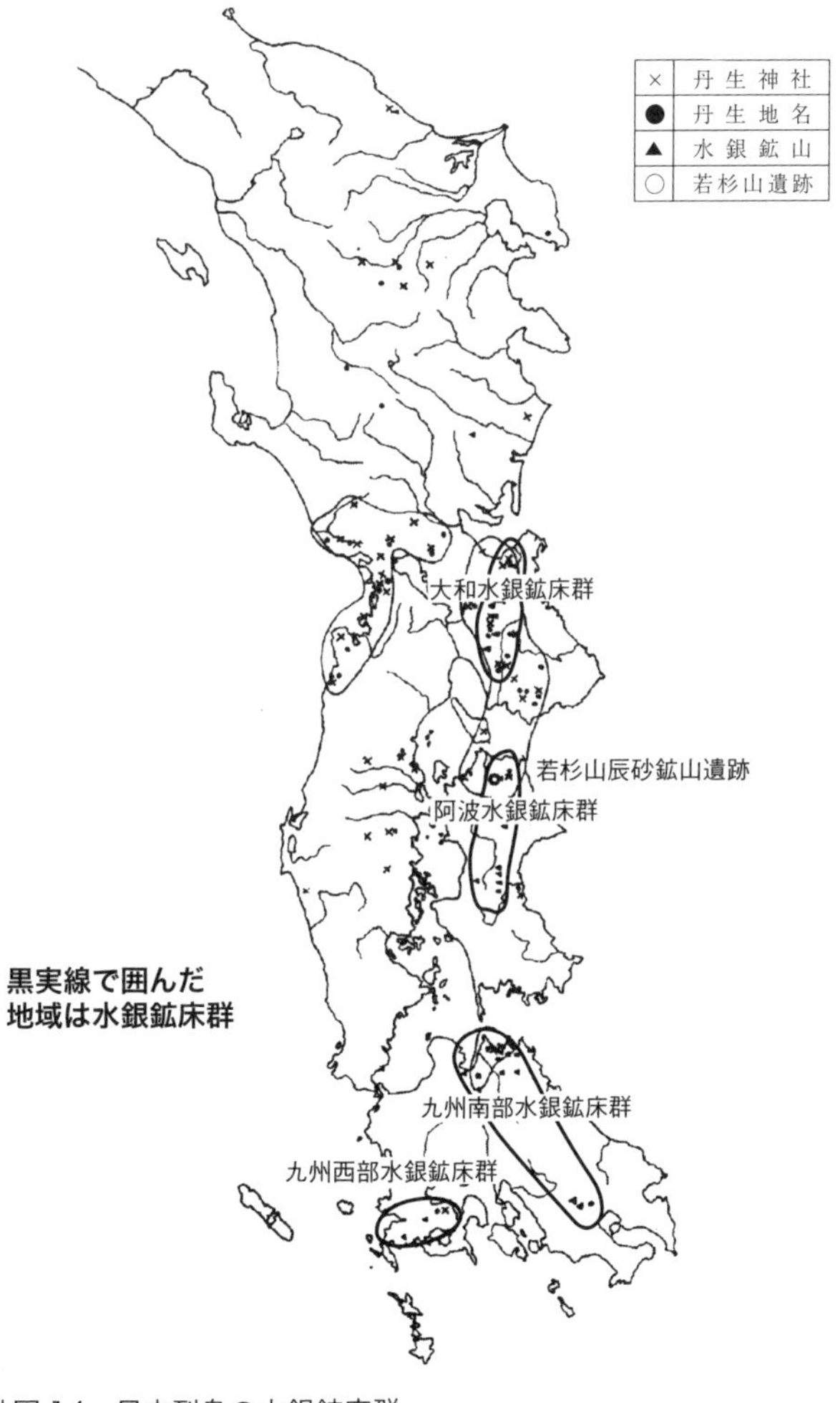

地図14　日本列島の水銀鉱床群
丹生神社・丹生地名の分布と水銀鉱床群（松田・矢嶋博士の図に加筆）
（市毛勲著『新版 朱の考古学』[雄山閣出版、1998年刊] による。）

遠祖』平凡社、一九四〇年刊)、皇學館大学の西宮一民《にしみやかずたみ》教授(西宮一民校注『古事記』新潮社、一九七九年刊)などの説。この地に、井光神社があり、井光川が流れている。『吉野志』に、井光神社は、吉野山桜本坊の鎮守で、井光の井が桜本坊の後方にあるという。

また、『大和志』は、井光の宅址が、碇《いかり》にあるという。

これらの説は、伝承に、地名を付会させたものである可能性もある。

地図15の下に記したように、『古事記』と『日本書紀』とで、神武天皇軍の進軍経路がすこし異なる。

『古事記』の進軍経路によるばあい、⑴の飯貝説のほうが妥当である。

『日本書紀』の進軍経路によるばあいは、⑵の井光《いかり》説のほうが妥当である。「井光」を「飯貝」にすると、つぎの「国巣」に行くのに、もどらなければならなくなる。

なお、「尾生《をお》ふる人(尾のはえた人)」を、松田寿男氏は、「腰に尻当《しりあて》を紐でぶらさげた水銀採鉱者」と理解する。西宮一民氏は、「木こりが獣皮の尻当《しりあ》てをする、それをいうか。」(『古事記』、新潮社刊)とする。

「尻当《しりあて》」については、『日本国語大辞典』(小学館刊)の「しりあて」の項に、「腰には鹿の皮、或《ある》ひは熊の皮などにて尻当《しりあて》を下げ」(『随筆・西遊記』)という文例がのっている。

また、日本思想大系本の『古事記』(岩波書店刊)は、つぎのようにのべる。

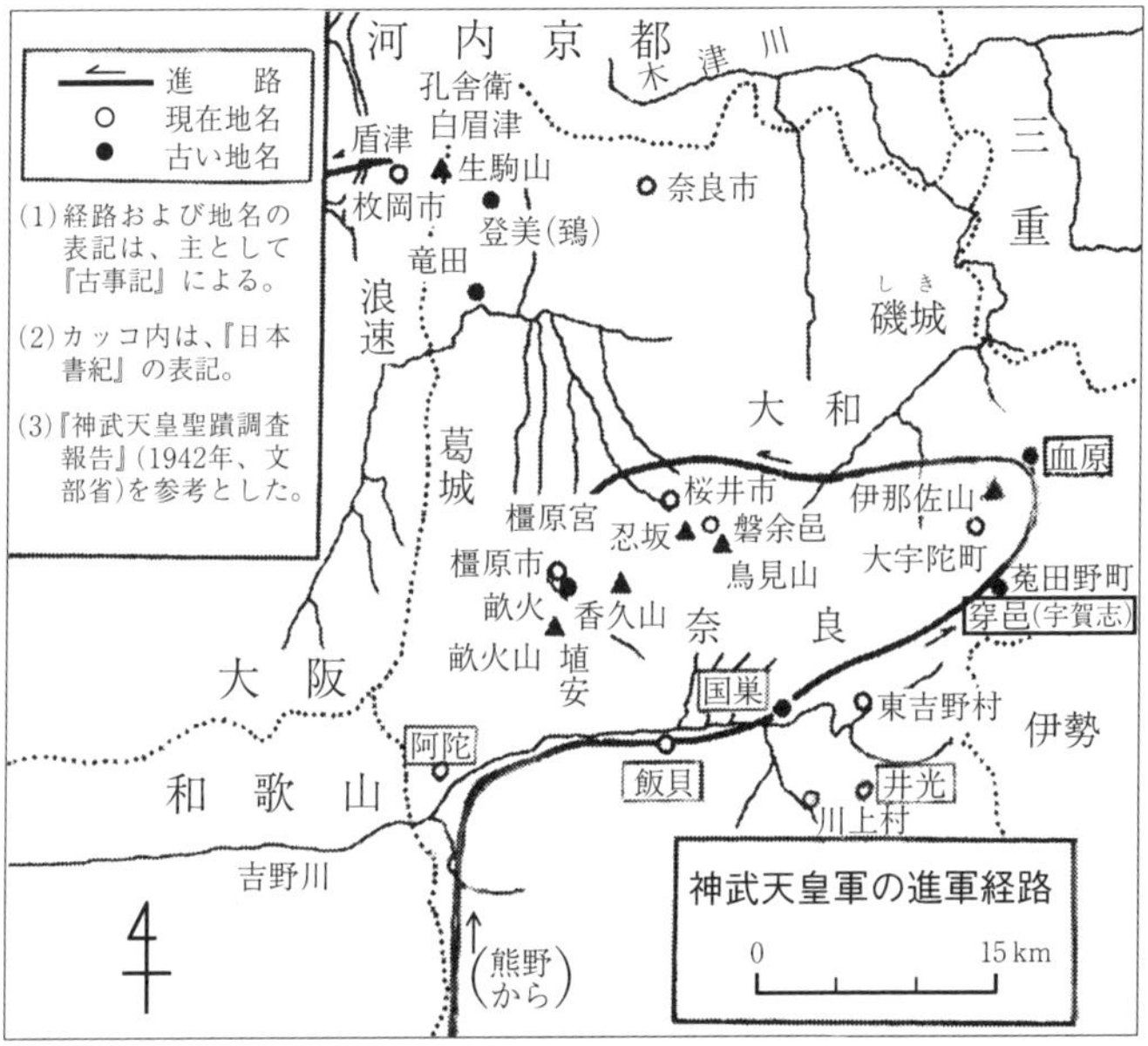

地図15　「朱」関連地名

『古事記』による神武天皇軍の進軍経路は、「熊野」→「吉野河の河尻、阿陀《あだ》」→「吉野（井氷鹿《いひか》）」→「国巣《くにす》」→「宇陀《うだ》の穿《うかち》」

『日本書紀』による神武天皇軍の進軍経路は、「熊野」→「菟田《うだ》の穿《うかち》の邑《むら》」→「吉野（井光《いひか》）」→「国樔《くず》」→「阿太《あだ》」

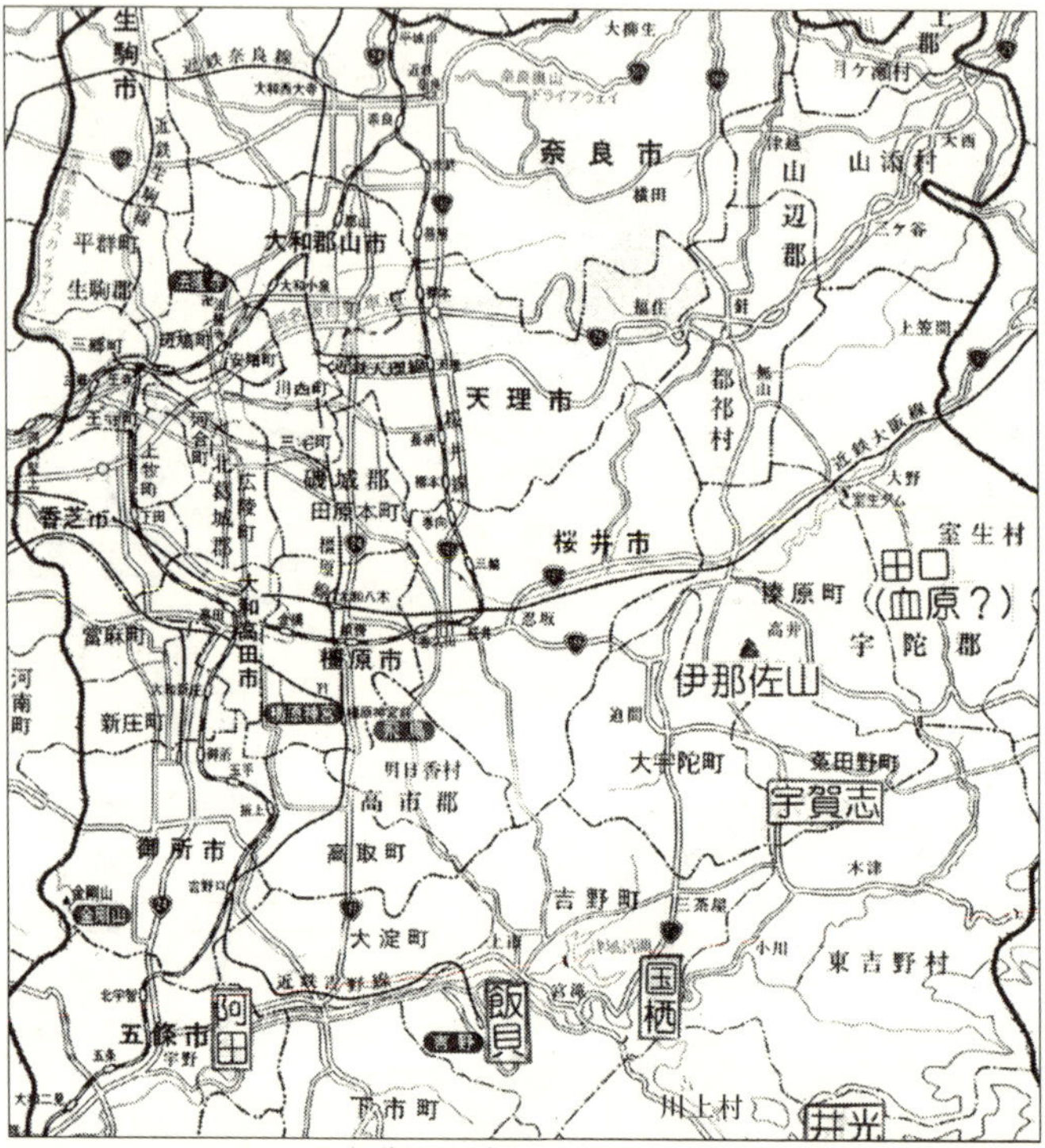

地図16　阿田（阿陀、阿太《あだ》）、飯貝《いひかひ》（井光？）、国栖（国巣、国樔《くず》）、川上村、井光《いかり》、宇賀志（穿《うかち》）

「現在でも吉野の樵《きこり》は尾のついたままの獣皮を腰につけるというから、そうした姿を『尾生ふる人』と表現したものか。」

なお、私は、神武天皇が実在したとすれば、卑弥呼よりもあとの時代の人で、西暦二七〇〜三〇〇年ごろの人と考える。これは、古代の天皇一代の平均在位年数が約十年という統計的な事実にもとづく推定である。これについては、拙著『倭王卑弥呼と天照大御神伝承』（勉誠出版、二〇〇三年刊）、および、『古代年代論が解く邪馬台国の謎』（勉誠出版、二〇一三年刊）などをご参照いただきたい。

成務天皇陵古墳のなかの「朱」

江戸時代に、つぎのような事件があった。

第十三代成務天皇の陵墓は、奈良県奈良市山陵町《みささぎちょう》にある。

一八五一年（嘉永四）に、この成務天皇陵古墳を、盗掘した犯人たちが、奈良奉行所によって、逮捕された。

奈良奉行の川路聖謨《かわじとしあきら》の調書にはつぎのようなことが記されている。川路聖謨は、外交の第一線でも活躍した幕府の能吏であった。また、『神武御陵考』などの著書もある。

「棺の内がわに朱の色が見え、底に朱に似たものがあった。その朱に似たもの、掛け目

（はかりにかけて量った重量）一貫六百匁《もんめ》（六キロ）ばかりと、管玉《くだたま》六十八個とを取りだして、盗みとった。朱のようなものは、まっ黒で光があり、はじめは何かわからなかったという。これを、いく度もいく度も水にさらしたところ、朱に相違なく、掛け目一貫二百匁となったのを、代金四両一分、銀札三匁《もんめ》八分で、二回にわたり売りはらった。あるいはいう。この朱は上等品で、容易に得がたいものであったので、ここから足がついて、ことが発覚した。」（この事件について、くわしくは、拙著『盗掘でわかった天皇陵古墳の謎』［宝島社、二〇一一年刊］参照。）

天皇陵のなかに、かなりの「朱」があったこと、相当高値《たかね》で売れていることなどがわかる。

九州もまた朱丹の産地

以上みてきたように、奈良県（大和）は、有力な水銀鉱床群の存在するところであった。そして、九州もまた、朱丹の産地であった。その状況は、つぎのとおりである。

(1) 地図14にみられるように、奈良県に、「大和水銀鉱床群」があるが、九州にも、「九州西部水銀鉱床群」と「九州南部水銀鉱床群」とがある。（市毛勲著『新版 朱の考古学』［雄山閣出版、一九九八年刊］による。）

(2) 『延喜式』の「民部省 下」に、大宰府からの毎年の貢納物に、「絹四千疋」「茜《あかね》二千斤」

などとならんで、「朱砂《しゅさ》一千両」が記されている。「朱砂」は、水銀と硫黄との化合した赤色の土のことである。

諸国、諸地域の貢納物のうち、大宰府のもの以外に、「朱」と関係があるかとみられるのは、長門の国（現在の山口県の西部・北部）からの「丹《に》六十斤」があるだけである。のちの時代において、九州の大宰府の管内が、「朱」の主要な産地であったことがうかがわれる。

(3)　福岡県糸島市に存在する「平原王墓」については、これを、庄内式土器様式以前の弥生時代後期の時代のものとする見解（寺沢薫氏）と、庄内式土器様式の時代のものとする見解（小山田宏一氏、奥野正男氏）とがある。

この「平原王墓」からは、水銀朱（HgS）とみられる赤色顔料が出土している。これについては、原田大六著『平原弥生古墳』（葦書房、一九九一年刊）に分析結果がのっている。

(4)　市毛勲著『新版 朱の考古学』のなかに、つぎのような文がある。

「鏡山猛氏は「原始箱式石棺の姿相」のなかで、施朱された石棺を七遺跡六基以上あげている。

福岡県前原町大塚　一基

前原　一基

福岡市姪浜町　一基
飯塚市東菰田　一基
八幡市高槻七条　一基
福田村栗山　一基
太刀洗村横隈　多数

（安本注。現在の、小郡市横隈のことか。出土地の地名は、いずれも旧地名のままま。）

さらに、鏡山猛氏は石蓋土壙について、福岡県大野町雑餉隈《ざつしょのくま》一基、福岡県幸袋町目尾三基、大分県西国東郡高岡一基などをあげた。

［文献］鏡山猛「原始箱式石棺の姿相」『史淵』第二五・二七号　九州大学史学会　一九四一年

鏡山猛「石蓋士壙に関する覚書」『史淵』第五六号　九州大学史学会」

ここにあがっている例は、墓の型式からみて、邪馬台国時代とほぼ重なるものが多いであろうとみられる。

徳島県若杉山遺跡の「朱」に関する報道

二〇一九年三月一日（金）の夕刊から、三月二日（土）の朝刊にかけて、新聞各紙は、徳島県阿南市の若杉山遺跡から、弥生時代後期の土器片がみつかったことを報じている。若杉山遺跡は、かねて、朱の原料の辰砂《しんしゃ》の採掘遺跡として知られている。

いま、『朝日新聞』の夕刊にのったものを示せば、つぎのとおりである。

☆『朝日新聞』二〇一九年三月一日（金）夕刊の記事

国内最古の鉱山か

朱の原料採掘跡に弥生土器片

徳島・阿南

朱色の原料である辰砂《しんしゃ》と呼ばれる鉱物の採掘跡とされる徳島県阿南市の若杉山遺跡で、弥生時代後期（1～3世紀）とみられる土器片がみつかった。阿南市と県教委が1日発表した。この時期にすでに採掘が始まっていたとみられ、国内最古の鉱山遺跡となる可能性

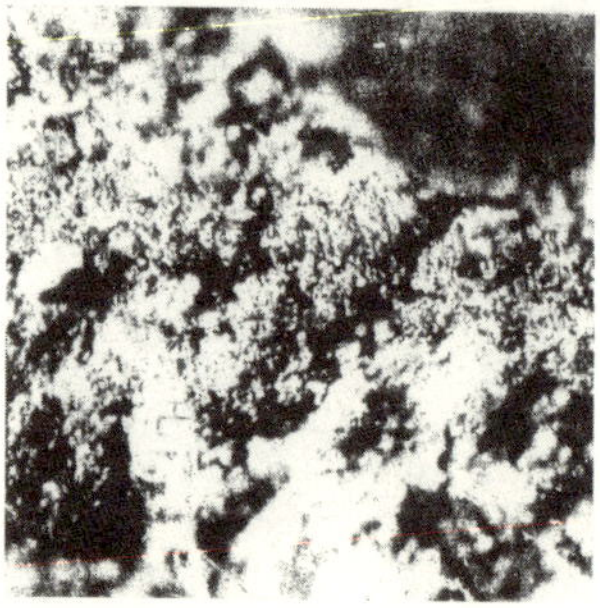

上、若杉山遺跡の坑道の入り口
下、坑道内でみつかった辰砂＝いずれも阿南市提供

が高まったとしている。

市文化振興課などによると、辰砂は水銀と硫黄の化合物。古代には辰砂を含んだ岩石を砕き、死者の顔や棺《ひつぎ》、古墳の石室などに塗った。朱は権力の象徴とされ、３世紀の中国の三国時代の歴史書「魏志倭人伝《ぎしわじんでん》」によると、倭（日本列島）の山では丹（辰砂）が採れ、女王卑弥呼が中国王朝に丹を献上したとされる。

若杉山遺跡は全国唯一の辰砂の採掘遺跡。坑道跡とみられる横穴や露天採掘場所などが確認されていた。今年度の調査で、若杉山の山腹（標高２４５㍍）の坑道跡（高さ０・

7～1・2㍍、中心部の幅約3㍍、奥行き12・7㍍）で複数の土器片が出土。うち5点に弥生時代後期の土器の特徴がみられた。国内の鉱石採掘跡は山口県美祢市の長登《ながのぼり》銅山跡（8世紀ごろ）が最古とされてきたが、500年以上さかのぼることになる。

若杉山遺跡からは山陰や近畿など別の地域の特徴をもった土器も出土し、辰砂を通じた交流が広範囲にわたっていたとみられる。

石野博信・兵庫県立考古博物館名誉館長（考古学）は「魏志倭人伝にも丹の存在が記され、3世紀の西日本における朱の生産は中国でも注目されていたのだろう。その存在が遺跡としてはっきりしてきたことの意義は大きい」と話す。（佐藤常敬、渡義人）

若杉山遺跡については、すでに、一九七五年に刊行された市毛勲氏の著『朱の考古学』や、その改訂版で、一九九八年に刊行された『新版　朱の考古学』（いずれも、雄山閣出版刊）に、かなりくわしく紹介されている。

『新版　朱の考古学』の131ページには、「はじめて確認された弥生時代末～古墳時代初頭の辰砂採掘砕石遺跡である。」とも記されている。

この拙著の223ページの**地図14**に、若杉山遺跡の場所も記されている。

朱の出土状況

弥生時代の、一遺骸あたりの水銀朱（天然辰砂）使用量の多い例では、岡山県楯築弥生墳丘墓の三十二〜三十三kg、島根県西谷三号墳（四隅突出型弥生墳丘墓）の第四主体の十kg、第一主体・第三主体の水銀朱層の辰砂総重量十kg以上、福岡県立糸島高校郷土資料室旧蔵の須玖式甕棺では、甕棺容積の三分の一ぐらいまで水銀朱がつまっていて、数kgに達するものと思われるという。（以上、市毛勲『新版 朱の考古学』［雄山閣出版、一九九八年刊］による。）

また、市毛勲氏の『新版 朱の考古学』によれば、甕、壺、鉢、高杯、器台などに、朱塗の例がみられ、それは、九州から東北地方までの各地域にわたる、という。

徳島県源田や、兵庫県桜ケ丘などからは、水銀朱の塗布された銅鐸が出土しているという。朱の付着は、銅剣、銅矛、銅戈にも、認められるという。

兵庫県の田能遺跡では、人骨上半身に、水銀朱が施されていたという。

このように見てくると、全国の都道府県における朱の出土状況を比較しようとするばあい、鉱山数で比較すべきか、出土重量数でみるべきか、朱の塗布された器物、青銅器、人骨などの出土数でみるべきか、統一的基準での比較が、かなりむずかしい。

鉱山数でみれば、**地図14**の大和水銀鉱床群、阿波水銀鉱床群、九州西部水銀鉱床群、九州南部水銀鉱床群などが、おもなものとしてあげられる。
重量でみれば、岡山県の楯築遺跡例などが目を引く。

『古事記』『日本書紀』の神話での赤土の記述

『日本書紀』の「神代 下」に、火《ほ》の酢芹《すせり》（海幸彦《うみさちびこ》）が、「赤土を掌《てのひら》に塗《ぬ》り、面《おもて》に塗って（赭《そほに》を以《も》て、掌《たなうち》に塗り、面《おもて》に塗りて）、身を汚《けが》すこと、このようにして、俳優《わざをぎ》をする人となった。」という記事がある。

これは、南九州の話である。

この話は、『魏志倭人伝』の、「朱丹をその身体に塗ることは、（ちょうど）中国（人）が、粉《おしろい》を用いるがごとくである。」に、あるていど、通じるところがある。

また、『古事記』の出雲神話には、つぎのような話がある。

「大国主《おおくにぬし》の神（大穴牟遅《おおあなむじ》の神《かみ》）が、須佐《すさ》の男《お》の命《みこと》のところへ行く。大国主の神は、須佐の男の命の娘の須勢理毘売《すせりびめ》とたちまち仲よくなり、妻とする。須佐の男の命は、広い部屋に、大国主の神を呼びいれて、頭の虱《しらみ》を取らせる。ところが、その須佐《すさ》の男《お》の命《みこと》の頭を見ると、ムカデがたくさんいた。そこで大国主の神の妻の須勢理毘売《すせりびめ》は、ムクの木の実と、赤土《はに》とをもってきて、夫の大国主の神に授けた。大国主の神は、そのムクの木の実（黒紫の色をしている）を食い破り、赤土を口にふくんで、吐《は》き出した。須佐の男の命は、大国主の神が、ムカデを食い破って、吐き出していると思って、いとしい奴《やつ》だと思い、眠《ね》てしまった。」

この話には、赤土という語が、二度でてくる。赤土を身体に塗ることを記すものではないが、赤土が、日常生活にはいりこんでいたことを示している。

『日本書紀』の話は、南九州での話、『古事記』の話は、出雲での話である。この二つの話は、かなりはなれた地が舞台となっている。

これら『古事記』『日本書紀』の話も、赤土を日常生活で用いる風習が、日本列島のかなり広い地域におよんでいたことをうかがわせる。

2　卜占関係遺跡遺物

国分篤志氏の卜骨出土遺跡調査

『魏志倭人伝』は、記している。

「その俗（倭人の風俗）に、挙事行来（事を行ない、行き来すること、することはなんでもあまさずすべて）云為《うんい》（ものを言うこと・行なうこと）するところがあれば、すなわち骨をやいて卜《ぼく》する。そして吉凶をうらなう。まず卜《うらな》うところを告げる。そのうらないのとき方は（中国の）令亀《れいき》の法《ほう》（亀卜《きぼく》の方法）のごとくである。火坼《かたく》（熱のために生ずるさけめ）をみて、（前《ぜん》）兆《ちょう》をうらなうのである。」

国分篤志氏によれば、全国で、二〇都府県の五十四遺跡から、弥生時代～古墳時代初頭の卜骨が出土しているという。（国分篤志「弥生時代～古墳時代初頭の卜骨――その系譜と消長を中心として――」『千葉大学人文社会科学研究科研究プロジェクト報告書276　型式論の実践的研究2（二〇一三年度）』二〇一四年刊）。なお、この論文は、インターネットで見ることができる。）

その五十四遺跡一覧表は、**表12**のようになっている。

これらの遺跡のうち、邪馬台国時代に近いかとみられる弥生時代後期〜古墳時代初頭の遺跡分布の状況を、国分篤志氏の論文によって示せば、**地図17**のようになる。

さらに、**表12**、**地図17**にもとづき、弥生時代後期古墳時代の都府県別遺跡分布図を示せば、**図43**のようになる。

図43をみれば奈良県と福岡県とは、ともに遺跡数において、とくに特徴があるとはいいがたい。神奈川県、静岡県の遺跡数の多さがややめだつ。

ただ、以上は、遺跡数であって、出土した卜骨の数ではない。

鳥取県の青谷《あおや》上寺地《かみじち》遺跡から約二五〇点の卜骨が出土している

一つの卜骨が割れて出土したばあい、二点と数えるか、一点と数えるか、などの問題がすこしあるが、卜骨の出土数については、つぎのことがいえる。

現在のところ、鳥取県の青谷《あおや》上寺地《かみじち》遺跡の約二五〇点の卜骨の出土数が、他の出土地を大きく圧倒している。ただし、この数は、弥生時代前期、中期のものの数などもふくむ。

表12　卜骨出土遺跡一覧表

遺跡No.	遺跡名	所在地		時期
		現在の行政区画	旧国名	
1	カラカミ	長崎県壱岐市	壱岐	弥生中期
2	原の辻	長崎県壱岐市	壱岐	弥生中期
3	牟田寄	佐賀県佐賀市	肥前	弥生後期
				弥生末～古墳初頭
4	西蒲池池淵	福岡県柳川市	筑後	弥生末～古墳初頭
5	宮前川	愛媛県松山市	伊予	弥生末～古墳初頭
6	阿方	愛媛県今治市	伊予	弥生前期
7	上東	岡山県倉敷市	備中	古墳初頭
8	南方	岡山県岡山市	備前	弥生
9	足守川加茂A	岡山県岡山市	備前	弥生末～古墳初頭
10	足守川加茂B	岡山県岡山市	備前	弥生後期前・中葉
11	津島江道	岡山県岡山市	備前	弥生後期
12	古浦	島根県松江市	出雲	弥生前期
13	青谷上寺地	鳥取県鳥取市	因幡	弥生前期
				弥生中期
				弥生後期前・中葉
				弥生末～古墳初頭
14	新方	兵庫県神戸市	摂津	弥生後期
15	森之宮	大阪府大阪市	摂津	弥生中期中葉
16	雁屋	大阪府四條畷市	河内	弥生中期
17	鬼虎川	大阪府東大阪市	河内	弥生中期
18	亀井	大阪府八尾市	河内	弥生中期中葉
19	唐古・鍵	奈良県磯城郡田原本町	大和	弥生前期中葉
				弥生中期
				弥生後期前葉
20	四分	奈良県橿原市	大和	弥生中期
21	坪井・大福	奈良県橿原市	大和	弥生中期中葉
22	白浜貝塚	三重県鳥羽市	志摩	弥生中期
23	朝日	愛知県清須市	尾張	弥生中期中葉
				弥生中期後葉
24	神明社貝塚	愛知県知多郡南知多町	尾張	不詳

25	白岩	静岡県小笠郡菊川町	駿河	弥生後期
26	登呂	静岡県静岡市	駿河	弥生後期中葉
27	石川	静岡県静岡市	駿河	弥生後期中葉
28	長崎	静岡県静岡市	駿河	弥生後期中葉
29	瀬名川	静岡県静岡市	駿河	弥生末〜古墳初頭
30	八反畑前田	静岡県三島市	伊豆	弥生後期
31	千代南原	神奈川県小田原市	相模	弥生末〜古墳初頭
32	河原口坊中	神奈川県海老名市	相模	弥生
33	池子No.1-A地点	神奈川県逗子市	相模	弥生時代中期
	池子No.1-A東地点			古墳初頭
	池子No.4地点			古墳初頭
34	海外洞穴	神奈川県三浦市	相模	弥生後期
35	間口洞穴	神奈川県三浦市	相模	弥生中期
				弥生後期
36	毘沙門C洞穴	神奈川県三浦市	相模	弥生後期
37	毘沙門B洞穴	神奈川県三浦市	相模	弥生後期
38	大浦山洞穴	神奈川県三浦市	相模	弥生中期
				弥生後期
39	雨崎洞穴	神奈川県三浦市	相模	弥生後期
40	鉞切遺跡	神奈川県横須賀市	相模	弥生末〜古墳初頭
41	杉田東漸寺貝塚	神奈川県横浜市	武蔵	弥生末〜古墳初頭
42	向ケ岡貝塚	東京都文京区	武蔵	弥生後期中葉
43	城の腰	千葉県千葉市	下総	弥生中期後葉
44	菊間	千葉市市原市	上総	弥生中期中葉
45	草刈	千葉県市原市	上総	弥生後期中葉
46	本寿寺洞穴	千葉県勝浦市	安房	弥生
47	こうもり穴洞穴	千葉県勝浦市	安房	弥生末〜古墳初頭
48	新保田中村前	群馬県高崎市	上野	弥生末〜古墳初頭
49	生仁	長野県千曲市	信濃	弥生後期中葉
50	四ツ屋	長野県長野市	信濃	弥生後期中葉
51	石川条里	長野県長野市	信濃	弥生後期中葉
52	畝田	石川県金沢市	加賀	弥生末〜古墳初頭
53	浜端洞穴	新潟県佐渡市	佐渡	弥生末〜古墳初頭
54	千種	新潟県佐渡市	佐渡	弥生末〜古墳初頭

＊ 2015 年に、奈良県桜井市の纏向遺跡から、3世紀後半〜4世紀初めのイノシシの骨の卜骨が出土している。あとの、**図43**、**図44** では、それも数に加えた。

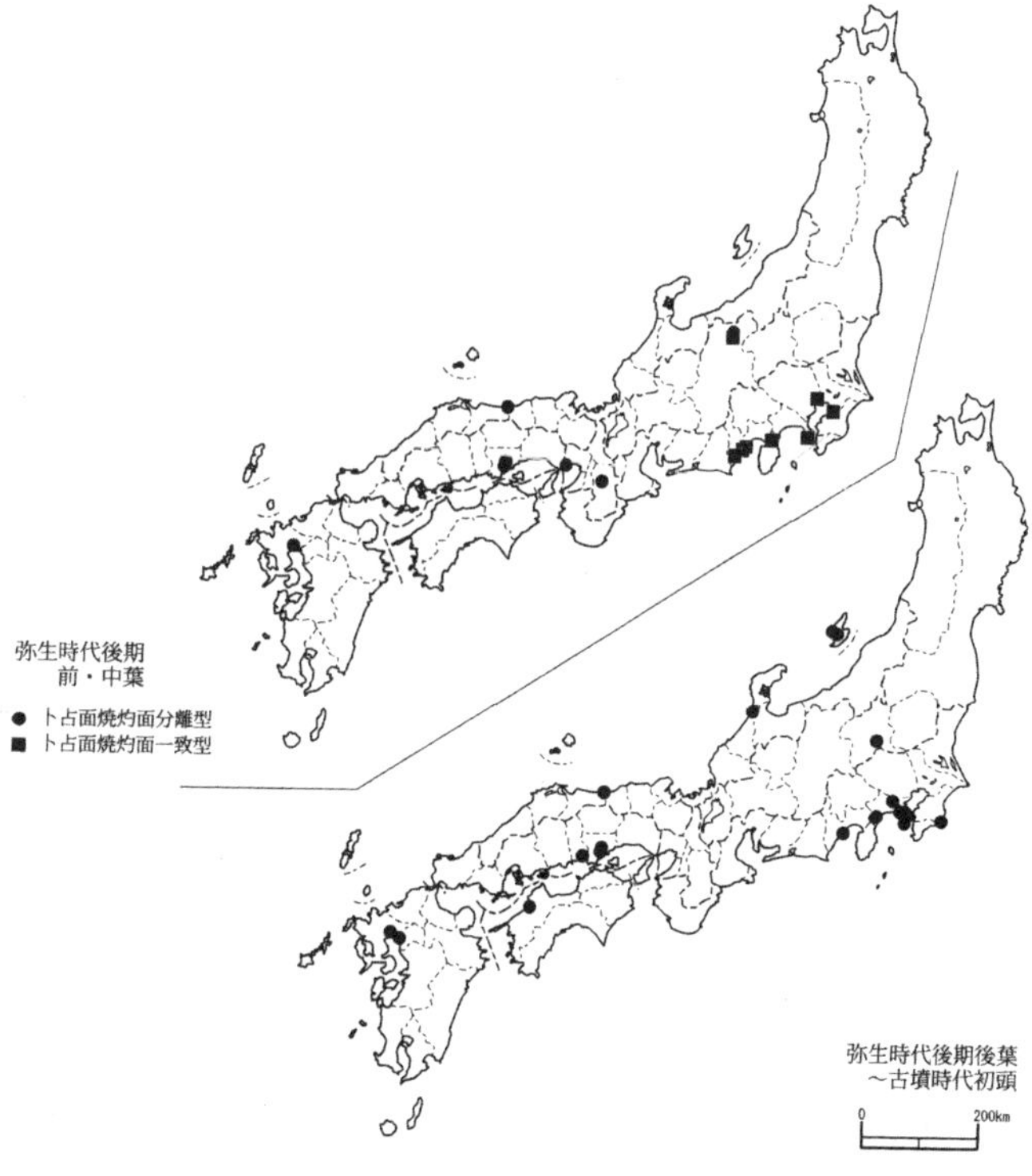

地図 17　全国の卜骨出土地（国分篤志「弥生時代～古墳時代初頭の卜骨」による。）

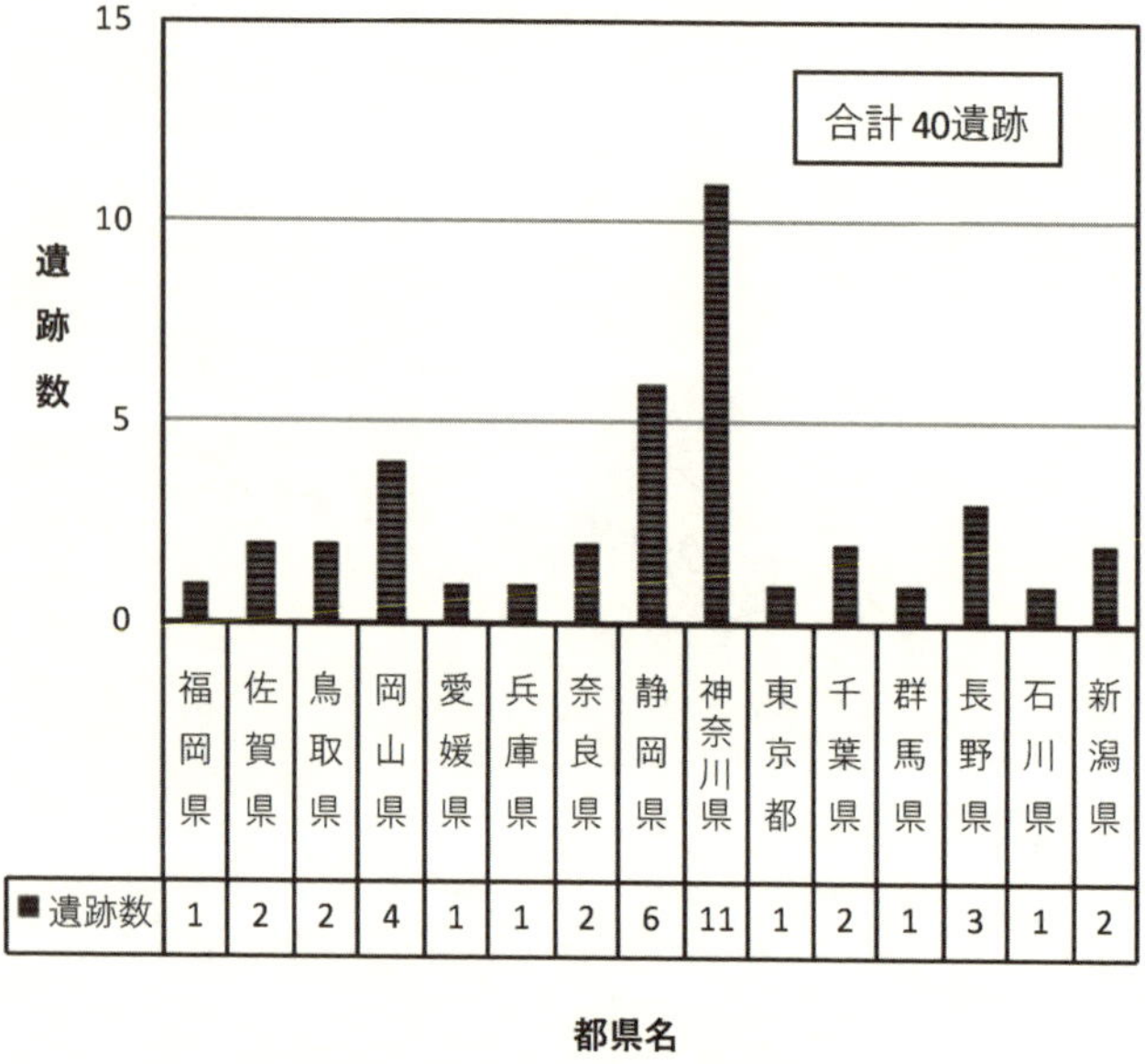

図43　弥生時代〜古墳時代初頭の卜骨出土遺跡数

弥生時代の前期、中期のものなどもふくんだ卜骨の、おもな出土地と出土数とは、**地図18**のようになっている。

この**地図18**では、鳥取県の青谷上寺地遺跡の出土点数が、二五〇点、神奈川県の間口洞窟の出土点数が、それにつづき、十八点である。青谷上寺地遺跡の出土点数が他の出土地を引きはなしていることがわかる。

地図18をもとに、卜骨の各府県別の出土点数をまとめれば、**図44**のようになる。

鳥取県が、他をひきはなして多いことがわかる。

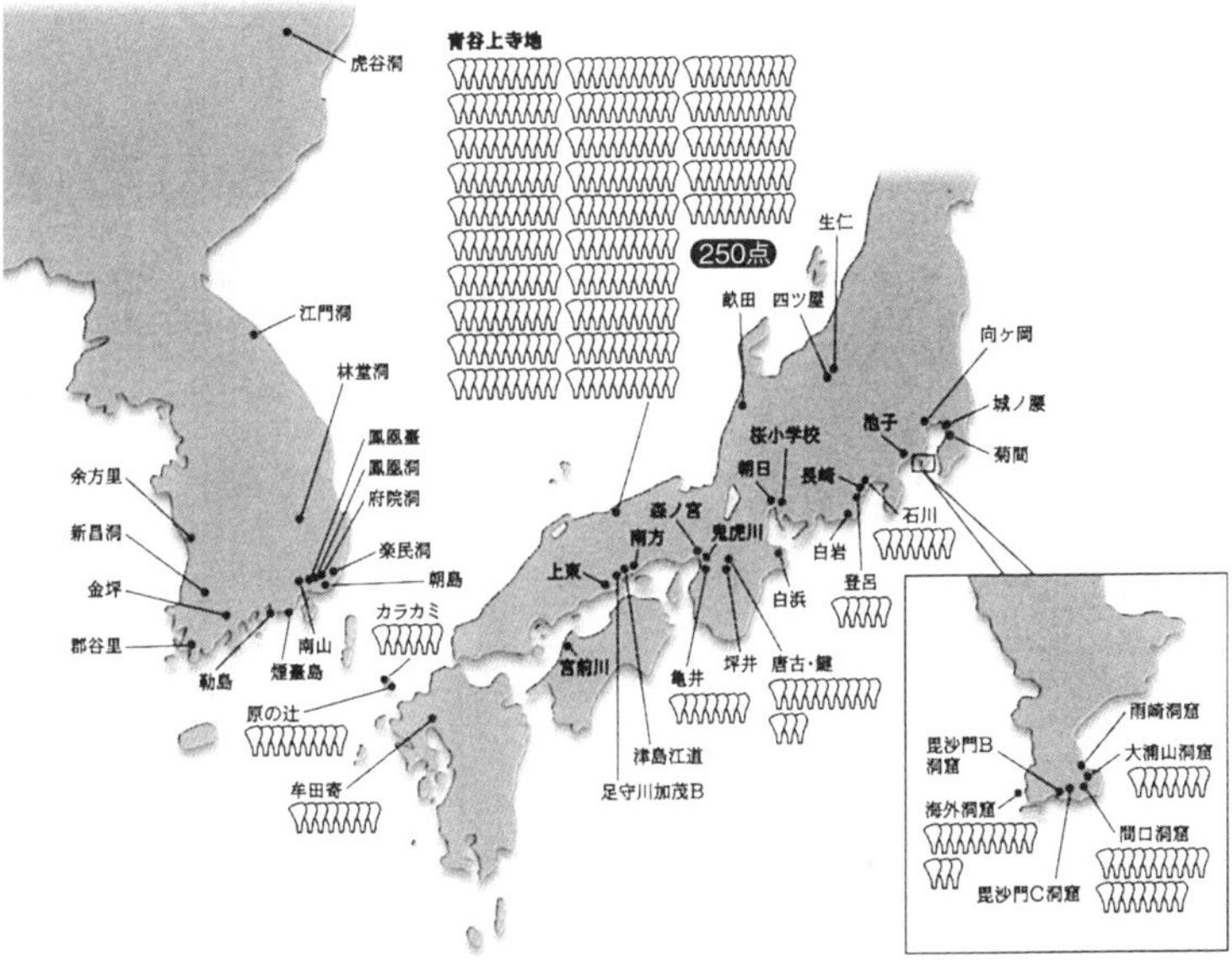

地図18　主な卜骨出土地
（鳥取県教育委員会『弥生時代からのメッセージ――最新成果で語る鳥取の弥生文化』2003年による。）

なお、二〇一五年一月三〇日（金）の『読売新聞』『日本経済新聞』など朝刊は、奈良県桜井市の纒向遺跡から、三世紀後半～四世紀初めのイノシシの骨の卜骨が出土したことを、邪馬台国がらみで報じている。神奈川県から奈良県の十倍以上の、鳥取県から奈良県の八十倍の卜骨が出土しているが、そのように報じられることはない。マスコミのとりあげ方が、いちじるしく実状を反映しないものになっていることは、注意を必要とする。

奈良県は、遺跡・遺物の全体的出土状況において、特別の優位性を示していない

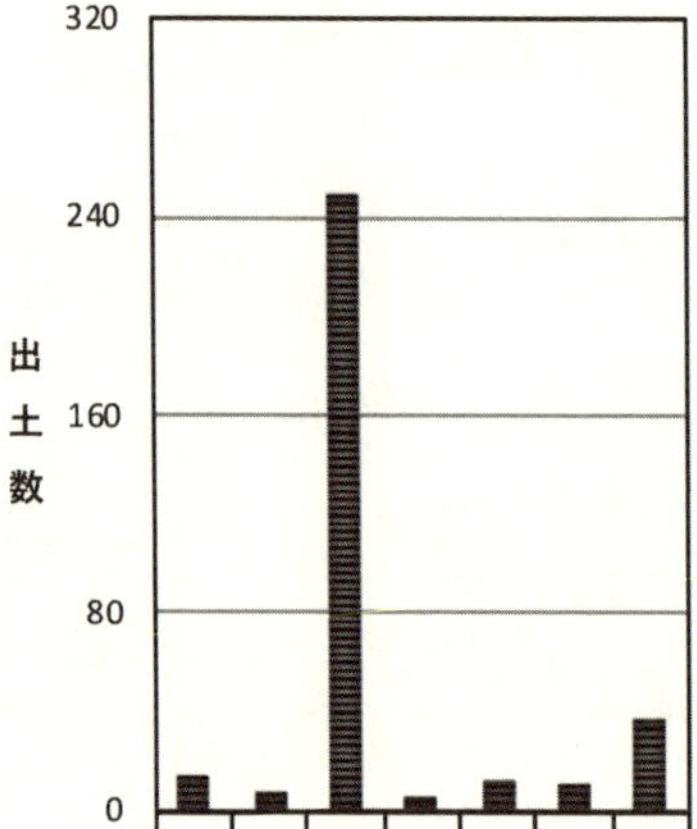

	長崎県	佐賀県	鳥取県	大阪府	奈良県	静岡県	神奈川県
出土数	15	8	250	7	13	12	38

府県名

図44　府県別卜骨の出土数

以上、『魏志倭人伝』に記されているもので、考古学的に、遺物、遺跡などを調査できるような事項の、ほぼすべての出土状況などを調査したといえるであろう。

いま、それらのほかに、『魏志倭人伝』に記載はないが、とくに、世を騒がせた、「大型建物」と「桃の核」との二項目を加え、全都府県中、なんらかの形で、出土量トップを示した県をとりあげ、そのトップになった項目の一覧表を作成してみる。

すると、**表13**のようになる。

たとえば、『魏志倭人伝』には、「倭人は鉄の鏃《やじり》を用いる」とある。「鉄の鏃」のわが国における県別の出土数をしらべれば、37ページ**図3**のようになる。全都道府県のなかで、福岡県か

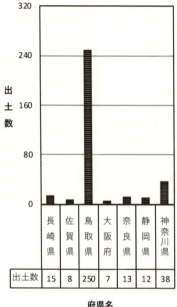

らの出土数が、もっとも多い。

そこで、**表13**では、「福岡県」の欄に、「鉄の鏃」が記されている。1位《トップ》と2位との出土量が、きわめて近いばあいは、両方の県の欄に記すことにする。

表13をみれば福岡県が、十項目でトップの出土量の示すのに対し、奈良県は、「朱」以外は、特別な出土量を示していない。特別な特徴を示していない。

いま、「朱」について、「福岡県」「岡山県」「徳島県」「奈良県」の四つをとりあげて比較してみよう。

【福岡県】　九州に、「九州西部水銀鉱床群」と「九州南部水銀鉱床群」とがある。『延喜式』に、大宰府からの貢納物として、「朱砂《しゅさ》一千両」が、記されている。これは、諸国・諸地域からの貢納物のうち、「朱砂」についての唯一の記載例である。他に「朱」と関係があるかとみられる記載としては、長門の国からの「丹《に》六十斤」があるだけである。

【岡山県】　岡山県倉敷市の楯築《たてつき》墳丘墓（弥生末期のものとみられる）から、三十二〜三十三kgの水銀朱が出土している。これは、一遺骸あたりの水銀出土例としては、全国最大のものである。また、楯築墳丘墓からは、『魏志倭人伝』に記載されている事物と関係をもつものとして、硬玉（翡翠《ひすい》）製の勾玉が出土している。鉄製品として、鉄剣一口も出土している。ただし、楯築墳丘墓では、木槨が出土しており、『魏志倭人伝』の「棺あって槨な

表13　全都府県中、出土量トップを示した県とその項目（出土数・出土地点数は、ほぼ弥生［庄内期を含む］時代のもの）

(A) 福岡県	(B) 佐賀県	(C) 岡山県	(D) 奈良県
(1) **鉄の鏃《やじり》** 福岡県398点 奈良県4点 (2) **鉄の刀** 福岡県33本 奈良県0本 (3) **[鉄の剣]** 福岡県46本 奈良県0本 (4) **長い刀** 五尺刀（121センチ）にあてはまる刀 前原上町《まえばるかみまち》遺跡 （大型箱式石棺から出土。） (5) **鉄の矛** 福岡県7本 奈良県0本 (6) **鏡** 福岡県30面 奈良県3面	(1) **宮室・楼観・城柵がセットで存在しているように見えるもの** 吉野ケ里遺跡 (2) **蒨《せん》（茜《あかね》）絳《こう》・絳縑（赤い絹織物）** 吉野ケ里遺跡 日本茜で染色した絹織物が出土している。	(1) **[桃の核]** ①岡山県・上東《じょうとう》遺跡9608個 ②奈良県・纒向2800個 (2) **朱**（一遺骸あたりの水銀朱全国最大。楯築《たてつき》墳丘墓32～33kg）	(1) **朱** 大和水銀鉱床群あり。 『古事記』『日本書紀』『風土記』などに、朱についての記載がある。

(7) 勾玉
福岡県29個
奈良県3個

(8) 絹
福岡県15地点
奈良県2地点
奈良時代に、大宰府から、他の地域にみられない大量の絹綿の貢納。
『延喜式』記載の絹の貢納量も、諸地域中、とびぬけて多い。

(9) 槨のない棺
箱式石棺
①福岡県267基
②広島県222基

(10) 朱
水銀鉱床群あり。
『延喜式』貢納量
①福岡県
　大宰府　朱砂一千両
②山口県
　長門の国　丹六十斤（他の国については、記載なし。）

（右のページ右下の「(D) 奈良県」の下につづく）

(E) 鳥取県

(1) 卜骨出土数
①鳥取県250点
青谷《あおや》上寺地《かみじち》遺跡《いせき》
②神奈川県38点
③長崎県15点
④奈良県13点

(F) 徳島県

(1) 朱
水銀鉱床群あり。
徳島県阿南市若杉山遺跡。全国唯一の辰砂採掘遺跡。
弥生時代の後期の土器片が、はじめてみつかっている。

(G) 神奈川県

(1) ［大型建物］
弥生時代最大のものあり。

(2) 卜骨出土遺跡地点数
①神奈川県11地点
②静岡県6地点

（［　］内は、『魏志倭人伝』に、記載のないもの。）

し。」の記述とあわない。

【徳島県】 阿波水銀鉱床群がある。若杉山遺跡から、はじめて、弥生時代後期の土器片がみつかっている。

【奈良県】「大和水銀鉱床群」がある。『古事記』『日本書紀』『万葉集』などに、水銀朱と関係するかとみられる記述がある。

このようにみてくると、朱に着目するとき、奈良県は、たしかに、有力な水銀鉱床群が存在するが、朱について、他の県にくらべ、圧倒的・独走的に優位な位置を占めるとは、いいにくい。

むしろ、「朱」に着目するときだけ、「邪馬台国＝奈良県中心説」が有力な候補の中に浮かびあがってくるものであって、他の『魏志倭人伝』関連遺物には、とくに見るべきものがないことにこそ留意すべきであろう。

これらの出土量をもとに議論をするとしよう。

奈良県に邪馬台国をあてるのを可としてよいのであれば、邪馬台国は、福岡県にも佐賀県にも岡山県にも、鳥取県にも、徳島県にも、神奈川県にも、あてることができる。研究者があらかじめ、そう思い定めればよいのである。

邪馬台国奈良県説は、考古学的事実のデータにもとづいているのではない。「思いこみ」と

「ことばによる解釈」と、「宣伝」とにもとづいているもので、まことに実体がない。

エビデンス（科学的根拠）が、示されていない。宣伝があって証明がない。

邪馬台国が、奈良県にあることが前提となって、「解釈」が行なわれ、発表が行なわれ、報道がくりかえされている。その前提をとりのぞけば、奈良県は、遺跡、遺物の出土状況において、福岡県などに比し、なんら優位性や、とりたてて主張すべき材料をもたない。

およそ、非実証的、非科学的、非学問的である。ほぼ、妄想か、暴論のたぐいである。

邪馬台国候補地として、奈良県が、他の都府県よりもとくに有利、最有力であると、一般の人々に誤認させるような発表をくりかえしている。

商品であれば、不当表示防止法違反の、有利誤認表示違反となる種類のものである。牛肉の缶詰《かんづめ》と称して、馬肉の缶詰を売っているようなものである。

遺跡・遺物は、商品ではないから、法にはひっかからない。しかし、このような不当な宣伝によって、多額の調査費などを獲得するのは、構造的には、原野商法などに、きわめて近い。

「纏向ファースト主義」に、前のめりになりすぎて、ほとんど、暴走の域に達している。

森浩一にならっていおう。

このような「研究」のために、厖大な税金を費消することは、無駄である。

邪馬台国について、考古学的データから得られる情報は、大略以上のべてきたようなものである。すなわち、『魏志倭人伝』に記されている事物のうち、遺跡・遺物を残しうるものについてしらべると、それらを出土する地の筆頭としては、福岡県をあげるべきであるということである。

おわりに

1

「纏向＝邪馬台国説」は、「説」というよりも、「事件」といったほうが、ふさわしい。

この「事件」は、これまでにあった諸事件のうちでは、どれに似ているであろうか。

研究者本人に、強い思いこみがあり、見えないものが見える、強く信じている、という点では、小保方晴子氏の、「STAP《スタップ》細胞事件」に、よく似ている。

しかし、すでに何人かの考古学者や研究者たちが、纏向には、邪馬台国とつながる考古学的な材料は、とくにありませんよ、と指摘し、その根拠やデータを示しているにもかかわらず、自説に不都合なデータをよく見たり、よく検討しないまま、もっぱらマスコミ発表にたよるという構造は、第二次世界大戦中の、「大本営発表」に近い。

だが、どうも研究者、あるいは、発表者個人、または集団の、経済上の利益、ポスト上、組織上の利益なども、背景にあるように見える。この点では、「原野商法」や、藤村新一氏の「旧石器捏造事件」になにやら近づいている。

「原野商法」は、なんの価格もない原野を、新聞の折り込み広告や雑誌広告などによって勧誘し、高価で売りつける商法である。奈良県には、他の県に比して、特別に邪馬台国と結びつける価値があるとみられる考古学的根拠は、なにも示されていない。

藤村新一氏は、具体的な捏造物を、つぎつぎととりだした。ことばによる「解釈」で、邪馬台国を、つぎつぎとつくりだして行く「解釈による邪馬台国産出法」は、藤村氏の方法よりも、もっと簡単で、手間も、ひまも、原価も、かからなくてすむ。

2

ここでしばらく、「研究不正」について考えておこう。

学問上の研究不正のなかに、「利益相反」にもとづくものがある。「利益相反」というのは、つぎのようなものである。

たとえば、医学研究者は、人の生命の安全をはかる職業上の義務がある。ところが製薬会社が、研究者に多額の研究資金を提供しているばあい、その製薬会社の薬がとくに有効であるかのように臨床研究データがまげられることがある。製薬会社は、まげられた情報により、この薬は、とくにききめがあるという宣伝を行なうわけである。

同一の研究者のなかに、人の生命の安全をはかるという義務と、研究資金を今後も獲得したいという気持と、「利益が相《あ》い反《はん》する形」になるのである。その結果、研究不正がおきる。

有名なものに、ノバルティス社による研究不正事件がある。この事件には五つの大学の研究者が関係した。これについては東京大学名誉教授の医学者、黒木登志夫氏の著書『研究不正』（中公新書、中央公論社、二〇一六年刊）、河内敏康・八田浩輔共著『偽りの薬』（毎日新聞社、二〇一四年刊）などにくわしい。

これは、ノバルティス社が、自社の降血圧剤ディオバンの売り上げをのばすために行なわれたものであった。ノバルティス社にとって、驚くほど素晴らしいデータが、創出されることになる。その報告が権威のある学会誌にのった。しかしそのデータは操作されていた。

二〇〇六年には一一〇〇億円あまりであったディオバンの売りあげは、二〇〇九年には一四〇〇億円となった。

ノバルティス社からは五つの大学へ、合計十一億円以上の奨学寄付金が行なわれていた。

二〇一六年に明らかになったロシアにおける国ぐるみの組織的ドーピング事件なども、「利益相反」にもとづく不正といえよう。

国の威信をあげるという利益と、スポーツの競技を、人類共通の祭典として行ない、諸国民の融和をはかるという普遍的な利益とが、「相い反《あいはん》する形」となり、不正がおきたのである。

考古学の分野でも、「利益相反」にもとづく不正が、きわめてしばしばあるようにみえる。各県などの行政担当の考古学研究者は、一方で、学問的科学的に正しい結果を報告しなければならない社会的義務がある。また一方で「地域おこし」の一端をになう義務がある。給与や調査研究費なども、県ごとなどの行政から支給されている。

その立場から、どうしても、地域の振興のほうが、学問的科学的理念よりも、優先されやすいことになる。

まして、マスコミ発表によって、研究者の地位も、名声も得られるということになれば、なおさらである。

組織集団がある方向にむいているばあい、その内部にいる人たちには、組織集団の文化の特異性に、気づきにくくなる。

思い込みと、あるていどの論証の粗雑さとがあれば、どのような結論でもみちびきだせる。当然見えるべきものが見えず、見えないはずのものが見えるようになる。

さきに紹介した黒木登志夫氏の著書『研究不正』は、二〇一二年に、ある麻酔科医のおこした一連の論文捏造事件については、つぎのように記す。

「学会とジャーナルは積極的に自浄能力を発揮した。特に、日本麻酔科学会の報告書は、今後のお手本になるであろう。」

これに対して、旧石器捏造事件については、つぎのように記す。

「日本考古学協会は、検証委員会を立ち上げたが、ねつ造を指摘した竹岡（俊樹）と角張（淳一）は委員会に呼ばれなかった。ねつ造発見の十日前に発行された岡村道雄の『縄文の生活誌』は、激しい批判にさらされ回収された。しかし、岡村は、責任をとることなく、奈良文化財研究所を経て二〇〇八年退官した。」

「ＳＦ（藤村新一）のねつ造を許したのは、学界の長老と官僚の権威でもあった。その権威のもとに、相互批判もなく、閉鎖的で透明性に欠けたコミュニティが形成された。」

竹岡俊樹氏じたいも、その著『考古学崩壊』（勉誠出版、二〇一四年刊）のなかで、つぎのように記す。

「私たちがさらに情けないと思うのは、発覚の後の対応である。自らの行ってきた学問に対する反省はまったく行われなかった。藤村というアマチュアや、文化庁（岡村）に責任を押し付け、その上、批判する者を排除しつづけた。検証は名誉職が好きな『権威者』たちによるパフォーマンスにすぎず、生産的なことは何も行われなかった。」

「この十数年間待っていたが何も変わらなかった。」

「この学問が存続していくためには、失敗した検証作業にもどって、もう一度やり直すことが必要である。」

考古学の組織じたいが、自浄作用のききにくい構造となっている。容易に不正のおきやすい構造になっている。

「纒向＝邪馬台国説」は「説」というよりも、むしろ「事件」というべきものである。「研究不正」に、かぎりなく近づいている。

3

このように述べてくると、それに対して、強く反発を感じる方もおられるであろう。

そのような方は、いま一度、つぎの二つの問いに答えてみていただきたい。

⑴　あなたは、『魏志倭人伝』から出発すべし、という前提をみとめますか。

⑵　考古学的データにもとづいて邪馬台国問題を考える、とします。そのばあい、『魏志倭人伝』に記されているもので、考古学的な遺物、遺跡を残し得るものによって比較するとき、奈良県が、他の都府県にくらべて、特徴的な優位性を示すものに、なにがありますか。とくに、福岡県にくらべ、圧倒的優位性を示すものに、なにがありますか。

この二つの点について、「ことば」ではなく、できるだけデータを示すことによって、答えてみていただきたい。

巻末になったが、本書の企画は、勉誠出版株式会社の池嶋洋次社長が、立てて下さった。そして、直接の編集には、和泉浩二郎氏が、あたって下さった。記して、厚く御礼申しあげる。

【著者紹介】

安本美典（やすもと・びてん）

1934年、中国東北（旧満洲）生まれ。京都大学文学部卒業。文学博士。産業能率大学教授を経て、現在、古代史研究に専念。『季刊・邪馬台国』編集顧問。情報考古学会会員。

専攻は、日本古代史、言語学、心理学。

勉誠出版より『神功皇后と広開土王の激闘ー蘇る大動乱の五世紀』『邪馬台国全面戦争ー捏造の「畿内説」を撃つ』などのシリーズ（既刊21点）を刊行中。

これ以外の主な著書に、次のようなものがある。

日本古代史関係…『神武東遷』（中央公論社）、『卑弥呼の謎』（講談社）、『邪馬台国への道』（筑摩書房）、『研究史邪馬台国の東遷』（新人物往来社）、『吉野ケ里遺跡と邪馬台国』（大和書房）、『奴国の滅亡』（毎日新聞社）、『新説：日本人の起源』（宝島社）、『邪馬台国はその後どうなったか』（廣済堂出版）、『日本誕生記Ⅰ、Ⅱ』『邪馬台国の真実』（PHP研究所）など。

言語学関係…『日本語の誕生』（大修館書店）、『日本語の成立』（講談社）、『日本語の起源を探る』『卑弥呼は日本語を話したか』（以上、PHP研究所）、『日本人と日本語の起源』（毎日新聞社）、『言語の科学』（朝倉書店）、『言語の数理』（筑摩書房）など。

勉誠選書
誤《あやま》りと偽《いつわ》りの考古学《こうこがく》・纒向《まきむく》
——これは、第二の旧石器捏造事件だ！

2019年7月10日　初版発行

著　者　安本美典
発行者　池嶋洋次
発行所　勉誠出版 株式会社
〒101-0051　東京都千代田区神田神保町3-10-2
TEL：(03)5215-9021(代)　FAX：(03)5215-9025
〈出版詳細情報〉http://bensei.jp

印刷・製本　㈱太平印刷社
ISBN 978-4-585-22242-2　C0021